1933-1999

Histoire de l'Association Sportive de Saint-Étienne

Nous remercions sincèrement
tous ceux qui, de près comme de loin,
ont cru en ce livre et nous ont aidés à le réaliser :
En particulier : Jean Vieillard, Roger Viou, Patrick Revelli,
Roger et Elfie Fournel, Alain Bompard, Éric Fages,
Catherine Guichard, Gérard Rocher, Germaine Rocher,
Laurent Guichard, Yves Guichard, Gérard Simonian,
Jacques Murgue, Jean Robillard, Laurent Kerhes,
Pierre Primard, Olivier Chazal ;

et les photographes
Jean-Claude Crépet, Philippe Masseguin,
Lionel Lopès-Quintas,
l'agence Presse-Sports.

Bibliographie

Histoire de l'ASSE,
Michel Granger et Bernard Puillet,
Éditions Horvath.

La fabuleuse histoire de Saint-Étienne,
Gérard Le Scour, Patrick Mahé et Robert Nataf,
« Le Sport en France », Éditions ODIL.

Glasgow 76, Le défi des « verts »,
Jean-Claude Hallé,
« L'Aventure vécue », Flammarion.

Le Football en vert,
Bernard Pivot,
Hachette/Gamma.

Roger Rocher - La Passion « en vert » et contre tout,
Georges Ziegler,
Éditions Horvath.

Frédéric Parmentier

1933-1999
Histoire de l'Association Sportive de Saint-Étienne

Avec la collaboration de Bernard Puillet

Éditions des Cahiers intempestifs

Un peu de vert-de-gris,
par Frédéric Parmentier. 6

Vagabondages,
par Alain Bompard. 7

1912-1938
Entre aciérie, briqueterie et usine à gaz 8

1939-1972
Le temps pour apprendre 42

1972-1976
Le temps de briller 86

1976-1982
Des étoiles plein les yeux 132

Sommaire

1982-1993
Aux noms de tous les Verts 152

1994-1997
Les années galères 176

1998-1999
Quand souffle un vent nouveau 188

1933-1999
Statistiques 204

1912-1999
English translation 272

Un peu de vert-de-gris

Sur l'écran noir de mon enfance, ils étaient gris et les autres toujours blancs. Au milieu de l'étude, sur une estrade momentanément improvisée table de télévision, comme un trou dans le mur d'enceinte, les « Verts », couleurs de nos soirées de pension, entraient par affection. À toute une génération de quadras (bientôt quinquas !), les hommes d'Herbin ont révélé les vertus du travail, la magie du courage et la chaleur d'une équipe. Comme ce dépôt qui teint le cuivre et qu'on appelle vert-de-gris. Les Mekloufi, Keita et Herbin ont été le sel de nos années bahuts, nos diabolos menthe et nos Ciné-Monde. Plus tard, sur les terrains annexes, nous avons admiré les gammes cent fois répétées des Piazza, Revelli et Curkovic aux petits matins studieux, avant de vibrer, derrière les buts, aux arabesques maîtrisées des Platini, Rep et Zimako. L'ASSE n'est et ne sera jamais un club comme les autres. Ses fondations ouvrières et ses patrons bâtisseurs, ses premiers héros venus de nulle part et les petits gars de la bande à Garo, ses coups de génie et ses coups de barre, ses manières de diva et ses caprices de star, l'ombre de Pierre Guichard et la photo de Roger Rocher se mêlent en un cocktail pernicieux. Les vrais clubs ont une âme, ils sont éternels. Soixante-six ans d'histoire méritaient ces quelques lignes de peine, écrites sans nostalgie, mais avec le cœur. Éclairées par les souvenirs d'un adolescent médusé, elles apparaîtront inévitablement subjectives. Il eut fallu dix ouvrages pour n'oublier personne et rendre à chacun sa part de mérite et sa ligne de gloire. À tous, célèbres et méconnus, vainqueurs et défaits, sur le pré ou dans la coulisse, aux affaires ou aux manettes, aux Verts d'hier et d'aujourd'hui, merci. Nous vous devons un peu de nos soleils d'hiver.

Frédéric Parmentier

Vagabondages

Lorsque le soir, privilégié que je suis, je pénètre seul sur le terrain du stade Geoffroy-Guichard, je reste, presque à chaque fois, saisi par l'impressionnante majesté de ce lieu. Je ferme les yeux et frissonne. Mon imagination prend alors le dessus et je crois entendre, dans le crépuscule naissant, de bruit et de fureur, le chaudron vibrer, le chaudron vivre. Je vois soudain évoluer dans l'obscurité, comme des ombres habillées de vert, ces hommes qui ont habité de leur présence ce stade magnifique. Ce monsieur qui se cache derrière une épaisse fumée, n'est-ce pas le président Rocher ? Cet homme élégant à l'allure féline, n'est-ce pas Jean Snella ? Cet autre, à l'allure débonnaire, c'est sans aucun doute Albert Batteux... Oui, ils sont tous là, tous là... Ce grand homme lunaire au regard aussi inquiet qu'inquiétant, n'est-ce pas Robert Herbin ? Et lui qui court comme une panthère après sa proie, c'est Salif Keita ! Tiens, je vois passer maintenant, tel un virtuose du ballon, un Rachid Mekloufi à l'œil pétillant. Et celui qui s'envole devant la cage, gardien du temps, n'est-ce pas Abbes ? Non, je me trompe, c'est Curkovic, la forteresse personnifiée... Ils défilent ainsi devant mes yeux, en un raccourci étonnant, et je comprends alors pourquoi ce terrain est et restera à jamais un mythe pour tous les amoureux du ballon. Geoffroy-Guichard a connu des victoires, des défaites, des souffrances qu'il ne méritait pas et reste un lieu de légende. Mais ce n'est pas un beau décor désincarné, sans âme. Ces hommes qui ont traversé l'histoire de l'ASSE, qui ont porté fièrement le maillot vert, ont laissé assurément leur empreinte, ont gravé dans nos mémoires des moments d'éternité. Raconter l'ASSE, c'est raconter la conjonction presque théâtrale, entre un lieu extraordinaire et des hommes formidables. Et je mesure toute la chance et l'honneur, qui me sont donnés de présider un temps à la destinée de l'ASSE, de suivre le chemin tracé par mes illustres prédécesseurs, en toute humilité et de pouvoir, chaque soir, laisser mon imagination vagabonder au bord d'un des plus beaux terrains de France. Un maillot magique, un stade hors du commun, un passé glorieux, des attitudes exemplaires sur le terrain, voilà l'héritage précieux qui est donné aux jeunes joueurs du troisième millénaire, voilà ce qu'il nous faut préserver à tout prix.

Allez les Verts.

Alain Bompard
Président de la SAOS ASSE-Loire

1912-1938
Entre aciérie, briqueterie et usine à gaz

Des corpos aux mercenaires

Quand une enceinte sportive cesse-t-elle d'être un simple terrain de jeu pour sembler acquérir des sens, une image, un esprit ? Stade ou temple ? Par quels stades, justement, un rectangle d'herbe, aussi régulier puisse-t-il être et cerné de tribunes plus ou moins esthétiques, doit-il transiter pour se voir adoubé de telle manière qu'il n'est plus besoin désormais d'en préciser la fonction ? Les Stéphanois vont à Geoffroy-Guichard, comme les Lensois à Félix Bollaert, comme jadis les Nantais à Marcel Saupin, comme d'autres vont aux filles de joie, discrètement mais passionnément, cérémonieusement mais régulièrement. Ils ne savent pas exactement ce qui les attend, mais ils ont la certitude de ne pas être déçus, d'en revenir le cœur chaud et l'âme grisée. Geoffroy-Guichard est un stade, mais depuis des lustres plus personne n'éprouve le besoin de le préciser. Enfin, quand du grade de stade justement, accède-t-on au statut de chaudron ? Par la grâce d'un plumitif inspiré un soir de match particulièrement chaud, certes, mais comment l'inspiration lui vint-elle ? Voilà bien des questions auxquelles, pour éviter l'ennui d'une étude sociologique forcément rébarbative et à coup sûr hors sujet, nous pourrions répondre par un seul mot, ferveur. Les histoires de l'ASSE, de son stade, de la société de distribution du Casino et de la famille Guichard sont intimement liées. Ce n'est un secret pour personne. Historiques, culturelles, financières, leurs relations sont étroites, elles furent parfois évidentes, autour du terrain ou sur les maillots des joueurs et même officielles à travers les différents dirigeants qui présidèrent aux destinées du club et notamment deux présidents, Pierre Guichard et son fils Yves. Elles ont traversé le temps et perdurent à l'aube de cette fin de siècle. Ce qui aujourd'hui serait, c'est certain, immanquablement taxé de paternalisme, voire de basse démagogie, comme s'il en existait une haute, fut jadis la simple inclinaison d'une société soucieuse de permettre à ses employés de se détendre

Geoffroy Guichard à 12 ans et 28 ans ; son épouse Antonia, en 1890.

« Le véritable chef doit savoir inspirer, à la fois, la confiance, le respect et l'affection ». Geoffroy Guichard (21 juillet 1867 - 26 avril 1940). Photo prise en 1910.

par le sport ou une quelconque autre activité, et la tendance visionnaire d'un homme, Pierre Guichard en l'occurrence, à voir dans le sport autre chose qu'un aimable divertissement. Un mode d'expression pour une communauté géographique, culturelle ou économique. Il serait stupide enfin d'imaginer quelque arrière pensée mercantile que ce soit puisque de toutes façons, tout signe, aussi modeste fut-il, d'expression d'une firme était à cette époque strictement interdit. Au même titre que Manufrance notamment, autre entreprise locale jadis fameuse, fut un sponsor célèbrissime et même les Cakes Rocher, entreprise des environs de Roanne, dans les années quatre-vingts, l'ASSE connut, surtout compte tenu du martyr économique enduré par la région, un ancrage local exemplaire. En 1919 officieusement et un an plus tard, très officiellement, soit le 29 mars 1920, l'Association Sportive du Casino, émanation de l'Amicale des employés créée en 1912, voit le jour. La première guerre mondiale enfin scellée, le sport pouvait à nouveau investir le pré. L'objectif de cette section sportive était de donner aux employés de l'entreprise la possibilité de pratiquer le sport de leur choix dans les meilleures conditions possibles. Pour des raisons culturelles à l'époque, les plus actifs œuvraient principalement au siège social, dans les entrepôts et au sein des usines. Ceci étant, le club, pas sectaire, accueillit rapidement des sportifs non salariés de l'entreprise. Leurs sports de prédilection : l'athlétisme et le football. Les premiers présidents furent successivement messieurs Godot et Moulin. Cette première année les équipes de football évoluèrent, conformément aux règles édictées par la Fédération Française de Football, sous l'intitulé de « Amical Sporting Club », soit, subtil stratagème, les mêmes initiales que Association Sportive de l'entreprise. Ces équipes utilisaient le terrain du Pont-de-l'Ane, propriété du Casino. Les joueurs, même les plus cotés, étaient évidemment de purs amateurs et ils n'étaient pas rares ceux qui, afin de libérer du temps pour les matchs, doublaient les postes. On cite même comme référence exemplaire, un certain Gabe du quartier de Côte-Chaude qui faisait deux tours à l'usine

Quelques messieurs en chapeaux mous,
une seule tribune, des sportifs de toutes disciplines,
le stade Geoffroy-Guichard sort de terre.

Conçu comme un stade multisports,
par Pierre Guichard (photo du centre),
le stade Geoffroy-Guichard fut construit sur des marais
et son inauguration donna lieu à de grandes festivités.

Trois matchs à domicile :
(à gauche) contre Amiens en 1935
avec Pasquini à gauche et Tax à droite,
contre Sète (au centre) avec un but de Beck
et contre l'OM (à droite) en 1938 et le même Pasquini.

ASSE contre le Racing en 1938 (0 à 1),
à gauche Ignace Tax.

samedi pour être libre dimanche. Enfin, pour tenter d'être complet, notons également que l'équipe de cross-country disputait à l'Union Sportive des Aciéries de Firminy, le label de meilleur club du département. Plus tard, durant les années 1924 et 1925, sous l'impulsion de monsieur Pierre Guichard, le basket-ball fit son apparition et de grandes rencontres d'athlétisme furent régulièrement organisées sur le stade municipal de la Chaléassière. Elles attiraient un public nombreux et bien évidemment passionné, venu voir et complimenter les athlètes non seulement régionaux mais également quelques stars. Le grand Jules Ladoumègue lui-même, dit-on, serait venu courir sur ces terres-là. Le 17 mai 1927, lors d'une assemblée générale d'importance, l'Association Sportive du Casino et l'Amical Sporting Club fusionnèrent pour devenir l'Association Sportive Stéphanoise. Il choisirent alors comme couleurs pour leur maillot, celles de l'entreprise : fond vert à parements blancs. Deux ans plus tard, alors que monsieur Pierre Guichard était devenu président, fut créée une section rugby. Dans un tel contexte et face à une telle profusion d'activités sportives, le terrain du Pont-de-l'Ane montra peu à peu ses limites. Pierre Guichard chercha alors une autre aire de jeu, plus grande et mieux équipée. Celle-ci se fera, sur le site de l'Étivallière, et sera baptisée Stade Geoffroy-Guichard. L'idée de ce carré d'herbe qui germait peu à peu dans les esprits au cours de l'année 1929, provoqua la fusion de deux clubs locaux notoires : la section rugby de l'Association Sportive Stéphanoise et le Stade Forézien Universitaire (le 17 juillet 1931), sous un seul vocable, un peu long certes, mais déjà évocateur d'ASSSFU, soit Association Sportive Stéphanoise et Stade Forézien Universitaire. Monsieur Lassablière en fut le premier président d'honneur. La société Casino se porta alors acquéreur d'un terrain de trente-huit-mille mètres carrés sur le site de l'Étivallière,

(En haut) Pierre Guichard, le plus grand et (en bas), Rich II, arrière central de l'ASSE de 1938 à 1946.

propriété jusque-là de la famille Rochetaillée. Puis le céda à la nouvelle association pour une somme dérisoire, un franc symbolique. Pourtant, malgré cette démonstration de générosité, l'effort financier qu'allaient constitué immanquablement les travaux de terrassement et de construction puis les frais d'entretien dépassaient de beaucoup les possibilités du club concerné. Aussi Pierre Guichard, véritable instigateur du projet, chantre des activités sportives au sein de la société Casino et depuis longtemps désireux de doter les structures de son association de ses propres installations, décida de créer une société anonyme afin de lancer un grand appel de générosité à destination de la collectivité. La société Les Amis du Sport était née et si bien née que six cent mille francs furent rassemblés en un temps record. Il est à noter que cet argent fut si bien utilisé et surtout si bien géré que durant les années de la seconde guerre mondiale, tous ceux qui voulurent récupérer leur souscription, le firent sans que cela pose problème. Les importants travaux purent démarrer. Ils furent réalisés par une entreprise spécialisée parisienne, la maison Bouhana, qui avait déjà montré son savoir-faire en réussissant parfaitement le stade olympique de Colombes, au nord-ouest de Paris, la référence de l'époque. Il fallut remuer, trier, étaler puis irriguer mille deux cents mètres cubes de terre pour en faire un sol susceptible de

Lecture de la presse quotidienne durant les années quarante, devant le siège de l'ASSE à l'angle des rues Saint-Jean et de Lyon. Match ASSE - Roubaix (au centre) (5 à 0) en 1939 et présentation des équipes, durant les années de guerre, pour un match entre l'équipe Fédérale de Lyon et une sélection ASSE - LOU.

En bas : un penalty d'Ignace Tax qui n'en rata pas beaucoup tout au long de sa brillante carrière.

recevoir une moquette de gazon digne de tant d'enthousiasme. Une seule tribune, forcément officielle, de huit cents places, avec vestiaires et douches incorporées, fut érigée par la maison Limousin et sous la direction d'un architecte, monsieur Ploquin. Deux terrains furent tracés : un premier dit « d'honneur » de cent mètres par soixante-six, ceint d'une piste d'athlétisme de quatre cents mètres et de plans inclinés suffisamment accueillants pour être considérés comme des gradins. Dix mille spectateurs pouvaient y prendre place dans des conditions de confort remarquées à l'époque. Un second terrain dit « d'entraînement » avait également été prévu sur le même format global que l'aire principale, mais positionné plus au sud. Enfin, on traça deux terrains, de volley-ball et de basket-ball, conformes aux règles en vigueur, puis des sautoirs, en longueur, en hauteur et à la perche. Cet engouement pour le sport, Pierre Guichard l'encouragea encore un peu plus en 1923 en créant un hebdomadaire baptisé *Nos Sports* relatant la vie et les résultats des différentes sections de l'entreprise. Celui-ci paraîtra sans interruption jusqu'en 1944. La fusion entre l'Association Sportive Stéphanoise et le Stade Forézien Universitaire évoquée plus haut, prit fin en 1933, date à laquelle fut créé un nouveau Stade Forézien Universitaire doté de statuts indépendants. Et c'est en 1933, parallèlement à l'Association Sportive Stéphanoise que fut créée, pour le football uniquement, l'Association Sportive de Saint-Étienne. Elle prit pour siège social le café des Colonnes, 17, place Jean-Jaurès et monsieur Pierre Guichard en fut naturellement le premier président. La même année, soit le 28 juin précisément, l'ASSE reçut de la Fédération Française de Football l'autorisation d'utiliser des joueurs professionnels. L'aventure était en marche. Beaucoup plus tard, le 7 juillet 1941, en pleine guerre, l'ASSE fusionnait avec l'Association Sportive Stéphanoise, mais conservait ses couleurs vertes. Le football prit très rapidement une importance telle que les sections d'athlétisme et de basket, se sentant soudain un peu isolées, éprouvèrent le besoin pressant de s'appuyer sur une structure plus en rapport avec leur centre d'intérêt. Elles s'unirent finalement au Club Athlétique du Coquelicot sous le nom de Club Athlétique de Saint-Étienne. Le club se dota alors d'un président prestigieux, monsieur Léon Nautin, résistant émérite, dont une rue bien connue de la ville et un stade portent aujourd'hui le nom.

Au moment où Pierre Guichard portait l'ASSE sur les fonds baptismaux, le football connaissait une révolution capitale. Le professionnalisme, dont les Anglais avaient déjà découvert les vertus, commençait à faire école. Issu d'une famille de précurseurs, il ne pouvait rester longtemps insensible à une idée aussi innovante. De plus, le football régional proposé, médiocre et déséquilibré, ne constituait plus un spectacle à la hauteur de son ambition et de la fringale des amateurs de la région. Peugeot à Sochaux notamment, avait montré la voie, en ne se cachant plus pour distribuer de substantielles primes à ses joueurs. Et dès 1930, plusieurs affaires de faux amateurs avaient défrayé la chronique. À l'époque, les patrons du football français qui avaient pour noms : Rimet, Gambardella, Bayrou, entre autres, décidèrent, le 17 janvier 1931, de définir un statut de footballeur professionnel. Malheureusement, à cette date, le stade Geoffroy-Guichard n'était pas achevé, et Pierre Guichard n'avait pu poser sa candidature au premier championnat de France professionnel. Il lui faudra donc en passer par la seconde division de l'époque, un championnat en deux zones géographiques, nord et sud. Bilan : rétrospectif, cinq années de purgatoire. Le premier match de championnat officiel des professionnels de l'ASSE se joua le 3 septembre 1933 à Bordeaux contre le Onze de La Bastidienne. Les Verts s'imposèrent par 3 buts à 2. Quant à la pre-

Rich, demi-gauche de l'ASSE de 1936 à 1946.

Autre image de Rich,
au cœur de la bataille.

mière rencontre officielle jouée au stade Geoffroy-Guichard, elle se déroula quinze jours plus tard contre l'équipe du FAC de Nice et se termina sur le même score. En fait cette première saison fut somme toute satisfaisante : au cours des sept matchs à domicile, aucune équipe ne parvint à prendre le moindre point dans le Forez et les Verts ne concédèrent que quatre défaites en déplacement. Bilan : une place de second, mais seul le premier montait directement en première division, il fallait donc en passer par les barrages. Ces derniers se passèrent beaucoup moins bien que le reste du championnat, deux défaites à l'extérieur et seulement deux nuls à domicile. C'était raté. En coupe de France, l'affaire se déroula assez curieusement. L'ASSE s'inclina en huitièmes de finale face à l'US Tourcoing, après avoir marqué la bagatelle de trente-trois buts au cours des cinq matchs précédents. Plus qu'un président, plus tout à fait mécène, Pierre Guichard était devenu, en cette période agitée, l'homme à tout faire de l'ASSE, notamment en matière de recrutement. À la veille de cette première saison, il avait composé une équipe de toutes pièces en allant chercher de véritables mercenaires. Déjà... Anglais et Hongrois entre autres jouaient bien au football contre espèces, sans que cela leur confère plus de passion ou d'engagement pour autant. Les contrats étaient flous, plus ou moins respectables et surtout plus ou moins respectés. Le premier entraîneur de l'ASSE fut en fait un entraîneur-joueur, l'Anglais du Havre, Locke et le gardien de but ne fut autre que celui de l'équipe de France, Henric. À côté des Français Biechert, Boutet, Kurtz, Veyssade et Chalvidan, on trouvait un international Yougoslave, Stévanovic, un Hongrois Szeman et un Anglais Rivers. Si ces joueurs profitaient déjà d'un contrat professionnel, il n'en allait pas forcément de même en dehors des matchs, où régnait encore un certain dilettantisme. La plupart des déplacements se transformaient en véritables périples avec nuits dans le car et haltes dans les routiers. Quant aux entraînements, du fait de la durée des voyages et de la nécessaire récupération, ils n'étaient ni très approfondis, ni même très nombreux. À la fin de cette première saison, un autre problème inquiétant se posait, d'ordre financier. On murmurait qu'un déficit certain risquait de peser lourd sur l'avenir immédiat du club. Heureusement, Pierre Guichard veillait et surtout renflouait régulièrement la caisse sans laisser au temps le loisir de creuser un gouffre irréversible. Durant la saison suivante, malgré une bonne évolution tant au niveau du jeu que des structures du club, les résultats n'étaient toujours pas là. L'ASSE termina neuvième du championnat et se fit sortir en seizièmes de finale de la coupe de France par le FC Metz. Il faut noter toutefois, pour expliquer ce résultat décevant, que le championnat de 2de division avait été restructuré en deux poules, non plus géographiques mais établies à partir des résultats de la saison précédente. Les meilleurs, dont l'ASSE, dans un groupe, le reste dans un autre. À la veille du championnat 1935-1936, l'ASSE se lança dans la bataille des transferts et décrocha un renfort remarquable en faisant signer une authentique vedette, l'international autrichien Ignace Tax, transféré du Servette de Genève. À celui-ci, les dirigeants adjoindront les internationaux Yvan Beck, Rolhion de Montpellier et le Parisien du Racing Caron. Au moment du coup d'envoi de la saison, le nouvel entraîneur Duckwoorth, les Anglais Locke et Rivers n'ayant dépassé le stade d'une année, disposait d'un effectif particulièrement brillant pour une équipe de 2de division. Même si quelques affaires étranges révélèrent brutalement la manière curieuse avec laquelle se négociaient alors les transferts. Déjà... On s'aperçut vite que le jeune Pasquini, transféré de Lausanne, avait signé, à quatre jours d'intervalle, deux contrats professionnels. Le premier avec le stade Malherbe caennais, le 15 juin, pour 5 000 F et le second avec l'ASSE, le 19 juin, pour 8 000 F! Résultat, si la Fédération entérina celui signé par Pierre Guichard, elle suspendit le joueur pour... six mois. À quatre matchs de la fin de saison, l'ASSE voyait s'entrouvrir les portes de la 1re division. À une condition : s'imposer chaque fois. Premier match contre Rouen, première victoire 4 à 1. L'ASSE se retrouvait alors troisième à un point de deux leaders Rouen et Roubaix. Malheureusement ceux-ci devaient se rencontrer en fin de championnat et un nul leur permettait de monter tous les deux, au détriment de l'ASSE bien sûr. Et ce qui n'aurait pas dû arriver, arriva : ils produisirent un idéal 0 à 0, sans avoir vraiment joué, racontait-on. Pierre Guichard posa une réclamation à la Fédération, bien que sachant évidemment que la combine serait difficilement démontrable. La Fédération Française de Football entérina le résultat, sans prendre en compte la menace du président des Verts de quitter le championnat professionnel. Heureusement, il n'en fit rien. L'avènement parmi l'élite ne sera pas pour la saison suivante, à juste titre qualifiée de transition, compte tenu de l'énorme déception de la fin 1936, mais pour 1938. Une saison régulière au terme de laquelle l'ASSE terminait seconde derrière Le Havre. Fêtée comme il se doit le 2 juin au cours d'un grand dîner au restaurant Charnay, rue de la République à Saint-Étienne, cette accession au sommet du football français marqua les débuts d'une présence sans faille à la tête du football français. Hormis les années troubles de la seconde guerre mondiale, et un bref aller et retour d'un an en 1962-1963, l'ASSE évoluera en 1re division jusqu'en 1985, mais ça c'est déjà une autre histoire.

En 1939, l'ASSE et Reims, en huitièmes de finale de la coupe de France, ne se départageront qu'après trois matchs (0 à 0, 1 à 1 et 0 à 1). Cette photo a été prise lors de la troisième rencontre, le 16 février, au stade de Paris à Saint-Ouen.

Pierre Guichard. L'homme sans lequel, peut-être, tout cela ne serait jamais arrivé.

Parler de Pierre Guichard exige discrétion et modestie. Deux qualités qu'il cultiva à la tête de la société de distribution du Casino, comme à la présidence de l'ASSE. Les lignes de ce livre racontent comment, sous le regard bienveillant de son père Geoffroy, il porta, à 27 ans, le club sur les fonds baptismaux. Avec quelle obstination il en assura les fondations et avec quel regard visionnaire il permit son épanouissement. À travers ses quinze années de présidence, réparties sur trois périodes « chaudes » (1933-1943 – 1950-1952 – 1959-1961), on peut lire la progression régulière du club. Pierre Guichard sut tenir la barre de l'ASSE dans les tempêtes qu'elle traversa. Et lorsqu'il jugea que le moment était venu de céder les rênes, il sut le faire en choisissant l'homme qu'il fallait. Celui-ci dans son sillage allait faire des Verts plus qu'une brillante équipe de football, une légende du sport français. Et, si aujourd'hui, l'ASSE renaît de ses cendres, c'est encore à son héritage qu'elle le doit. Il sut lui donner cette identité de courage, de travail et de sérieux à laquelle on continue, à juste titre, de faire référence. Amateur passionné, mais discret, du football, il occupait toujours la même place au troisième rang de la tribune officielle, observant avec dignité et flegme les évolutions du jeu. Pierre Guichard n'était pas homme à élever la voix, ni à abuser des effets de manches. On raconte qu'assistant à un match dans les années quatre-vingts, donc à un âge plus que respectable, dans un stade Geoffroy-Guichard flambant neuf, rénové pour le championnat d'Europe des Nations de 1984, il se mit à tomber une pluie drue. Si violente et tenace même que tous les occupants des premiers rangs, copieusement arrosés, battirent rapidement en retraite. Tous, sauf un, Pierre Guichard, seul au milieu des travées désertées. Il ne dut pas voir grand-chose de la fin de la partie, tant ses lunettes étaient voilées par les trombes d'eau. Mais il ne broncha, ni ne bougea. Quand l'arbitre siffla la fin du match et, par la même occasion de sa douche, il se tourna vers ses voisins du coup d'envoi entassés quelques rangs plus haut, le chapeau flétri et le manteau trempé, et d'une voix calme mais lourde de sous-entendus, leur demanda : « Rappelez-moi le nom de l'architecte… »

Pour Pierre Guichard,
le caractère corporatif du sport
ne constituait pas une fin en soi,
mais un moyen d'être ambitieux.

Durant les années qui suivirent son inauguration le stade Geoffroy-Guichard ne cessa de s'agrandir. À soixante-six ans, il n'a toujours pas achevé sa croissance. Demain peut-être, ses angles ouverts aux vents, ceux que l'on maudit l'hiver, le sang gelé et les doigts gourds, seront fermés. Ainsi le vieux chaudron sera-t-il totalement redessiné, imperméable aux intempéries. Les chants des supporters ne s'échapperont plus, ce sera sûrement très beau. Déjà en 1934, trois ans après son édification, on lui greffa des vrais gradins, assis, puis un peu plus tard une seconde tribune, rue Henri-Point. La piste d'athlétisme disparut en 1956, les gradins restructurés en position debout en 1957, l'éclairage installé en 1965, puis en 1968 les tribunes et gradins furent couverts après que la ville de Saint-Étienne fut devenue propriétaire du stade. Les dirigeants de l'époque pouvaient à juste titre estimer s'être dotés d'un grand et beau stade. Pourtant, ils n'avaient encore rien vu. En 1972, on érigea un bâtiment administratif et sportif superbe sous la tribune de la rue de la Tour. Avant que deux compétitions, majeures évidemment, ramènent à Geoffroy-Guichard, pelleteuses et bétonnières. Le championnat d'Europe des Nations en 1984 et la coupe du Monde en 1998. Deux grandes épreuves remportées par la France ! À l'occasion de la première, la capacité du stade Geoffroy-Guichard fut portée à quarante mille places (à quelques unes près... 10 970 assises et 28 500 debout), tandis que pour la seconde, elle fut ramenée à trente-six mille places toutes assises, cahier des charges de la FIFA oblige. Autres temps, autres mœurs. Mais comment pourrait-on ne pas regretter les fameux kops debout, vagues mouvantes sur les actions chaudes, rugissantes à chaque but ? Comment chanter assis, le ventre serré et la poitrine à l'étroit ? Comment imaginer proposer un jour une place de match au prix d'une séance de cinéma, si on ne cesse de diminuer la capacité des enceintes ? Si sur ce point, l'ASSE fait beaucoup d'efforts, c'est très loin d'être le cas partout. Heureusement, tous ces liftings n'ont pas touché l'âme de Geoffroy-Guichard. Les chants des supporters sont presque les mêmes, les grands platanes n'ont pas encore plié, le parking a été paysagé et les plans de circulation se sont succédé, virevoltant en détours et contours mystérieux. La vieille usine et ses grandes cheminées continuent de veiller sur ce carré d'herbe magique. Il y a soixante-dix ans, à cet endroit même, quelques élégants messieurs en costume trois pièces et chapeaux mous arpentaient un marais le regard inquiet. Ils étaient loin d'imaginer ce qu'ils s'apprêtaient à bâtir, une belle histoire.

On casse tout et on recommence…

Vue aérienne du stade Geoffroy-Guichard au début des années soixante-dix.

Que répondrait un esprit cartésien à qui on demanderait de décrire un stade ? Probablement quelque chose comme un très ordinaire rectangle d'herbe, opportunément promu terrain de jeu, entouré de structures, dénommées tribunes ou gradins, appelées à recevoir un nombre plus ou moins important de spectateurs de manière à offrir à chacun un angle de vision, autant que faire se peut, correct. Beaucoup de béton et plus ou moins de ferraille, quelques fois pour des raisons de rentabilité une piste d'athlétisme, autrefois un vélodrome. Un point, c'est tout. Et pourtant, chaque stade (ou presque...) a son style, quelques fois du caractère, mais très rarement de l'esprit. Quoique diffuse, cette sensation de lieu habité, confusément perceptible par le promeneur solitaire dans les travées désertées de Geoffroy-Guichard, flotte dans l'air, se hume et s'éprouve, peut faire frémir ou rassurer. Très rares sont les stades de cette trempe. À quoi doivent-ils cette sorte de supplément d'âme... « qui s'ajoute à notre âme et la... ». À Liverpool, au stade d'Ansfield-Road par exemple, les chants expriment avec le lyrisme inépuisable du fameux « You'll never walk alone » (en français : vous ne marcherez jamais seuls) leur attachement à l'histoire et à la tradition. À chacun ses drames, à chacun son histoire. Celle des stades s'écrit avec des pleurs et des rires. Unique confrontation, seul lieu d'union entre un public et son équipe, le

Geoffroy-Guichard, c'est avant tout une ambiance et une atmosphère, dans lesquelles les supporters jouent un rôle prédominant. Ce sont eux, comme ici grimés lors d'ASSE - Eindhoven en 1976 (au centre), qui ont fait la légende du chaudron. Ce qu'une inscription magistrale (photo du bas) rappelle aux joueurs des deux équipes au moment de s'engager dans le tunnel qui mène à la pelouse.

Une vue du stade Geoffroy-Guichard dans les années soixante-dix, pour un ASSE - OM, avec Hervé Revelli et Oswaldo Piazza (de dos). (Page de droite)

einture
algipa
RAD
XEL

Autre ambiance, le 22 octobre 1975,
match aller de coupe d'Europe
contre les Glasgow Rangers (2 à 0 et 1 à 2 au retour)
avec Patrick Revelli en acteur principal et magistral.

L'éclairage, incomparable en qualité il y a vingt ou trente ans avec ce qu'il est aujourd'hui, se mêlant au brouillard de l'hiver, donnait parfois des allures de fantômes aux acteurs du match. ASSE - Kiev (3 à 0) en 1976, but de Jean-Michel Larqué.

Comme un ballon au fond des filets...
Celui de France - Yougoslavie en 1984
en championnat d'Europe des Nations.

Le 19 juin 1984 à Geoffroy-Guichard,
en quart de finale du championnat
d'Europe des Nations,
l'équipe de France,
future lauréate de la compétition
(2 à 0 contre l'Espagne en finale),
éliminait la Yougoslavie 3 à 2
(0 à 1 à la mi-temps),
grâce à trois buts de Michel Platini.

stade répond à des codes et des procédures que seule la tradition orale peut transmettre. L'amour ne s'apprend pas, supporter non plus. Une décision de la FIFA, difficilement compréhensible, sidère : pourquoi vouloir asseoir les kops ? Pour des raisons de sécurité nous a-t-on répondu. Assis, ils sont moins nombreux, donc plus sages, prétend l'instance fédérale. Quoi qu'il en soit, ici, Monsieur, à Geoffroy-Guichard, on chante debout, on crie debout, on pleure ou on exulte debout. À bien y réfléchir, il me revient en mémoire un match de seizièmes de finale de coupe UEFA 1979-1980 resté fameux, contre le PSV Eindhoven. Déculottés 0 à 2 au match aller en Hollande, les Verts devaient, sur leur pelouse, réaliser un exploit. Au bout de cinq minutes, les compagnons de Michel Platini et Jean-François Larios menaient 3 à 0. À la fin, l'affaire était emballée 6 à 0. Tout en bas, derrière les buts, coincé juste dans l'angle, je n'ai rien vu, rien que le panneau d'affichage, rien que les filets trembler, trois fois durant les cinq premières minutes. Ouf, j'étais du bon côté. J'ai réglé mes cris et mes gesticulations sur ceux de mes frères d'un soir, j'ai uni ma voix à leurs voix, lié mes bras à leurs bras, il faisait froid, il pleuvait. J'ai prié dans le noir. Cette soirée reste mon meilleur souvenir à Geoffroy-Guichard. « Enfer vert » ou « Chaudron », cette manie bien française d'affubler ou de grimer ce qu'ils ont doctement baptisé, peut être sympathique. Malheureusement, elle ne l'est que rarement. Point n'est nécessaire non plus de tendre la joue pour se faire battre : le Stade de France n'est-il pas devenu le SDF ? Dans sa version actuelle, le stade Geoffroy-Guichard a été baptisé le 12 mai 1998. Michel Platini et Yannick Noah, idoles incontestables, étaient là, mais aussi Muriel Robin, fidèle à ses racines, les jeunes pousses si prometteuses de la coupe Gambardella également et, bien sûr, vingt-cinq mille spectateurs conquis. Certes pas forcément très avertis des rites du football, plus attirés par l'affiche exceptionnelle que par le lieu ou le football, mais convaincus d'assister à une soirée historique. Cette nuit-là, tandis que la France allait se réconcilier quelques semaines plus tard avec le football, les stépha-

WIE 2
1
TOTAL
JVC
JVC
Unico Unico

Les quatre flèches bleues de la tribune Henri-Point,
que l'on aperçoit depuis l'autoroute dès Saint-Jean-Bonnefonds,
associées aux « silos » sur lesquels la construction s'appuie,
donnent à l'ensemble un séduisant aspect industriel.

MEDIACO
MEDIACO

nois prenaient une longueur d'avance. Bon augure. Pourtant, et que les différents architectes qui se sont succédé au chevet du stade Geoffroy-Guichard nous pardonnent, mais sincèrement, est-il vraiment si beau que ça, ce stade? Après tous ses liftings, le risque était grand. Ne réussit pas un nouveau nez qui veut. Il n'a rien de l'esthétique rayonnante du Stade de France, des traits surannés de Wembley, de la force brutale de San Siro, ni même cette curieuse alchimie de coquille vide qui vous prend au ventre en pénétrant dans le Parc des Princes. Il est mieux que tout ça. Généreux et chaleureux, rassurant et encourageant. Il ne permet pas le doute, il rassure le Vert débutant, étreint l'habitué et inquiète le visiteur. Son nom fait rêver, son image gonfle les cœurs. Passée la

Les différentes phases des travaux du stade Geoffroy-Guichard et de son proche environnement nécessités pour l'accueil de la coupe du Monde 1998.

bosse de Saint-Jean-Bonnefonds, les quatre flèches bleues d'Henri-Point, comme autant de phares, guident l'étranger. Avec ses haubans d'acier pointés vers le ciel, tel un quatre mâts, le navire tangue les soirs de tempête, mais ne sombre pas. Même aux soirs des pires naufrages, Geoffroy-Guichard n'a jamais baissé pavillon. Les capitaines n'ont jamais quitté le bord avant leurs enfants, sa barre peut apporter gloire ou dépit, mais jamais ne laisse indifférent. Ce sol jadis marais, remblayé du courage des corpos, est devenu fertile. Si souvent noyée sous des larmes de joie ou inondée par les flots des détresses les plus inconsolables, l'herbe y pousse désormais mieux qu'ailleurs, drue et verte bien sûr. « Ici commence le chaudron », affirme une peinture murale sous laquelle passent les joueurs des deux équipes avant de sortir au grand jour. Sûrement. Mais alors que devrait-on dire à celui qui sort ? Ici se termine l'alchimie ?

La fin des travaux, le nouveau siège administratif et sportif de l'ASSE et son inauguration (photos du bas) en présence de Yannick Noah, représentant son association « Les enfants de la terre », et de Muriel Robin (à droite), fantaisiste au cœur vert.

Le 1er mai 1999, à l'issue du match nul 2 buts à 2 contre Ajaccio, l'ASSE d'Alain Bompard, Gérard Soler et Robert Nouzaret, retrouve la 1re division. Pelouse envahie, joueurs et dirigeants ovationnés, Saint-Étienne s'est réconciliée avec son équipe.

DAEWOO
STADE

Gancia

1939-1972
Le temps pour apprendre

Un des nombreux déplacements de l'ASSE à Marseille. Celui-ci date de la saison 1958-1959. Domingo et Wicart (au centre de la photo, Casado au fond) ne pourront pas grand chose pour leur équipe battue 4 à 1.

Les derniers flonflons de la fête à peine dispersés, un problème apparut, pas forcément plus simple : se maintenir en première division, impératif commun à tous les nouveaux promus, quelle que soit l'époque... Et pour cela, encore fallait-il disposer rapidement de fonds conséquents pour renforcer l'équipe. Pierre Guichard eut l'idée de refaire le coup des « Amis du sport » qui procéda au financement du stade Geoffroy-Guichard, une souscription. Mais cette fois, ce fut un fiasco. D'autant plus qu'il provoqua une amorce de fronde de la part d'une partie du public qui estimait que le groupe de distribution stéphanois avait un peu trop tendance à s'accaparer le club. Puisqu'il en était ainsi, Pierre Guichard fit part publiquement des difficultés financières et, devant l'absence de propositions, pas rancunier, remit au goût du jour une formule qui avait déjà fait ses preuves, impliquer financièrement le Casino. Du coup on n'entendit plus un murmure dans les travées... Quatre internationaux intégrèrent le club : le gardien sétois Llense, le Lillois d'origine polonaise Jean Snella (dont on reparlera !), le Tchèque Hess et l'Autrichien Hummerberger. Et comme, dans le même temps, personne ne quitta le Forez, l'effectif pléthorique des Verts représentait tout à coup une masse salariale conséquente. Tout ça, sans prendre en compte le changement de standing des Verts qui voyageaient désormais en deuxième classe !... Pour les plus jeunes, sachez qu'à l'époque, les wagons de la SNCF étaient équipés selon trois niveaux de confort. Pour toute la France, l'ASSE était devenue un club de millionnaires. Ce premier championnat se solda sur un bilan très positif, Saint-Étienne se classant en quatrième position derrière les trois cadors de l'époque : Sète, Marseille et le Racing. Avec comme sommet de la saison, une victoire sur l'Olympique de Marseille à Geoffroy-Guichard par 1 à 0, but d'Ignace Tax. Malgré ce succès, la liesse populaire n'est pas au rendez-vous, c'est la guerre qui habite les esprits. Le football ne passera pas à travers. À la veille de la saison 1939-1940, l'ASSE se renforce encore dans le secteur offensif. Un avant-centre, l'Anglais Newel, un ailier, Michel Brusseaux et un demi, Abdelkader Amar, intègrent le club. L'euphorie, bien réelle, née de quelques matchs amicaux dits « de préparation », fut de très courte

durée. La première conséquence du conflit fut d'éparpiller aux quatre coins de l'Europe les effectifs de tous les clubs professionnels et en particulier celui de l'ASSE riche de joueurs étrangers. La Fédération Française de Football qui s'entêta alors dans son idée de maintenir un championnat malgré le conflit mondial, fit appel aux clubs volontaires. Quelques-uns répondirent favorablement, dont l'ASSE, mais pas assez. C'est alors que germa une idée fumeuse. Sectoriser le championnat selon trois groupes géographiques : le nord (neuf clubs), le sud-est (six clubs dont Saint-Étienne) et le sud-ouest (six clubs). Le montage fit long feu, si l'on peut dire, puisqu'il fut stoppé net par l'invasion allemande et ne reprit qu'à l'armistice, à l'automne 1940. L'ASSE n'y fit pas une carrière mémorable, puisqu'elle finit seulement huitième avec pour consolation une place en finale de la coupe Charles Simon, une sorte de coupe de France de la zone libre. La saison suivante, le club réussit des performances honnêtes, avant que le gouvernement de Vichy se lance dans un programme de réformes particulièrement perturbant pour le football de haut niveau. Il visait, à terme, à supprimer le statut de joueur professionnel. Le gouvernement de Vichy et son instigateur le colonel Pascot, espéraient ainsi faire cesser les mouvements de joueurs étrangers. Conséquences majeures, à force de contrôler les transferts et de gêner la bonne marche des clubs, deux grands disparurent, Sochaux et Lille. Les joueurs appartenant à l'ASSE furent d'autorité priés d'aller évoluer dans une sélection régionale baptisée « Lyon-Lyonnais », un comble. Pour tenter de s'opposer à cette mesure, Pierre Guichard prétexta que quatre joueurs professionnels, Casy, Tax, Lauer et Snella étaient en fait des salariés du Casino. Mais le stratagème vola en éclats et les quatre malheureux furent radiés à vie... jusqu'à la Libération. Là, les choses prirent une tournure oscillant entre le pitoyable et le farfelu. Les clubs furent mis dans l'obligation de jongler avec une autre mesure étonnante : titulariser quatre amateurs. *A contrario* de la première, celle-ci fut finalement bénéfique. Elle permit à de nouveaux joueurs de se faire connaître. Ainsi se souvient-on à l'ASSE de Bailly, Teneroni et Rodriguez. Malgré tout, les Verts ne firent pas une saison mémorable. Démarrée péniblement, elle se ter-

L'ASSE reçoit les Lyonnais du LOU (en haut) au cours de la saison 1945-1946. Le gardien de but Charles Davin est entouré des défenseurs Calligaris et Scallon. Arrêt buffet (au centre) au restaurant Biol à Lyon, au retour d'un match à Toulouse durant la saison 1948-1949. Autour de monsieur Philibert, le trésorier, on reconnaît Finek, Alpsteg, Tax, Mathieu, Scallon, Rodriguez, Firoud et Jankowski. En bas, un joyeux quatuor composé de Joseph Choupin, Charles Davin, Lucien Leduc, Guy Huguet et « Manu » Fernandez.

mina finalement par une cinquième place « à l'arraché ». Le football forézien encaissait la guerre de plein fouet : difficultés d'approvisionnement en produits alimentaires et déplacements longs et pénibles. Mais l'événement qui restera le fait de cette saison est d'un autre ordre, administratif, la démission de Pierre Guichard de la présidence de l'ASSE, le 8 février 1943. À la tête du club depuis seize ans, il ne pouvait accepter sans réagir le projet du colonel Pascot. Tout, dans les décisions et les intentions de ce dernier, était contraire à son projet. De plus, le Casino et Pierre Guichard avaient jusque-là suffisamment investi dans le club pour ne pas se laisser spolier par un mode de fonctionnement autoritaire et fantaisiste. Ainsi Pierre Guichard démissionna-t-il pour raisons... professionnelles. Il fit nommer le vice-président, Paul Laval, qui décéda peu de temps après, lui-même remplacé le 6 septembre 1943 par Maître Perroudon. À propos de ce dernier, Pierre Guichard eut, plus tard, des propos étonnants. « C'était un homme remarquable de droiture, un esprit élevé. Il a laissé un souvenir remarquable, bien qu'il n'aima pas prendre seul des décisions importantes. C'était l'anti Rocher ! ». Pour le football, comme pour toute la population française évidemment, l'été 1944 fut le plus beau. Les décisions de Vichy retombèrent dans l'oubli, les joueurs retrouvèrent leur club, et ces derniers leur championnat en deux zones. Le statut professionnel des joueurs fut redéfini par Emmanuel Gambardella, président de la ligue professionnelle. Pour l'ASSE, le championnat devait reprendre ses droits au mois de novembre, ce qui lui laissait largement le temps de se préparer. Mais l'ASSE s'était aussi renforcée. C'est ainsi que l'on vit apparaître quelques noms restés fameux, Antoine Cuissard, 20 ans, en provenance de Rennes, natif de Saint-Étienne, René Alpsteg, 24 ans, transféré d'Annemasse et Hadjiji. En fait, cette saison ne fut pas des meilleures, loin de là. Huitième du championnat, éliminée au premier tour de la coupe de France, l'ASSE était de nouveau confrontée à un problème financier. D'autant plus crucial, qu'elle était toujours qualifiée pour le championnat de la saison suivante en première

ASSE - Nice (2-0) durant la saison 1948-1949.
Belle action de « Kiki » Alpstez.

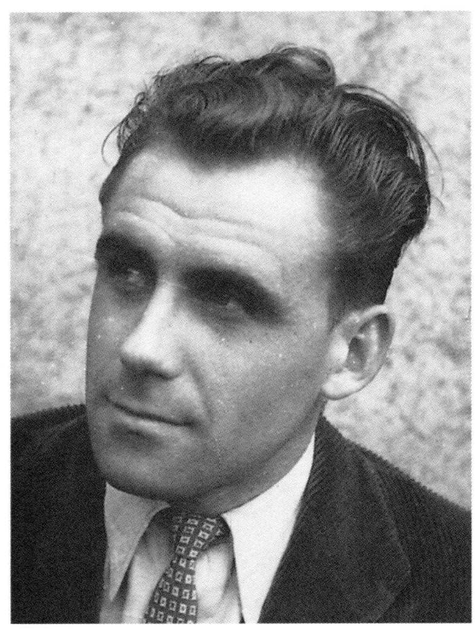

La fine fleur
des années quarante :
(de gauche à droite
et de haut en bas) :
René Alpsteg,
Calligaris,
Charles Davin,
D'Hondt,
Guy Huguet,
Antoine Cuissard,
Ignace Tax
et Jankowski.

Jacquin,
Claustrat,
Jean Lauer,
François Wicart,
« Canas » Rodriguez,
Vernay
et Manu Fernandez.

division. Mêmes maux, mêmes remèdes, même souscription, mais succès cette fois-ci. Durant toutes ces années d'après guerre, l'ASSE oscilla entre coups de feu et coups de barre ! Seconde en 1946 mais onzième en 1947, quatrième en 1948 mais huitième en 1949 et finalement onzième en 1950, la coupe de France ne lui réserva pas plus de satisfaction : deux fois éliminée en trente-deuxièmes de finale, elle ne fit jamais mieux qu'un seizième de finale. Par contre, en se penchant sur l'effectif du club, on voit apparaître des noms restés fameux pour toute une génération de la fin de la guerre. Au risque d'en oublier, il convient de citer les arrivées en 1945 d'un milieu de terrain d'origine oranaise Kader Firoud et d'un gardien de but venu de Clermont, Charles Davin. L'été 1947 fut celui du grand chambardement. Brusseaux, vers Nancy et Nemeur et Ama, pour Nice, partis, Tax pouvait reconstruire. Ce fut d'abord le retour de Cuissard, émigré à Lorient et les arrivées de deux attaquants, Rémy et Calligaris, trois défenseurs, Fernandez, Besse et Mathieu et un gardien de but, Jacquin. En fait cette saison, gérée et démarrée en fanfare, puisque l'ASSE se retrouva en tête après huit journées, se termina plus calmement à la cinquième place. Par contre, sur le plan de l'ambiance, c'est de cette époque, raconte-t-on, que daterait un certain contentieux avec l'Olympique de Marseille. Depuis le jour où Pierre Legalery, journaliste fameux, véritable pilier du football dans la Loire, révéla une fraude massive sur les vingt-quatre mille billets de la rencontre OM - ASSE. À la fin de la saison 1949, l'ASSE bouleversa à nouveau son effectif. Dix recrues arrivèrent, dont René Domingo, dont on parla beaucoup et longtemps. Cette manie de jouer aux « chaises musicales » avait eu pour effet néfaste de coller à l'ASSE une image douteuse de légèreté. Les joueurs venaient au club parce que les contrats qu'on leur proposait étaient alléchants, mais ils n'y évoluaient pas dans un climat de confiance idéal. Dans le même temps, Maître Perroudon, malade, n'allait pas tarder à disparaître. Monsieur de Fraissinette, maire de Saint-Étienne, demanda alors à Pierre Guichard de reprendre les rênes du club. Il en était alors président d'honneur. Le 20 juillet 1950, il accepta… un intérim. Cette espèce de contrat à durée déterminée

Claude Abbes. Avec neuf sélections et une fameuse épopée lors de la coupe du Monde de 1958 en Suède, ce Languedocien, dont la carrière débuta à Béziers, reste comme un des deux gardiens mythiques de l'ASSE, avec Yvan Curkovic. À une « main » et une prise de balle très sûres, le souriant Claude sut associer une tête bien faite. Ingénieur électronicien, il quitta la carrière de portier pour diriger le secteur étanchéité de l'usine atomique de Pierrelatte. Photo, saison 1956-1957 : match nul à Valenciennes (1 à 1). Claude Abbes boxe la balle devant Richard Tylinski.

FRANCE
NCE

qu'accepta le patron historique du club ne fut pas une parenthèse. Si Pierre Guichard était un homme posé et discret, il agissait en grand patron, ne craignant pas de déplaire et ne rechignant pas à décider. Pour preuve, sa première décision fut de limoger l'entraîneur Tax, celui-là même qu'il fit venir quinze ans plus tôt comme joueur et d'embaucher son meilleur ami... Du fait de la personnalité de l'Autrichien, du temps passé à la tête des Verts et de son influence, son successeur ne pouvait pas être n'importe qui. Ce fut Jean Snella, ex-meneur de jeu et ex-tenancier de bar. Une carrière monumentale venait de débuter. Pour monter une équipe à son goût, Jean Snella disposa d'appuis de taille. De l'argent frais (trois millions) en provenance de la mairie, le maire n'ayant pas grand-chose à refuser au patron du Casino, et un prêt (sept millions). Sa politique : ne garder que les meilleurs, Ferry, Domingo, Cuissard et Alpsteg, et recruter de véritables renforts, le gardien Crêteur, l'avant-centre suisse Tamini et surtout un certain Cornélis Bernardus Rijvers. Avec ses cent soixante-deux centimètres, Kees Rijvers n'impressionna personne lorsqu'il descendit du train, malgré une réputation aussi flatteuse que sa carte de visite. Il venait d'être sélectionné dans l'équipe du reste du monde pour jouer contre l'Angleterre. Sur le terrain, par contre, la chanson n'était pas la même. En un temps record, il devint « trottinette ». Professionnel jusqu'au bout des doigts, il l'était également jusqu'à l'extrémité des crampons. Il débarqua avec une malle lourde de cent kilos de crampons vissés, un accessoire inconnu en France jusque-là. Enfin, visionnaire ou prévoyant, probablement les deux, Pierre Guichard, à peine réinstallé, pensa à son successeur. Il fit venir Pierre Faurand, industriel dans le traitement des peaux, peu respectueusement surnommé dans les gradins, à sa grande fureur, « le marchand de peaux de lapins ». Là non plus, il ne s'était pas trompé. À la tête du club, Pierre Guichard agissait comme aux commandes de son entreprise. Il voulait des hommes compétents. Pour lui, le sport était une chose sérieuse et la bonne volonté ne pouvait remplacer le professionnalisme. Il lui fallait un secrétaire général, ce fut Charles Paret, un cadre important du Casino, qu'il connaissait bien. Cet homme était un monstre de travail. Dans l'arrière-salle de bistrot qui servait

Un départ en avion au cours de la saison 1956-1957. Derrière et au-dessus de Roger Rocher membre de la commission sportive de l'ASSE, on reconnaît Richard Tylinski (lunettes), Jean Snella (entraîneur), René Ferrier, Pierre Faurand (président), Armand Fouillen, Claude Abbes, René Domingo, Georges Peyroche, Yvon Goujon, Alex Fontanilles (vice-président), Jean Oleksiak, Bernard Lefèvre et Rachid Mekloufi.

de siège administratif au club, il commença par apprendre par cœur les règlements du football professionnel. Puis, il reçut tous les créanciers du club, à commencer par quelques prioritaires comme la Sécurité Sociale qui commençait à froncer les sourcils, pour négocier la dette du club. Parallèlement, il tenta de s'attacher les services de quelques joueurs supplémentaires de bon niveau. Là non plus, il ne fit pas d'erreur. Jean Oleksiak, Nello Sbaïz et beaucoup plus tard Sarramagna sont venus dans le Forez grâce à lui. En 1952, à la démission de Pierre Guichard, Pierre Faurand, 38 ans, célibataire, totalement disponible pour le football devint président de l'ASSE, le plus jeune de France. À ce moment-là, Charles Paret et Jean Snella tournaient à plein régime. Sa première mission, doter l'ASSE d'un grand gardien. Ce fut Claude Abbes, transféré de Béziers. Durant la saison 1952-1953, les Verts terminèrent onzièmes du championnat et furent éliminés en demi-finale de la coupe de France (1 à 0 par Lille). L'année suivante, nouvelle campagne de transferts, l'ASSE se muscla encore avec l'arrivée de Vernier, Tylinski et Goglia. Conséquence, une cinquième place en championnat. Durant la saison 1954-1955, le club remporta sa première compétition officielle, la coupe Drago, une épreuve réservée aux éliminés de la coupe de France. Durant cette période, des jeunes furent intégrés dans l'équipe, et pas n'importe lesquels, ils s'appelaient Eugène N'Jo Léa et Rachid Mekloufi. Jean Snella dut travailler sept ans avant d'atteindre la consécration. Cette saison historique, celle du premier titre de champion de France de l'ASSE, avait pourtant mal débutée. Jacques Foix, le compère de Rachid Mekloufi au milieu du terrain, s'en était allé. Aggravé par ceux de Ferry, de Cecco, Ibanez et Orosko, ce transfert était un coup dur. Incapable de dégotter les perles rares qui auraient pu pallier de tels forfaits, Jean Snella décida de faire appel aux jeunes. Bilan : cette saison-là, les Verts de N'Jo Léa et Mekloufi dansèrent un football « Rock n'roll » tel que Jean Eskenazi aimait à le qualifier dans les colonnes de *France Soir*. Tout en faisant preuve d'une efficacité assez exceptionnelle. À eux deux, ils marquèrent cinquante-quatre des quatre-vingt-huit buts de leur équipe. Marseille perdit 6 buts à 3 lors de sa venue dans le Forez et les Verts s'imposèrent 7 buts à 1 à Nancy et 6 buts à 2 à Sedan. En tête du classement du championnat de France de première division depuis le 2 septembre 1956, les jeunes ne seront jamais dépassés. Juste rattrapés l'espace d'une journée par le grand Reims. Deux grandes équipes venaient de se croiser.

Le premier match de coupe d'Europe de l'histoire de l'ASSE, éliminée par les Glasgow Rangers (1 à 3 et 2 à 1). Eugène N'Jo Léa est contré par le portier écossais, tandis que Jean Oleksiak deviendra ce jour-là le premier buteur de l'histoire du club en coupe d'Europe.

VISITEURS

Entrée sur la pelouse de Geoffroy-Guichard en 1957
pour un match contre Valenciennes (5 à 1)
de René Domingo, Claude Abbes et Michel Tylinski.

Rachid Mekloufi, le magicien de Sétif

Il fait partie de ceux que personne n'a oublié. Les jeunes qui ne l'ont évidemment pas connu, ont tous entendu parler de cet homme, ils lisent dans les yeux des anciens ce qu'il représenta pour le club. Quand ils évoquent son nom, ils ponctuent leurs propos d'une note de respect et d'admiration qui détonne. Et même si les coupures de presse qui racontent ses exploits sont jaunes depuis longtemps, il fait intimement partie de l'histoire du club. Parmi tous les étrangers inconnus qui débarquèrent un jour, souvent très jeunes, dans le Forez Rachid Mekloufi est de ceux qui ont laissé le souvenir le plus fort. Quand il découvrit Saint-Étienne, le 4 août 1954, en provenance de Sétif en Algérie, il n'avait pas encore 18 ans. Convaincu de s'expatrier par monsieur Setboune, à l'époque, l'homme des « bons tuyaux » de l'ASSE, Rachid abandonna ses études de prothésiste dentaire. Avec six frères et sœurs à la maison, il était urgent et impératif de gagner sa vie. Il impressionna tellement Jean Snella lors du premier entraînement auquel il prit part que celui-ci décida de l'aligner dans l'équipe dès le week-end suivant. Il disputa donc son premier match en vert à Geoffroy-Guichard, en amical contre Grenoble. À côté d'Eugène N'Jo Léa, il marqua trois des six buts de son équipe qui n'en encaissa pas. Ce jour-là, il découvrit tout à la fois, une ville, le football professionnel, son compagnon de stade, complément parfait avec lequel il allait faire briller le maillot vert, et... les terrains engazonnés. Rachid n'avait jamais joué sur autre chose que la terre poussiéreuse, brûlée par le soleil, des terrains vagues de son Algérie natale. En marquant sous le seul maillot vert, cent soixante-trois buts, Rachid est le second *performer* de l'histoire du club derrière Hervé Revelli et ses deux cent onze réalisations. Il participa à cinq titres de champion de France, décrocha quatre coupes de France et revêtit à quatre reprises le maillot de l'équipe nationale. Intransigeant et entier, sincère et homme de cœur, Rachid Mekloufi, malgré une gentillesse sans faille et un sourire désarmant, n'était pas homme à composer. Le 15 avril 1958, après avoir intégré le Bataillon de Joinville pour répondre aux exigences du service national, il renonça à la coupe du Monde en Suède. Ce jour-là, il quitta la France et rejoignit les troupes du FLN (Front de Libération National algérien). Il ne sera plus jamais sélectionné sous le maillot tricolore. Lien entre deux générations exceptionnelles, après avoir débuté avec les Domingo, Ferrier, Abbes et surtout N'Jo Léa, il acheva sa carrière à côté de Robert Herbin, Aimé Jacquet et Bernard Bosquier, entre autres. L'homme clef de sa carrière fut son entraîneur, Jean Snella. Il en parle encore aujourd'hui avec beaucoup d'émotion dans la voix et ne lui reconnaît d'équivalent que chez des hommes comme Aimé Jacquet ou Robert Nouzaret. Fidèle, totalement dévoué, évoluant sans arrière-pensée, Rachid Mekloufi continue de vanter l'œuvre de son père en football, Jean Snella, prônant un jeu où le système se met au diapason des qualités des joueurs et non le contraire. Installé aujourd'hui avec son épouse à La Marsa en Tunisie, Rachid continue de s'intéresser au football, qu'il soit européen ou africain, comme éternellement partagé entre les deux rives de la Méditerranée.

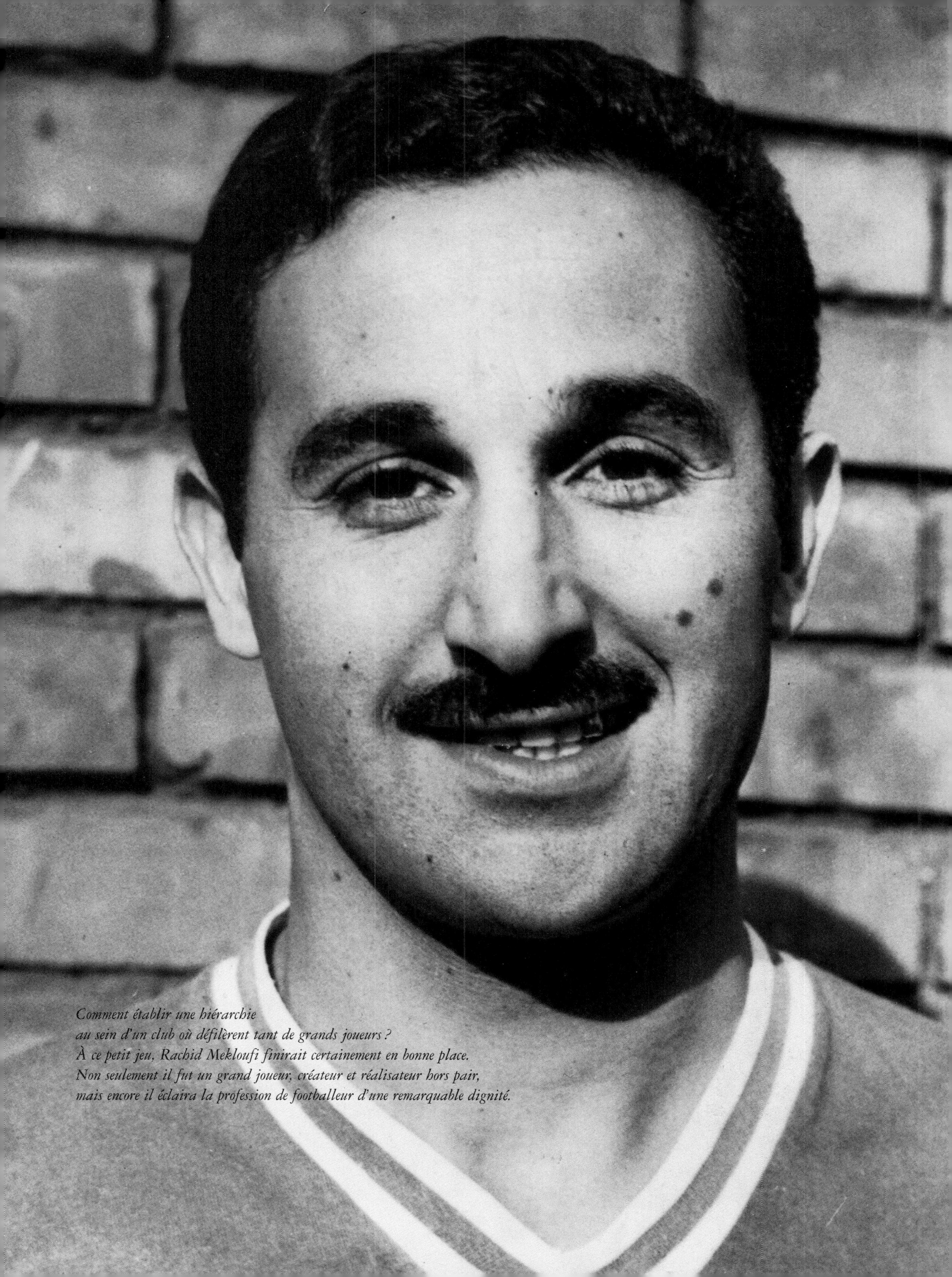

*Comment établir une hiérarchie
au sein d'un club où défilèrent tant de grands joueurs ?
À ce petit jeu, Rachid Mekloufi finirait certainement en bonne place.
Non seulement il fut un grand joueur, créateur et réalisateur hors pair,
mais encore il éclaira la profession de footballeur d'une remarquable dignité.*

Un premier match de coupe d'Europe, voilà ce qui attendait les Verts de la saison 1957-1958. Champions sortants, ils étaient en toute logique qualifiés pour rencontrer les autres lauréats du vieux continent. Certes, à l'époque, cette compétition était loin d'avoir l'importance et l'aura ou de déchaîner autant de passions qu'aujourd'hui, mais tout de même, c'était un événement important. Pour ce baptême du feu, l'ASSE en déplacement au stade Ibrox Park de Glasgow en seizièmes de finale, ouvrit la marque par Rachid Mekloufi, puis... encaissa 3 buts. Au match retour, la partie se déroula l'après-midi. À l'époque, Geoffroy-Guichard n'était pas encore pourvu d'éclairage. Les usines ayant fermé pour l'événement, ils furent près de trente mille agglutinés autour du stade à hurler leurs encouragements. Vainqueurs, mais par 2 buts à 1 seulement, au terme d'une partie somptueuse, les Verts étaient normalement éliminés. Pas abattus, au contraire, mais légèrement fiers et surtout vaccinés, ils venaient de goûter à un fruit délicieux, ils en resteront accrocs. La saison de championnat fut, elle, beaucoup moins savoureuse. L'équipe avait un peu perdu de sa magie et puis surtout, elle était devenue le *team* à battre, attendue partout. À cette époque, un jeune commença à apparaître dans l'effectif, Robert Herbin. 1958, c'était la guerre d'Algérie, un autre quittait le territoire national pour la Tunisie, via la Suisse, Rachid Mekloufi. Septième place en 1957-1958, sixième en 1958-1959, ce n'était pas dramatique, mais ce n'était pas terrible. À tel point que durant l'été 1959, Jean Snella décida de quitter le Forez, sans fournir d'explication, à destination du Servette de Genève qui se morfondait en bas du classement du championnat suisse. Durant les quatre saisons suivantes, avec monsieur Snella, l'équipe fut deux fois championne de Suisse... Mais ce bouleversement ne fut pas le seul. Alors que René Vernier remplaçait Jean Snella, le président Pierre Faurand, à force de se faire du souci, finit par mettre sa santé en péril. Il était malade, atteint par... la jaunisse. Le 5 juin 1959, Pierre Guichard se retrouvait de nouveau aux commandes du club. Une troisième présidence, un second intérim, une renais-

Pierre Bernard dans les airs,
devant lui Robert Herbin,
pour un match nul (0 à 0)
de l'ASSE en championnat contre Sedan,
le 23 avril 1961.

UNELLE
ACIE P NC PALE
13 RU
4

Un but pour Le Havre, battu à Geoffroy-Guichard
2 buts à 1 durant la saison 1962-1963.
À terre le gardien stéphanois Robert Philippe.

CHAUSSURES
MOREY
PAROT

Jean Snella, ciseleur d'équipes

Le chef d'œuvre de Jean Snella, écrivait *Sport & Vie*, éminent mensuel sportif des années cinquante est d'avoir donné l'unité du jeu, la communauté de pensée et d'idéal à une formation en apparence disparate et hétéroclite. « La fusion du disparate », titrait le papier de Gabriel Hanot. Voilà effectivement un édifiant et noble sujet de réflexion. En fait, si intellectuellement cela correspondait à un projet ambitieux, en pratique il ne pouvait faire autrement : les hommes qui composaient son équipe venaient de partout et de plus loin encore. Des blancs, des moins blancs et un noir, des Français de tous les coins, des Polonais, un Portugais, un Hollandais, un Algérien et un Camerounais permettaient à l'article de conclure, en 1957 : « Nulle autre activité ne donne, comme le football, la preuve que la France est un pays d'immigration. » Cette vocation œcuménique, Jean Snella l'avait avant tout dans le sang. Issu d'une famille polonaise de Poznan, installée dans le bassin houiller du Pas-de-Calais, à Dourges entre Hénin-Liétard (aujourd'hui Hénin-Beaumont) et Lens, le petit Jean naquit à Mengede en Westphalie. Au sortir de l'école communale, Jean rentre comme apprenti ajusteur aux mines de Dourges, puis mécanicien dans la Compagnie arrageoise de transports publics. Devançant l'appel sous les drapeaux, il intègre le 3e régiment du Génie et gagne trois fois le championnat de France militaire. Son premier club en 1934 fut Lille qu'il quitta pour Saint-Étienne en 1938. Convoqué avec l'équipe de France B, il refusa une sélection en A contre l'Italie à Naples, ne s'estimant pas au niveau ! En 1940, il participa à la retraite de Belgique puis fut fait prisonnier près d'Evreux. Il s'évadera et parviendra à rejoindre la zone libre. Il joua à l'ASSE jusqu'en 1946 avant d'être contraint de raccrocher, privé de deux ménisques. Il fit ses débuts d'entraîneur au FC Lorient. Avant de revenir deux ans plus tard à Saint-Étienne pour s'occuper des amateurs, puis en 1950 de prendre la succession de Tax auprès des professionnels et d'entraîner les Verts entre 1950 et 1959 puis de 1963 à 1967. Modeste et timide, voire taciturne, Jean Snella a su façonner des équipes, leur donner un esprit, une harmonie et une forme d'intelligence, en exploitant le meilleur, et seulement le meilleur, de la matière première dont il disposait. Mais il a su également proposer à de jeunes joueurs un projet sportif, un avenir. Avec Jean Snella, débutèrent Michel et Richard Tylinski, Ferrier, Oleksiak, Mekloufi, Goujon ou encore Peyroche. « Monsieur Snella », comme on disait à l'époque ne faisait pas de cadeaux, il connaissait les vertus du travail. Alors qu'on demandait au Hollandais Rijvers, à l'époque une vedette de l'équipe, ce qu'il avait l'intention de faire le jour où il serait contraint de raccrocher ses crampons, il répondit : « Je voudrais être un grand entraîneur comme monsieur Snella. Sinon, je serai un petit entraîneur et j'ouvrirai un débit de tabac. »

Jean Snella,
un homme discret, presque effacé,
d'une richesse intérieure rare.

sance ? Dès le premier jour de ce troisième mandat, Pierre Guichard affirma qu'il connaissait le nom de son successeur. Personne ne vit venir le coup. Au cours de la saison 1959-1960, l'ASSE fit un parcours en championnat décevant, mais sauva son honneur avec une jolie trajectoire en coupe de France qui l'amena jusqu'à une finale contre Monaco. Elle fut battue par 3 buts à 1, après prolongations. La principale conséquence de cette défaite fut le départ de l'entraîneur René Vernier. Pour le remplacer, fidèle à une stratégie maison qui avait déjà fait ses preuves, Pierre Guichard chercha dans la liste des anciens Verts reconvertis en coach, l'homme adéquat. Après Jean Snella et René Vernier, François Wicart fut donc appelé à la rescousse. Mais la greffe ne prit pas. Pourtant, l'homme était irréprochable, comme l'avait été le joueur, sérieux, appliqué, bon élève. Dans le même temps, Pierre Guichard, qui n'avait plus la disponibilité nécessaire, sentit implicitement qu'il était temps de faire sonner l'heure de la relève. Un homme connaissait parfaitement les rouages du club, assumait la présidence de la commission sportive avec compétence, gérait avec brio une entreprise de travaux publics, savait gérer un club. N'avait-il pas à 20 ans créé un club de jeunes et fait jouer les enfants des crassiers ? Cette perle s'appelait Roger Rocher. Et ce matin d'avril 1961, quand Pierre Guichard, qui aurait dû normalement le prier de se déplacer jusqu'à son bureau du Casino, rue de la Montat, déboula au siège de la SFTP, Roger Rocher, légèrement inquiet, n'en revint pas. Mais le *deal* était aussi immédiat que clair, Pierre Guichard voulait partir. Et il ne se voyait qu'un successeur qu'il pria de bien vouloir accepter. Il y mit les formes, puisqu'il lui donna huit jours… pour accepter. Et Roger Rocher effectivement s'exécuta. Nous étions le 21 avril 1961, le jour du putsch des quatre généraux du premier régiment de parachutistes qui se firent remarquer quelques temps au sein de l'OAS. Au comité directeur, il ne manqua que deux voix sur vingt-sept à Roger Rocher pour faire l'unanimité : celle d'Alex Fontanilles prétendant naturel et celle

Deux nuls de l'ASSE - Sedan (0 à 0) en avril 1961 (en haut) et Red Star - ASSE (1 à 1) en novembre 1962 (en bas).

Racing de Paris - ASSE (4 à 2), le 11 mai 1961 au Parc des Princes. Troisième but pour les Parisiens, malgré une parade de Claude Abbes, sous les yeux de Grillet, Richard Tylinski et Van Sam (de gauche à droite).

en sachets

Rassemblement de l'équipe de France à la veille d'un match contre la Hongrie à Colombes en novembre 1962. Yvon Goujon entre Joseph Bonnel (à gauche) et Fleury Di Nallo.

de… Roger Rocher lui-même. En effet, à cette époque, l'élégance naturelle voulait que, et ceci quel que soit le scrutin, on ne vote pas pour soi… Cette saison 1961-1962 fut une catastrophe. L'équipe se traîna si bas dans le classement qu'au terme d'une défaite contre le Stade Français à Geoffroy-Guichard, à l'heure de la douche, l'ASSE évoluait en 2de division. Après un légitime coup de cafard et une nuit de repos dans sa maison de Saint-Genest-Malifaux, Roger Rocher qui se demandait ce qu'il était venu faire dans cette galère, repartit au combat, rasséréné par Pierre Guichard qui de toutes façons ne pouvait faire autre chose que d'assumer ses choix. Ils étaient embarqués dans une galère, pas dans une croisière, il ne leur restait plus qu'à ramer. Au stade, il rassembla tout l'effectif et rassura ses joueurs : il leur dit que tous resteraient. Ils étaient descendus ensemble, donc ils remonteraient ensemble. Et qu'en attendant, pour se faire pardonner, ils allaient gagner la coupe de France ! Car si l'ASSE était indubitablement reléguée en 2de division, elle ne s'était pas moins qualifiée pour cette finale fameuse. Et elle la gagna, ce qu'aucun relégué n'avait encore fait, en battant Nancy, 1 à 0, au stade de Colombes, but de Baulu à la 87e minute. Une histoire à lui tout seul ce Baulu. Ailier droit sur le terrain, il était né à Colombes justement. Agité comme pas deux, hors et sur le terrain, il s'offrit un jour de gloire, dans ses chères tribunes de la banlieue parisienne, devant tous ses copains d'enfance rassemblés. Il avait déjà marqué six buts au cours des tours précédents, sur les douze de son équipe, mais celui inscrit à trois minutes du coup de sifflet final, fut certainement le coup de patte de sa vie. En fait, cette situation sportive paradoxale était assez simple à expliquer. L'équipe des jeunes de 1957 n'avait pas eu le temps de grandir, elle s'était essoufflée. Ses piliers avaient été débordés par des responsabilités pour lesquelles ils n'avaient pas la maturité suffisante tandis que les anciens, avaient commencé, inconsciemment peut-être mais sûrement, à prendre leurs distances avec le football. Henri Guérin, l'entraîneur de cette saison maudite, n'avait pas démérité, il fut même un moment soutenu par Roger Rocher. En clair, Vernier et Guérin avaient échoué dans la succession de celui dont le souvenir semblait plus présent que jamais. Si Henri Guérin fut remercié en mars, la saison se termina avec des hauts et des bas. Surtout des bas d'ailleurs dont un retentissant 4 à 0 à Lyon. L'ombre de Jean Snella plana sur Geoffroy Guichard jusqu'à l'expiration de son contrat avec les Suisses, ce qui imposa un interim, un de plus, celui d'un ancien joueur, encore un, François Wicart, limogé il y a un an ! Meilleure attaque, quatrième défense, quatre points d'avance sur le second, Nantes, l'ASSE se balada en 2de division. Mais à côté des résultats purement sportifs, Roger Rocher avait entamé son œuvre de reconstruction. Chacun imaginait à ce moment-là que le retour de Jean Snella était une affaire réglée. Erreur, le néo-Suisse se fit un peu tirer l'oreille et mit une ultime condition à son *come back* : que l'équipe remonte en première division. Deuxième ambition, faire revenir Rachid Mekloufi. On se souvient qu'en 1958, l'Algérien avait rejoint les effectifs du FLN. Et au moment où l'OAS sévissait, ce retour semblait bien délicat. En fait, mis à part quelques crises d'angoisse pour Roger Rocher, une petite brassée de lettres anonymes pour le secrétariat du club et, malheureusement, quelques inévitables insultes racistes, tout se passa bien. Rachid était revenu, Rachid marquait, tout allait bien. Il était absout. Qualifiée en coupe d'Europe des vainqueurs de coupe l'ASSE passa un tour contre les Portugais de Setubal avant de se faire sortir par les Allemands de Nuremberg. À part ça, rien de spécial. L'année suivante, sous la baguette de Jean Snella, les Verts allaient à nouveau réussir une première : devenir les premiers promus à être sacrés

Retour triomphal dans les rues de Saint-Étienne après le titre de champion de France de la saison 1962-1963. On reconnaît (photo de droite) dans le superbe cabriolet Floride, Roger Rocher, Jean Snella et Rachid Mekloufi.

Albert Batteux, avec passion et scepticisme

Lorsqu'il prend la succession de son ami Jean Snella à la tête des professionnels de l'ASSE en 1967, Albert Batteux est déjà une star. Auréolé du prestige de ses années rémoises : deux finales de coupe d'Europe (malheureusement perdues contre le Réal de Madrid en 1956 et 1959), une coupe Intercontinentale, sept titres de champion de France et un doublé coupe-championnat. En quittant un Reims déclinant en 1965, pour rejoindre un an plus tard un Saint-Étienne en plein devenir, on lui reprocha de faire du tort au grand club champenois. À propos de cette époque bénie suivie d'un départ « clandestin » (le qualificatif est de lui), il aura ce commentaire fataliste : « Il y a des gens qui devraient vivre deux ou trois cents ans pour connaître les joies que j'ai connues à Reims. Je pouvais devenir un homme du passé... » Quand il prit possession du bureau de Jean Snella, le 14 août 1967, il ne savait évidemment pas qu'à son fabuleux palmarès, il ajouterait encore quatre titres de champion de France et deux doublés. Pourtant, Albert Batteux doutait et doutera jusqu'au bout. Il craignait, malgré sa réussite insolente, ne pas avoir convaincu de la justesse de ses prises de position. Jeune footballeur grenoblois, il abusait déjà à tout bout de conversation du terme de sérénité. Il s'efforçait de survoler tout sentiment négatif et d'échapper à toutes les morsures de la vie. Pendant longtemps, il chercha à convaincre, avant, plus modestement et sans doute résigné, de se contenter d'intéresser. Ses principes de jeu ? Précision, variété des mouvements, absence totale de précipitation. Convaincu du bien fondé de ses options tactiques, il les appliqua même en 2de division à Grenoble et n'hésitait pas critiquer le « hourra football anglais ». Il lui reprochait d'être effectivement spectaculaire, mais d'une pauvreté indigne sur un plan technique et d'exploiter davantage les erreurs de l'adversaire que de chercher à créer ses propres situations de buts. Albert Batteux était dur avec ses joueurs, mais il savait aussi les rassurer. À ses attaquants qu'inquiétait la valeur de l'équipe du Brésil, il tint ce langage : « Chez les Brésiliens, je n'ai vu que peu de choses que vous ne pourriez pas faire. Peut-être Pelé à ses débuts et encore, j'ai vu aussi Keita réussir des actions surnaturelles. N'essayez pas de les imiter, mais imitez le Brésil. Tout ce qu'ils font est rationnel et à la portée des meilleurs joueurs. Si on essaie de prendre exemple, on doit parvenir à jouer de la même manière. » Et à propos de l'engagement et de la motivation, il eut ses mots remarquables : « Si on réduisait le football à la simple fureur de vaincre, le Luxembourg pourrait rivaliser avec le Brésil ! » Pour préparer une saison, Albert Batteux n'hésitait pas sur les moyens. En 1970, il bloqua les vingt-cinq joueurs du groupe professionnel pendant dix jours du matin frais au soir après le dîner et baptisa cette période du nom de séminaire... À Reims déjà, on disait de lui : « Ce n'est pas un entraîneur, c'est un prédicateur. »

Albert Batteux,
les fractures
d'un homme blessé.

LLAGNON

Les relations et surtout les derbys entre Saint-Étienne et Lyon n'ont jamais été des joutes ordinaires… Surtout pas celui-ci : le 25 octobre 1964, les Verts s'imposaient par… 6 buts à O ! Le portier lyonnais, Marcel Aubour.

En haut ASSE-Hongrie, le 12 avril 1967, en fond Polny et Bereta.
Dessous, Maryan Wisnieski et Rachid Mekloufi pour ASSE - La Chaux-de-Fonds, le 9 septembre 1964 (2 à 2 et 1 à 2 au retour en Suisse).
Au centre, coupe des Champions, ASSE - Benfica 1 à 0 (0 à 2 à l'aller), le 30 novembre 1967, Bernard Bosquier et Mitoraj encadrent Eusebio.
En bas, Bosquier et Mitoraj à nouveau contre le Celtic de Glasgow le 18 septembre 1968 (2 à 0 et 0 à 4 au retour en Écosse).

champions de France. Juste renforcés, ce qui semble peu de choses dans leur situation, en l'occurrence du gardien international, Pierre Bernard, les Stéphanois démarrèrent en trombe. Jusqu'au fauteuil de *leader* qu'il fallut défendre. Ce ne fut pas chose aisée compte tenu d'une avalanche de gros pépins : l'ailier Veggia vit sa saison interrompue brutalement sur blessure. Idem pour Bill Domingo, en pire, puisque sa double fracture tibia péroné de la jambe allait signifier la fin de sa carrière. Enfin, même coup dur pour René Ferrier qui ne parvint jamais à revenir au niveau. Ainsi, les saisons se suivaient-elles, sans se ressembler. Après avoir gagné la coupe de France en même temps qu'ils dégringolaient en 2de division, les Verts devenaient champions de France après avoir été sortis dès les soixante-quatrièmes de finale de coupe par Toulon. C'est ça le football ! Pour repartir à l'assaut de la coupe d'Europe des clubs champions, l'ASSE allait s'offrir un curieux recrutement. Tout simplement deux piliers de l'équipe de France, Heutte et Wisnieski, tous deux très chers, très exigeants et… ailiers droits ! Ce qui ne manqua pas de provoquer quelques remous au sein de l'effectif. Hartman, Baulu et Masson furent transférés et Foix stoppa sa carrière. Ainsi façonnée l'ASSE de 1964-1965 alignait en attaque rien moins que N'Doumbé, Mekloufi, Guy, Wisnieski et Heutte, pas mal. Mais les formules qui ne marchent pas aujourd'hui, ne fonctionnaient déjà pas à l'époque. Cette constellation de vedettes se ramassa purement et simplement. Éliminés au premier tour de la coupe d'Europe par les Suisses de La Chaux-de-Fonds, ils terminèrent septièmes du championnat et ne sauvèrent la face qu'en se faisant éliminer en demi-finale de la coupe de France par Rennes. Si on ne change pas une équipe qui gagne, on peut en bouleverser une qui perd. À la veille de la saison 1965-1966, Guy, Ferrier, Heutte et Casado furent transférés. Mais le climat trouble de cette époque se manifestait également à travers quelques affaires douteuses. Au lendemain de la fessée suisse de La Chaux-de-Fonds, Roger Rocher affirma avoir été l'objet d'approches de la part des dirigeants helvètes pour arranger le match. Maintenant,

*Joueur d'un professionnalisme précurseur
et d'une conscience jamais prise en défaut,
Aimé Jacquet servit l'ASSE avec abnégation et générosité.
Des qualités qu'on retrouvera longtemps après
aux commandes de plusieurs clubs et surtout
à la tête de l'équipe de France pour un certain Mondial 1998.*

c'est avec les voisins lyonnais que les choses prenaient un vilain tour. Le président leur reprochait d'avoir approché des joueurs de l'ASSE sous contrat, notamment André Guy. Quoiqu'il en soit, il n'y avait plus que huit professionnels au moment d'entamer le championnat. Il allait donc falloir faire appel à des jeunes, comme Hervé Revelli, Larqué ou Camérini et tenter quelques coups avec des garçons tels que Jacquet ou Mitoraj. Dernière originalité à retenir de cette époque, la titularisation de Robert Herbin dans le secteur offensif à côté de Rachid Mekloufi. Le défenseur du Cavigal de Nice devint soudain un perceur de défenses redoutable : trente buts dans la saison, dont un fabuleux score de cinq buts dans un seul match, en championnat à Cannes, pour une victoire par 8 buts à 2. La saison suivante, 1966-1967, l'ASSE poursuivit sa politique de retour aux jeunes en se séparant de Richard Tylinski, Robert Salen, Bordas et Wisnieski. Ce dernier partit pour Sochaux, d'où arriva un grand défenseur, constituant au passage le transfert de l'année, un certain Bernard Bosquier. Il était bientôt rejoint par l'ailier international du Stade Français, André Fefeu et Hervé Revelli, enfin titularisé. Un troisième titre de champion de France, meilleure attaque, meilleure défense, meilleur buteur (Hervé Revelli) et meilleur joueur (Rachid Mekloufi). Cette même saison, à 25 ans, Aimé Jacquet s'imposa comme l'équipier idéal, travailleur infatigable, récupérateur de ballons jamais lassé, l'équipier parfait. Rôle dans lequel il s'épanouit avec une apparente délectation. Le petit gars de Sail-sous-Couzan avait d'autant plus de mérite que les obstacles n'avaient pas manqué pour parvenir à ce niveau. Victime d'une myélite virale lors d'un voyage à Abidjan qui le laissa paralysé des deux jambes, il faillit bien tout laisser tomber. Autre révélation de cette période, Georges Bereta. À force de le voir, les dirigeants stéphanois avaient semblé cesser de le regarder. Mais quand N'Doumbé se blessa, c'est lui qu'on lança dans le grand bain. Pour le petit gars des équipes de jeunes tout commençait. Tout se serait passé pour le mieux, dans le meilleur des mondes, sans un certain 23 avril 1967. Ce

ASSE-Bayern de Munich 3 à 0 (0 à 2 à l'aller), le 1er octobre 1969, deuxième but d'Hervé Revelli, devant Salif Keita, à la 59e minute face au gardien Sepp Maier.

Quand la meilleure attaque que connut l'ASSE faisait chuter le Bayern de Munich, par Gérard Simonian

Journaliste à La Tribune-Le Progrès bien sûr, mais surtout amoureux passionné, Gérard Simonian suivit durant près de vingt ans le football français sur les scènes nationales et internationales. Compétent et parfois sévère, il fut un observateur privilégié de l'ASSE.

Presque tous les stéphanois vous disent : « J'étais à Glasgow ». Certes, il y avait beaucoup de monde, mais certains ont dû rêver devant leur poste de télévision. Il est vrai que cette finale de coupe d'Europe 1976 est le match de référence, d'autant qu'il fut suivi d'un défilé sur les Champs-Élysées avant que les joueurs ne soient reçus par le président de la République. Accueil insolite après une défaite ! Le président Rocher ne pouvait pas faire autrement : « C'était prévu et toutes les dispositions avaient été prises à Paris. On ne pouvait rien annuler. » D'une certaine manière, c'était une grande joie pour toute la France, après les finales de Reims, également perdues en 1956 et 1959 face au Réal de Madrid. L'honneur de jouer une finale est une chose, l'intensité d'un match, une autre. Sans parler des rencontres européennes contre Eindhoven, dans lesquelles Curkovic fit des merveilles, on ne peut oublier les matchs retour contre le Split d'Ivic en 1974-1975 (1 à 4 et 5 à 1 après prolongations) et le Dynamo de Kiev de Lobanovski en 1975-1976 (0 à 2 et 3 à 0 après prolongations). Ce fut le délire au stade Geoffroy-Guichard. Mais les initiés, ceux qui ont une mémoire acérée et le sens du spectacle, ne peuvent imaginer un match plus attractif que celui de 1969, lorsque l'ASSE d'Albert Batteux mit le Bayern de Munich hors de la coupe d'Europe. Ce fut l'expression d'une attaque qu'on ne reverra jamais aussi talentueuse. Elle était composée, de droite à gauche, de Samardzic, Hervé Revelli, Keita et Bereta. Le Yougoslave avait une cote extraordinaire dans son pays, meilleure que celle de Skoblar avec qui il évolua à l'OFK

Belgrade. Il fut transféré à Feyenoord avant de venir à Saint-Étienne. On connaît le drôle de voyage de Salif Keita qui prit un taxi à Paris pour venir à Saint-Étienne. C'était un phénomène. On mit quelque temps pour s'en apercevoir. Il avait tout : vitesse, puissance de frappe, technique et une astuce naturelle, sans parler d'une vision du jeu qui ressemblait à celle de Platini. Georges Bereta, pourtant capitaine de l'équipe de France, nous répétait sans cesse : « Je peux porter sa valise. Il nous fait gagner des matchs à lui tout seul. » Pourtant le match aller à Munich avait été durement sanctionné : 2 à 0 pour le Bayern face à une ASSE inexistante. Ce n'était pas pour autant une joie débordante chez les Bavarois, au contraire. Beckenbauer avait manqué le break à quelques minutes de la fin. Après avoir dribblé trois stéphanois, il frappa au ras du poteau gauche de Carnus, mais à l'extérieur. Aux vestiaires, il eut ce mot prémonitoire : « Ce but va peut-être nous manquer. » Ce fut le silence total chez les Stéphanois. Herbin, qui ne fut pas retenu pour ce match, lança simplement : « Albert Batteux aurait dû faire confiance à des joueurs d'expérience. » « La bière est bonne à Munich ! » C'est ce que nous dit l'entraîneur stéphanois, qui avait du mal à trouver le sommeil. Nous fûmes les derniers clients du bar de cet hôtel, devenu sinistre avant le retour. Albert Batteux nous a quand même répété plusieurs fois cette petite phrase : « On avait l'air d'une équipe de juniors. » Comme Albert Batteux est le roi de la dialectique avec un esprit positif, on se doute qu'il n'a pas dit la même chose à la conférence d'avant match pour le retour... Il faut préciser l'entrée de Samardzic, Herbin et Camérini à la place de Larqué, Jacquet et Polny. Ce fut un match de super niveau au plan de l'attaque stéphanoise, une sorte de tourbillon qui mit Beckenbauer dans la difficulté. Hervé Revelli (2e et 59e minutes) et Keita (81e) réglèrent l'affaire devant une équipe allemande incapable de la moindre réaction. On pensait qu'une grande équipe européenne était née. Mais ce fut le *clash* en huitièmes de finale devant le Legia Varsovie (1 à 2 et 0 à 1). L'ASSE n'avait acquis qu'un brin d'expérience qui allait lui servir plus tard.

jour-là, Jean Snella annonçait son départ et son... successeur, un ami, son meilleur ami, Albert Batteux. Pas un changement, à peine une succession, les deux hommes étaient de la même trempe. Pour la saison 1967-1968, Albert Batteux n'opéra que deux changements : celui du gardien de but Pierre Bernard, 36 ans déjà, par Georges Carnus et l'arrivée, en provenance de Moenchengladbach, du Yougoslave Durkovic. Le championnat ne fut même pas une formalité, mais une authentique balade de plaisir. Second titre consécutif et quatrième couronne, avec onze points d'avance sur le second, Nice. Mais, si sur le terrain tout semblait baigner dans l'huile, il n'en allait pas exactement de même, en dehors. Ce fut d'abord l'arrivée, en octobre 1967, en taxi, depuis Orly du Malien Salif Keita. Tout le monde connaît l'histoire. Mais à l'époque, elle fit un peu grincer dans le bureau du comptable. Pas longtemps. Jusqu'au 19 novembre exactement, lors du premier match du Malien, contre Monaco, instant précis où il marqua son premier but. Salif Keita portait le maillot vert depuis sept minutes. Le problème est que l'instant d'une fin de saison, abondance de biens sembla nuire, le talent de Keita faisant de l'ombre à celui de Rachid Mekloufi. Mais l'ASSE ne pouvait jouer à douze et il fallait bien lui faire une place. Pour une fois la diplomatie joua un vrai rôle et il se passa un événement incroyable. Après maintes tergiversations, Albert Batteux choisit de privilégier l'Algérien, dont l'âge et la carrière méritaient bien cet égard. Il le fit en se montrant convainquant auprès de Keita, jusqu'à une finale de coupe de France contre Bordeaux, et un second doublé consécutif de l'Algérien. Mekloufi marqua deux buts, les derniers, l'honneur était sauf et la voie royale s'ouvrait devant Keita. 1968-1969 et 1969-1970, deux saisons, deux titres, une troisième coupe de France, l'ASSE est devenue la capitale du football, la fièvre verte grimpe inexorablement. Par contre dans le concert européen, il manque toujours un petit quelque chose ou alors c'est un gros client qui empêche le club d'atteindre les phases finales. Éliminée en seizièmes par le Celtic de Glasgow en 1968-1969, puis en huitièmes l'année suivante par le Legia de Varsovie, l'ASSE balbutie son Europe. À une exception près toutefois, en 1969, l'élimination du Bayern de Munich en seizièmes, avec un superbe retour, 3 à 0, à Geoffroy-Guichard, après une

Patrick Revelli face à Monaco (3 à 2), durant la saison 1971-1972.

MANUFRANCE
NATIONALE DE PAR

6

défaite à l'extérieur, 2 à 0. Durant ces deux saisons, Hervé Revelli et Salif Keita étaient devenus des terreurs des surfaces, en marquant respectivement soixante-deux et cinquante-deux buts, toutes compétitions confondues. Mais le soleil n'allait pas tarder à s'obscurcir. Car lassés de tant de superbe, l'Olympique de Marseille et son président Marcel Leclerc, déjà forts, entre autres, des Skoblar et Magnusson, lançaient l'artillerie sonnante et trébuchante à l'assaut de deux cadres incontestables de l'équipe, Georges Carnus et Bernard Bosquier. En fin de contrat, les deux amis furent contactés par les marseillais en plein championnat. Informé et bien sûr furieux, Roger Rocher décida de rompre avec les deux hommes, sans accepter de négocier, ni même prendre l'avis d'Albert Batteux. Cette crise provoqua un malaise profond dans l'équipe, qui eut pour effet une série de contre-performances curieuses... et une seconde place au classement final du championnat, derrière... Marseille. Mais la saignée n'était pas terminée. Dans un premier temps, Durkovic, Camérini et Hervé Revelli (pour Nice) partirent, bientôt imités par Salif Keita, dernier hold-up marseillais sur le Forez. Enfin, cerise sur le gâteau, c'est Albert Batteux, à l'issue de la saison 1971-1972, las et usé par cette situation, qui décidait de mettre un terme à son contrat. Ce que personne n'imaginait à l'époque, c'est qu'en confiant l'équipe à Robert Herbin, et en faisant confiance à des jeunes pour remplacer les stars parties sur la Canebière, tels que Patrick Revelli, Repellini, Merchadier, Lopez, Santini ou Synaeghel, le maillot vert s'apprêtait à écrire le plus beau chapitre de son histoire.

À gauche, un match un peu chaud contre les Corses de l'AC Ajaccio (1 à 1) au cours de la saison 1971-1972. Patrick Revelli à terre et Robert Herbin de dos (et debout) Daniel Sanlaville.

De haut en bas : autre vue d'ASSE - AC Ajaccio avec Salif Keita, Patrick Revelli au cœur de la mêlée et Robert Herbin et Marius Trésor en observateurs attentifs. L'équipe de l'ASSE, vainqueur de la Coupe Gambardella en 1970. Un but de Patrick Revelli contre le Red Star en 1971-1972 (5-1) avec Roland Mitoraj. Contre Lyon en 1972-1973 (1 à 1), avec Jean Baeza.

RTL
6
RTL
2

1972-1976

Le temps de briller

1975 : cinquième coupe de France (2 à 0 contre Lens en finale) pour (de gauche à droite) Bathenay, Merchadier, Curkovic, Sarramagna, Gérard Farison, Janvion, Patrick Revelli, Santini, Lopez et Jean-Michel Larqué.

Mais les choses ne sont allées ni aussi simplement, ni aussi vite que les intervenants l'auraient souhaité. Il y eut d'abord la concurrence forcenée d'un Olympique de Marseille qui refusait de lâcher le morceau. Agacé par la réussite spectaculaire de l'ASSE, le club phocéen, en l'absence de centre de formation ou de structure de recrutement comparable, avait pris la curieuse habitude de se servir en joueurs de haut niveau dans les rangs verts. Résultat, au lendemain de l'affaire Carnus-Bosquier, d'autres joueurs manifestèrent une envie certaine et soudaine de changer d'air. Certes, aujourd'hui ces manières de faire peuvent paraître anodines, puisque de tels procédés sont devenus non seulement monnaie courante, mais encore sont-ils la stratégie officiellement utilisée, mais à l'époque, elles ne l'étaient pas. Un contrat était un contrat, une sorte de parole donnée, qui ne pouvait être rendue avant son terme. Mieux, il existait de telles rivalités entre un club X et un autre Y, que ce soit pour des raisons historiques, sportives ou, pourquoi pas, culturelles, que quitter une équipe pour sa pire ennemie constituait une chose impensable, une authentique trahison. Les départs du Yougoslave Durkovic d'abord à destination du Football Club de Sion en Suisse, puis de Francis Camerini, encore un défenseur, et d'Hervé Revelli, l'attaquant vedette et buteur record, pour Nice, n'entraient pas dans cette catégorie. Ces transferts ne provoquèrent nulle tempête, et celui de l'aîné des frères Revelli se passa même si bien, que son retour aux sources deux ans plus tard ne fut qu'une formalité, un épiphénomène. Ce qui permet d'ailleurs de comprendre de quelle manière l'ASSE était effectivement gérée à cette époque. Pierre Garonnaire exploitait un fichier de jeunes de plus en plus conséquent, largement suffisant et surtout devenu la seule, ou presque, manière de répondre aux besoins du club. Albert Batteux, l'entraîneur, présentait ses souhaits et doléances quant à l'effectif qu'il lui semblait indispensable de posséder pour atteindre les objectifs fixés par le président, et ce dernier, Roger Rocher, décidait. Pour renforcer l'équipe, c'est d'abord Christian Sarramagna, un jeune en provenance de l'Aviron bayonnais, que Pierre Garonnaire alla faire signer. Cette transaction donna

Pierre Garonnaire et ses « petits » en 1971 : (de gauche à droite) Patrick Revelli, Pierre Repellini, Gérard Migeon, Christian Sarramagna, Alain Merchadier, Christian Synaeghel et Jacques Santini.

Si quelques familiers se risquaient en privé à l'affubler du patronyme de « Garo », on lui donnait plutôt du monsieur Garonnaire. Sa silhouette imposante, son regard sévère et son œil noir intimidaient. Jusqu'au moment où il laissait perler un sourire. À cet instant, le Père Fouettard devenait Papa Gâteau. Avec Pierre Garonnaire, les années soixante, découvrirent un nouveau métier. Recruteur, disait-on à l'époque, de jeunes footballeurs. Son activité consistait à tout savoir, sans se faire voir. Placer des informateurs dans tous les clubs de jeunes, en France et à l'étranger, et rameuter vers l'ASSE les talents en herbe. Né en 1916, il avait 17 ans à la naissance de l'ASSE. Joueur, défenseur très exactement, après avoir joué sous le maillot vert, il évolua, pendant l'occupation, dans les rangs du district du lyonnais. Après la guerre, il installe dans le centre de Saint-Étienne un commerce de maroquinerie. Manifestement, le commerce du cuir ne l'occupant que partiellement, il continua de fréquenter les vestiaires de Geoffroy-Guichard, pour le plaisir. Jean Snella s'attacha à lui et lui proposa de fouiner à la recherche de jeunes pousses. Du vieux cuir aux jeunes peaux, il n'y avait qu'un pas. Ce qui lui vaudra, du passionné Bernard Pivot, le surnom de « maroquignon ». De passe-temps, sa noble occupation devint vite un temps très plein. Et comme le bougre a su non seulement organiser un véritable réseau d'informateurs, mais encore possédait un véritable talent pour sentir le fruit derrière la fleur et convaincre les parents réticents et sidérés par le fait qu'on trouve tout à coup tant de charme à leur rejeton, ça a marché. Très bien, même. Tenter de rédiger la liste exhaustive de tous ceux qu'il ramena dans le Forez, serait un mission bien délicate. Mais pour fixer les idées sur l'ampleur de son œuvre, notons que, entre autres, tous les finalistes de 1976 furent découverts par Pierre Garonnaire. Plus Robert Herbin évidemment, mais là, il faudrait un autre livre. À l'époque, nous sommes aux antipodes des dénicheurs de talents. Les agents managers n'existent pas non plus et surtout, un contrat est un contrat, une parole est une parole, ni réversibles, ni rétractables. Et puis quand on lui confiait un jeune ou quand un étranger débarquait en France, avec pour tout bagage un talent prometteur, monsieur Garonnaire s'occupait de lui, surveillait ses études et ses relations, le logeait et lui trouvait résidence, voiture, meubles et batterie de cuisine. Combien d'heures d'avion, de kilomètres de contrats et d'années de palabres a-t-il investi pour l'amour d'un club ? Il n'en savait sûrement rien et de toutes façons n'aimait pas vraiment parler de son métier. Il partait souvent une ou deux semaines avant chez un futur adversaire, bien sûr pour organiser le séjour, mais aussi surtout pour le visionner, tenter d'en cerner les points forts et éventuellement d'en percer les faiblesses. « Garo » épiait la valeur athlétique et technique d'un jeune, mais il auscultait également ses qualités mentales. « Espion » plénipotentiaire, garde avancée ou éclaireur, « Garo » a tout fait. Mais jamais mercenaire. Fidèle à un club, à un président, à une certaine idée de son métier, il ne se serait probablement pas épanoui sur le champ de bataille qu'est devenu le marché des recrutements. Pierre Garonnaire éprouvait de l'intérêt pour d'autres valeurs que marchandes, d'autres espèces que sonnantes, d'autres comptes que bancaires.

lieu à une rocambolesque embrouille, une sombre affaire de concurrence avec les Girondins de Bordeaux. Ensuite vinrent Gérard Farison et Patrick Parizon. Il ne manquait plus grand monde. Pourtant, rien n'était jamais vraiment calme à l'époque entre les grands rivaux et Roger Rocher eut une nouvelle raison de se plaindre de l'OM : l'affaire Keita. Lui aussi convoité sur la Canebière, lui aussi appâté par de conséquents émoluments et pour lui aussi un imbroglio juridique épineux. Probablement assez mal conseillé, le grand Salif tenta de faire valoir à la fin de la saison une clause de disponibilité prévue dans son contrat ou, du moins le pensait-il, susceptible d'y mettre un terme prématurément. Amende et suspension, quoi qu'il en soit la carrière du Malien et l'histoire d'amour qui semblait le lier à jamais à l'ASSE aurait mérité de mieux se terminer. Enfin, Albert Batteux s'en alla également, sans cris ni heurts, en douceur, mais avec une certaine nostalgie, celle des jours heureux où les choses se passaient plus correctement et où le footballeur ne terminait pas immanquablement en face d'un avocat ou d'une commission de discipline. Lui trouver un successeur ne posa pas de réel problème, tout le monde le connaissait, tout le monde le pressentait. Tout semblait s'être enchaîné, enchaîné comme une mécanique bien huilée, l'histoire paraissait déjà écrite, en tout cas, elle était en route. L'annonce de son nom ne fut pas une surprise, encore fallait-il qu'il accepte. Robert Herbin était encore jeune, puisque c'est évidemment de Robby qu'il s'agissait, et n'avait probablement pas encore envisagé sa carrière sous cet angle. Encore que... à l'instant où Roger Rocher entreprit de le contacter et de le convaincre d'assumer la responsabilité sportive de l'ASSE, Robert Herbin était justement à l'Institut National des Sports de Vincennes en train de passer... le concours d'entraîneur. Il en sortit d'ailleurs premier. Au cours de sa carrière, hormis, semble-t-il, celui de gardien de but, Robert Herbin voyagea à travers presque tous les postes d'une équipe. Il s'était également beaucoup intéressé aux différentes expériences qui à l'époque fleurissaient un peu partout quant à la meilleure manière de façonner une équipe. Cet intérêt pour l'environnement du jeu, n'avait jamais surpris personne. Elle était dans la nature de cet homme. Robert Herbin était toujours apparu comme un garçon épris de perfection technique et comme un maniaque notoire de tout ce qui touchait à la préparation physique. Enfin, ultime disposition, sur le terrain, il travailla quand même sous les ordres de deux monuments du genre, Jean Snella et Albert Batteux.

But de Christian Sarramagna contre Bastia en demi-finale de la coupe de France 1975 au Parc des Princes, pour une victoire finale 2 buts à 0.

Une bien belle école. Il savait beaucoup de choses et était déjà imprégné d'une idée forte : une équipe était d'abord et avant tout un groupe homogène. Manifestement, il pressentait déjà que celui mis en place par Pierre Garonnaire, composé des vainqueurs de la coupe Gambardella 1970 et renforcé d'éléments intégrés en tout début de carrière, était à même de faire des merveilles. Il le sentait implicitement, s'en tint toujours à cette conviction, mais évidemment il était probablement loin d'imaginer à quel point, il allait avoir raison. Dans l'équipe qu'imaginait alors Robert Herbin, un double manque n'avait toujours pas été comblé, celui provoqué par les départs de Bernard Bosquier et Georges Carnus. Pierre Garonnaire reprit donc son bâton de dénicheur de talents et boucla à nouveau ses valises. De fait, il allait réaliser deux transferts d'anthologie dans l'histoire du club. D'abord celui du gardien de but yougoslave Yvan Curkovic, puis celui du stoppeur argentin, Oswaldo Piazza. Ce dernier recrutement fut un peu compliqué, dans la mesure où la fédération argentine, théoriquement, ne lâchait jamais un joueur de moins de 27 ans. Or, Oswaldo n'avait cette année-là que 25 ans. Mais une véritable équipe ne se bâtit pas en un jour et pour sa première saison, celle-ci, en pleine reconstruction, allait d'abord connaître des hauts et des bas, pour finalement s'offrir une conclusion honorable. Nantes fut le champion de cette année-là et l'ASSE finit quatrième. Elle fut notamment battue à Marseille, 3 buts à 2, dont deux de Salif Keita qui, en pleine jubilation revancharde, se paya le culot d'un somptueux bras d'honneur au président Rocher et le plus logiquement du monde, le luxe... d'une nouvelle suspension. Après une année pour apprendre, venait celle pour gagner. C'est ce qui se passa en 1973-1974, la saison d'un doublé, coupe - championnat, le troisième de l'histoire de l'ASSE. À la veille de la saison suivante, 1974-1975, après un été de coupe du monde de football en Allemagne, sans la France, Saint-Étienne démarra le championnat de la pire façon. Après six journées, les Verts pointaient à la quatorzième place. Pourtant les joueurs et l'entraîneur étaient les mêmes que la saison précédente. Personne n'y comprenait plus rien, les valeurs qui avaient fait la force du club durant la saison précédente semblaient avoir disparues. Une échéance majeure se profilant à l'horizon, le premier tour de la

L'Argentin Oswaldo Piazza, avec Dominique Bathenay dans le fond, ne connut qu'un club en Europe, l'ASSE. Modèle de discrétion et d'efficacité, il marqua les imaginations à un poste où les poètes étaient, et restent, rares.

Oswaldo Piazza, un panache en plus

Devenu un mythe, Oswaldo Piazza fut avant tout un homme pudique, équilibré et généreux. Et accessoirement un très grand joueur de football. Chouchou des travées de Geoffroy-Guichard, il savait tout faire. Défendre jusqu'à étouffer son adversaire direct, relancer juste et même venir soutenir et pourquoi pas supplanter ses attaquants, mais aussi encourager ses partenaires et surtout donner de la voix. Oswaldo Piazza, un physique, un mental et la volonté d'un coureur de quatre cents mètres, au service d'une mécanique de marathonien. Que reste-t-il de lui aujourd'hui ? Des images de chevauchées que rien ne semblait devoir arrêter. Pas forcément le plus élégant, il était à coup sûr le plus tonitruant. Quelques doctes observateurs des choses du football tergiversaient à propos de sa technique. Ils la jugeaient frustre et limitée. Comment faisait-il alors pour ne jamais perdre un ballon ? Ou presque. Quand, partant du cœur de sa défense il remontait, crinière au vent, vers les buts adverses, dans les gradins, les hommes rêvaient, les femmes se pâmaient. Des images dignes et sobres en dehors du terrain, d'un visage aux pommettes saillantes, bon père, bon mari, il nous fit aimer l'Argentine, lointaine contrée dont l'écho qui nous revenait à l'époque, ne disait rien de bon qui vaille. De toute cette génération de vice-champion d'Europe, il est peut-être celui dont les qualités, le charisme, l'influence et l'implication furent les moins discutés, parce que les moins discutables. Force de la nature, son torse haut et large en faisait un taureau aussi furieux que ceux de sa pampa natale. Aussi guerrier que joueur, il avait acquis sur les trottoirs de Buenos Aires, où il fut intronisé avant-centre, l'art du geste spectaculaire et du réflexe utile. Défenseur – offensif ou attaquant – défensif, allez savoir. S'il avait besoin d'un schéma pour ne pas grimper jusqu'au plus haut des populaires, Oswaldo Piazza appréciait plus que tout oser quelques farouches escapades en direction des buts adverses. C'est probablement en surveillant, du regard et à la culotte les plus grands attaquants de sa génération, qu'il apprit à devenir ce buteur opportuniste qui fit chavirer l'Europe du football. S'il ne cessa jamais de reculer au cours de sa carrière jusqu'à devenir un défenseur exemplaire, les vingt buts qu'il inscrivit sous le maillot vert, toutes compétitions confondues, furent tous déterminants, souvent décisifs. Des buts marqués du droit, du gauche, de la tête et du cœur. De Lanus en Argentine, il aborda Saint-Étienne en exilé. Recruté en 1972, il a 25 ans et signe un contrat de 7 saisons. Avec Yvan Curkovic, transféré la même année, ils composèrent l'un devant l'autre un duo de feu et de glace. Incapable à son arrivée d'échanger un seul mot de français, discret et modeste, il se mua au fil des matchs en une star couverte d'or et d'honneur. Si son image changea, l'homme resta toujours le même, son regard sur le football et la vie ne vacilla jamais. Il repartit un jour, la conscience tranquille de celui qui a bien fait son travail.

Oswaldo Piazza décrochera trois coupes de France durant son séjour stéphanois.

Génial gaucher, dribbleur hors pair et véritable ailier,
Georges Bereta (à droite),
toujours présent au club où il s'occupe des jeunes,
reste un joueur symbolique de l'ASSE.

ouve
TCHY
AMOR

Une belle action de Gérard Janvion au cours du match retour des quarts de finale de coupe d'Europe des clubs champions contre Chorzow 2 à 0 (2 à 3 à l'aller), avec Triantafilos, Hervé Revelli et Dominique Bathenay, saison 1974-1975.

coupe d'Europe des clubs champions, il régnait une sorte de malaise au moment de croiser le fer avec le Sporting Club de Lisbonne. Match aller dans le Forez. Et de fait, cette rencontre contre les Portugais allait constituer un déclic. Non seulement les hommes de Robby s'imposèrent 2 buts à 0, mais encore récitèrent-ils soudainement leur leçon de football avec une maîtrise retrouvée. Les frères Revelli furent de tous les bons coups, Hervé ouvrant le score dès la 15e minute sur un service de son frère et Georges Bereta doublant la mise à la 58e. L'axe de la défense Lopez-Piazza se montra également intraitable. Par contre, si le match retour démarra de manière idéale, il prit à la mi-temps une tournure dramatique. Synaeghel avait marqué à la demi-heure et Yazalde égalisé juste avant la mi-temps. Avant que, pendant la seule seconde période, l'arbitre annule trois buts à des Portugais à l'agonie. L'ASSE pouvait reprendre l'avion, qualification en poche, et chanter : c'est beau Lisbonne, même en pleine révolution des Œillets ! Entamée sous de tels hospices, la saison allait être des plus belles. Tout le monde s'en souvient ou se l'est fait raconter un jour. Péripéties à étage, on se souvient également d'une énième affaire de transfert entre Marseille et Saint-Étienne. Celle de Georges Bereta. *Out* Leclerc, le nouveau président Méric et Roger Rocher allaient jouer une partie de poker menteur un peu compliquée. Et vingt-cinq ans après, le gentil Georges en a gardé une cicatrice douloureuse. Alors qu'il jouait sur un nuage, ses prestations en coupe d'Europe notamment en témoignaient. Son attachement à l'ASSE et à sa région semblait devoir constituer un lien indéfectible. Pourtant Roger Rocher

En haut : ASSE-Bayern de Munich, le 1er novembre 1969 (0 à 2 et 3 à 0), Salif Keita au milieu des Allemands et match aller à Chorzow (2 à 3) en quart de finale de la coupe d'Europe le 5 mars 1975. Des champions reçus à l'Élysée par Valéry Giscard d'Estaing après la défaite de Glasgow en 1976. En bas : une réunion entre amis durant la saison 1972-1973 pour fêter le départ de Georges Bereta à l'OM et un président « Père Noël » en 1975 avec Patrick Revelli et Christian Lopez.

Patrick Revelli et Dominique Rocheteau sur le terrain annexe derrière la tribune sud, du stade Geoffroy-Guichard, dévolu à l'entraînement. Oswaldo Piazza entre Dominique Rocheteau et Patrick Revelli à l'issue du terrible combat contre Eindhoven en demi-finale de la coupe d'Europe 1975-1976. Brandir la coupe de France ? Facile pour Jean-Michel Larqué, il fit ce geste à cinq reprises, dont une fois en 1975, sur la photo, en tant que capitaine des Verts.

le vendit à l'OM pour cinquante millions de centimes, sans qu'il ait son mot à dire. *A posteriori*, il semble bien que cet arrangement satisfaisait les deux parties, à défaut de réjouir le joueur. L'ASSE soignait des finances un peu fiévreuses, tandis que l'OM se renforçait et surtout sauvait la face vis-à-vis d'un rival qui cette année-là, encore, lui était nettement supérieur. Ce qui laissa un mauvais goût dans la bouche fut toute une série de commentaires nauséabonds dont, sur le coup, la personnalité de Georges Bereta sembla faire les frais. Ce qui est un comble, quand on connaît le bonhomme. Championnat et coupe de France, donc quatrième doublé, les Verts brillèrent surtout à travers une première épopée européenne, la seconde plus belle de leur histoire. Et cette histoire justement tout le monde la connaît. Après le Sporting de Lisbonne, l'ASSE se débarrassa d'Hajduk Split en huitième de finale et de Ruch Chorzow en quarts avant de s'échouer sur le Bayern de Munich en demis. Les Allemands leur barraient la route d'une finale européenne programmée à... Paris. Ils en feront d'autres, pires... mais le fait d'armes fut évidemment l'aller et retour contre le champion de Yougoslavie : après une lourde défaite 4 buts à 1 à l'extérieur, les hommes de Robert Herbin faisaient mieux que de se réhabiliter. Deux heures d'anthologie à Geoffroy-Guichard, pour un bilan majestueux de 5 buts à 1, après prolongations. On en parle encore, cette soirée fait partie de la légende. Avec les Verts, la France découvrait les soirées entre copains devant la télé et se prenait d'amour pour cette cité minière du centre de la France. La ville noire était devenue verte, on ne parlait plus que de ça,

La remontée de la « Grand-Rue » à Saint-Étienne,
à hauteur de la place de l'Hôtel-de-Ville
pour le septième titre de champion et quatrième doublé
(coupe + championnat) de l'ASSE au terme de la saison 1973-1974.

Geste maintes fois renouvelé du buteur, Patrick Revelli, embrassant le ballon, probablement pour remercier tout à la fois l'objet de ses désirs, les supporters, ses équipiers et peut-être le destin. Celui-ci est le second du match retour marqué sur penalty à la 84ᵉ minute, par son frère Hervé, contre Chorzow le 19 mars 1975.

Hervé et Patrick Revelli, des buts pour fin

Si différents mais si proches, en cheveux longs et moustaches vertes, duo d'attaque pas toc, ils ont joué à quatre pieds une des plus belles symphonies du club. En treize saisons sous le maillot vert pour l'aîné Hervé (né le 5 juin 1946 à Verdun) et dix pour Patrick (né le 22 juin 1951 à Mimet), ils ont quasiment tout connu. Docteurs es buts, ils ont établi quelques records qui ne seront sûrement pas battus tout de suite : 211 buts pour Hervé, ne cherchez pas, y-a pas mieux en soixante-six ans de football à Saint-Étienne et 83 pour Patrick, soit 294 goals estampillés Revelli. Ils ont fait le plein de gros titres en coupes et championnats de France, en coupes d'Europe et en sélections nationales, vingt-neuf pour Hervé et cinq pour Patrick et malheureusement de quelques disgrâces et de quolibets, autant d'injustes vindictes et malvenues, qui les contraignirent à quitter la Loire, parfois avec des bleus au cœur. Justement, les petits gars de Gardanne (dans les Bouches-du-Rhône), de la tribu des Revelli, dispensés de mine contrairement à leur père et à leurs deux frères aînés, parce que débauchés par Pierre Garonnaire, n'ont pas joué qu'à Saint-Étienne. Hervé s'est offert un intermède niçois de 1971 à 1973 et Patrick une remarquable réhabilitation à Sochaux de 1978 à 1982, club avec lequel il jouera même une demi-finale UEFA (contre le club hollandais de AZ 67 Alkmaar, créé en 1967 de la fusion de Alkmaar et Zaanstreec) et Cannes, où, devenu « le vieux gaulois » il se dévouera même en libero. Mais que voulez-vous, ils en ont tellement fait ici durant leurs vingt-trois saisons à eux deux, que leurs prénoms restent définitivement gravés dans la mémoire de Geoffroy-Guichard. Quand Pierre Garonnaire embaucha Hervé, ses parents et Patrick le suivirent et s'installèrent aussi dans le Forez. Enfants prodiges ? Non. Ils n'ont pas été Mozart, mais plutôt Wagner, pour les tempêtes traversées et les broncas soulevées. Modestes et sincères, il leur a fallu beaucoup travailler pour que les jambes suivent le cœur, pour que la détente rattrape l'envie, pour que la balle leur

Deux frères sur le terrain comme dans la vie, attaquants, ils ont réalisé un score unique sous le maillot vert. Sur la photo (page suivante), ils se congratulent mutuellement, puisque Hervé vient de marquer de la tête sur un centre de Patrick, nous sommes à Geoffroy-Guichard le 18 septembre 1974, en seizièmes de finale aller de coupe d'Europe contre le Sporting de Lisbonne.

le coq

colle au pied, pour que le coup de tête ne s'échappe pas dans les étoiles. Ils ont bossé dur. Ensuite, ils ont dû convaincre. Pour son premier match, une sorte de mise à l'essai, en amical à Montélimar, durant l'été 1964, Hervé marqua deux buts. Pourtant Roger Rocher n'était pas convaincu. Pierre Garonnaire et Jean Snella durent menacer pour qu'il intègre l'effectif. « Garo » menaça de quitter le club et le bon Snella, affirma : « Dans deux ans, il sera international. » Le 28 septembre 1966, Hervé débutait avec les Bleus contre la Hongrie à Budapest. Monsieur Snella ne s'était trompé que d'un mois. Si souvent associés à la pointe de l'attaque, ils ont joué les mêmes airs, à deux, mais avec des instruments différents et des modes complémentaires. Aux arabesques de Patrick le long de la ligne de touche, Hervé répondait par d'harmonieuses ponctuations. Le cadet courait beaucoup et dribblait sans cesse, l'aîné déviait énormément et tirait sans prévenir. Naturellement collectifs et constamment généreux, ils ont servi à leurs équipiers des tonnes de caviar, à la louche, à la cuillère ou au ciseau. Aujourd'hui, ils sont toujours là. Hervé au Conseil Général et Patrick... à l'ASSE. Avec les amis Pierre (Repellini) et Georges (Bereta), si l'enveloppe s'est un peu empâtée, l'enthousiasme est bien là, avec les vertus d'hier, la fidélité et l'amitié.

Deux veillées d'armes pour deux destins douloureux,
contre le même Bayern de Munich.
À gauche, le 15 mars 1975 en Allemagne, le lendemain,
les Verts seront défaits 2 buts à 0 en demi-finale de la coupe d'Europe.
À droite, quelques jours avant la fameuse finale du 12 mai 1976,
perdue 1 but à 0, ils posent à Geoffroy-Guichard
avec les silhouettes de leurs alter ego germaniques.

Les deux actions du 2 à 0 de Munich le 15 mars 1975.
À gauche, le stratège Franz Beckenbauer, et,
À droite, le défenseur Dürnberger, bourreaux d'une équipe
qui apprenait encore son métier d'européen.

on en parle toujours ! Enfin, un dernier souvenir de cette énorme saison et dont la télévision ne s'est toujours pas lassée (mais comment lui jeter la pierre ? qui nous la ressort à intervalles réguliers dès lors que l'envie lui prend de parler de maîtrise technique), la fameuse reprise de volée de Jean-Michel Larqué à la 79e minute de la finale de la coupe de France contre Lens. À trente mètres sur un service venu de l'aile droite, le milieu de terrain, pas encore « Jean-mimisé ! » par Thierry Roland, n'hésitait pas un dixième de seconde. Il reprenait la balle à plus d'un mètre du sol et l'expédiait directement sous la transversale du gardien lensois. Personne n'avait bougé, seul le président Giscard d'Estaing s'était déjà penché vers le précieux trophée. Il savait depuis cette seconde d'équilibriste à qui il allait le tendre. Après une telle saison, l'ASSE vivait sous les feux de l'actualité. Mythe à la mode, les Verts étaient de toutes les presses, de toutes les curiosités et de toutes les envies. Comment se sortir d'une telle vénération, si ce n'est en remettant l'ouvrage sur le métier et en priant cette fois que l'œuvre ne s'interrompe pas en cours de finition. L'Europe ! l'Europe ! Il n'y avait plus que ça. À tel point, qu'il semblait à l'époque que championnat et coupe de France étaient devenus des séances d'entraînement, une simple préparation aux joutes continentales... Les hommes du Président Rocher avaient beau suer sang et eau pour conquérir un troisième titre national consécutif, ce n'était pour des millions de fans que balivernes. Cette campagne européenne allait démarrer *piano* avec un voyage au Danemark contre le KB Copenhague, deux victoires, 5 buts à 1 sur 124 minutes de jeu. Au second tour, bien que le sort fut plus sévère en choisissant les Glasgow Rangers, l'issue fut la même. Mais contrairement à leurs glorieux anciens de 1957-1958, ces Verts-là franchirent l'obstacle, s'offrant même le luxe d'une victoire préalable en terre écossaise. Tout allait pour le mieux. En quarts de finale, le Dynamo de Kiev, match aller à l'extérieur, paraissait autrement plus redoutable, une sorte d'Everest pour les petits gars du Forez. Ce qui fut effectivement confirmé par le résultat du match aller à Simféropol, 2 à 0, buts de Dominique Bathenay contre son camp et Oleg Blokhine, la grande star du football européen de l'époque. Certains prétendent que l'histoire ne se répète pas, qu'elle « ne repasse pas les plats ». Celle de l'ASSE, si ! Après la remontée historique de Split, le couvercle du chaudron explosait à nouveau. Après une première mi-temps stérile, Hervé Revelli ouvrait le score imité par Jean-Michel Larqué. À l'heure et demi de jeu, le retard du match aller était comblé. Pas plus. Le sauveur s'appellera Rocheteau, à la 112e minute d'un match qui a depuis longtemps tourné à la tragédie. Les joueurs sont épuisés, pétrifiés par les crampes, parce que les Russes paraissent plus frais, quarante mille supporters hurlent leurs encouragements. Quand enfin les filets tremblent, pour un 3 à 0 de légende, une seule rumeur monte de l'enceinte, énorme, immense, elle durera jusqu'au coup de sifflet final. Nous avons depuis longtemps quitté le domaine du sport, du schéma tactique ou de la perfection technique, pour aborder des frontières méconnues. Ces hommes étaient véritablement des extra-terrestres. Ils ont probablement battu une équipe plus forte qu'eux en matière de maîtrise technique, qui s'est procurée davantage d'occasions, mais sur le terrain du courage, de l'engagement, ils étaient intouchables. Des moments d'une telle intensité n'appartiennent qu'aux joueurs. Robert Herbin, lui-même, à l'issue de cette folle soirée reconnaissait qu'il aurait bien aimé jouer ce match, pour être au milieu d'eux. Eux ce sont évidemment des individualités marquantes. Jean-Michel Larqué, le stratège, Yvan Curkovic, l'assurance vie ou encore Synaeghel, l'homme aux trois poumons. Mais il en est un qui a franchi un palier, Dominique Rocheteau.

Un ange vert passe… Dominique Rocheteau
(contre Lyon sur notre photo avec l'arbitre international Robert Wurtz et le Lyonnais Daniel Ravier),
titulaire flamboyant ou joker de luxe était un attaquant de cristal, au style trop fluide, trop pur, trop vulnérable.
Héros d'une finale européenne à laquelle il ne participa que durant dix minutes,
il quitta les terrains de football comme il y débarqua un jour, discrètement, modestement, talentueusement.

Déjà différent, l'homme l'est comme il l'a toujours été. Pudique ça se voit et se respecte. « L'ange vert », pour reprendre une formule qui doit l'agacer profondément, est devenu un symbole, le temps d'un crochet, l'espace d'un une-deux. Tout neuf, il vient juste d'arriver dans l'équipe, il joue les électrons libres, seul son talent lui permet de se situer. Il marquera quatorze buts durant sa seule première saison 1975-1976. Vingt-trois ans après, Dominique Rocheteau est resté d'une nature différente. Discret toujours, il ne semble plus s'intéresser au football que dans des banlieues difficiles et n'apparaît plus que par flashs. Visions suggestives, presque subliminales d'un talent brut. Deux semaines plus tard, pour la demi-finale, les Hollandais du PSV Eindhoven se dressaient sur la route qui mène à l'Hampden Park de Glasgow. Curieusement, ce match n'est pas resté dans les mémoires au même chapitre que les autres. Il fut pourtant engagé, les Bataves n'étaient ni résignés, ni petits joueurs, probablement cette manière d'anonymat tient-elle au fait que pour une fois le scénariste des deux rencontres avait fait dans la sobriété, dans le classique. 1 à 0 à l'aller à Geoffroy-Guichard pour les Verts, « y avait qu'à » faire match nul au retour. Facile ! Pour une fois, point n'était nécessaire de réaliser un exploit. L'affolement n'était pas de mise. Si les pessimistes savaient que le PSV était financé par la firme Philips, ce qui en soi ne contient rien de funeste, ils n'ignoraient pas qu'il était entraîné par un certain Kees Rijvers. Celui qui flamba il y a une vingtaine d'années de cela aux côtés de Mekloufi et N'Jo Léa, qui permit à l'ASSE de décrocher son premier titre de champion de France, se dressait sur sa route. Comme certains ballons, le destin prend parfois des trajectoires bien curieuses. Un des piliers historiques de l'ASSE n'a qu'un objectif, qu'une seule aspiration : priver son ancien club de sa première finale de coupe d'Europe. En fait, tout se passa bien ou presque. Bien que partie visionner le PSV Eindhoven contre son grand rival l'Ajax d'Amsterdam, une délégation stéphanoise s'était vue, après quelques péripéties tragicocomiques, proprement virer par quelques gros bras bataves. Les hommes du PSV s'étaient débarrassés 3 buts à 1 de leur adversaire du jour. Un commentaire de l'époque ? Celui de Jean-Michel Larqué : Le PSV Eindhoven, c'est Ajax plus ! Le match aller fut pénible. Les Hollandais jouaient bien, multipliaient les occasions et les Stéphanois... les sauvetages. Finalement, les Verts se satisfirent du vieil adage selon lequel, sur son terrain, il ne faut surtout pas encaisser de but. Ils n'en marquèrent qu'un, par Jean-Michel Larqué à la 15e minute. Le minimum syndical fut suffisant, puisque personne n'inscrivit plus le moindre but. Les Verts avaient tenu, ils s'étaient préparés pour mourir sur la pelouse, ce ne fut pas nécessaire. Un homme sortit grandi de ce combat, un homme plus seul que les autres, plus exposé aussi, plus providentiel que jamais, Yvan Curkovic. Le gardien yougoslave encaissa coup après coup sans jamais paniquer, ni s'énerver. Il récita sa leçon de gestes avec une précision et un sang-froid exemplaires. Plus assurance vie que jamais, l'homme, jadis du Partizan de Belgrade, plus discret encore que d'habitude, savoura. Il savait probablement qu'il venait d'écrire une nouvelle page d'une histoire personnelle définitivement liée à l'AS Saint-Étienne. Il ne savait pas encore à quel point. L'ASSE en ce jour, c'était la France. Et la France donc était en finale de la coupe d'Europe des clubs champions contre le Bayern de Munich de Beckenbauer, de Muller et de... Roth, entre autres. Désormais, tout un pays marcha derrière ses petits hommes verts. Un mois, un mois seulement ou un mois quand même, les séparait de la consécration. Peut-être... dans un mois la coupe d'Europe.

Adulé mais énigmatique, Yvan Curkovic fut un des plus grands gardiens de son époque. Par son jeu bien évidemment, d'une exceptionnelle assurance. Mais également par l'influence morale qu'il exerçait sur ses coéquipiers. Il n'avait qu'un rival à sa mesure : il s'appelait Maier et portait le maillot du Bayern de Munich.

Curkovic : la victoire à tout prix... mais pas la guerre invisible, par Gérard Simonian

Yvan Curkovic a laissé une trace indélébile à l'ASSE : dix ans de présence et un palmarès européen d'envergure, ponctué par une finale contre le Bayern de Munich et des matchs qui resteront dans le souvenir des Français, face à Eindhoven, Split et Dynamo de Kiev.

Par son style, le Yougoslave avait trente ans d'avance. Aujourd'hui, les gardiens doivent le copier en raison des nouvelles règles. Il convient d'être rapide dans sa surface de réparation et d'avoir les aptitudes d'un joueur de champ. Les techniciens de haute stature avaient déjà une prémonition. Louis Hon, entraîneur de Lyon en 1966, nous disait : « Un gardien doit être un gangster dans ses seize mètres ». Curkovic l'a prouvé devant le Hollandais Edstroem, l'Argentin Curioni de Metz... et bien d'autres. Il parlait de contacts accidentels, mais on savait qu'il avait forcé la dose. Pour lui, c'était « la victoire à tout prix ». Il avait pourtant la décence de ne pas s'attribuer seul les mérites de son talent, insolite aux yeux des joueurs classiques. Footballeur de première division à 17 ans à Mostar (Bosnie-Herzégovine), sa ville d'origine, il fut rapidement transféré au Partizan de Belgrade. Dans son travail spécifique, il fut principalement dirigé par l'international Bobek : « Il m'a imposé un style que quelques rares gardiens avaient adopté. Pour ma part, j'analysais les qualités des attaquants adverses. C'est essentiel ». Curkovic a toujours le regard froid et une attitude qui semble ignorer le monde qui l'entoure. Il n'aime pas s'attarder sur les banalités. À priori, il semble qu'il n'ait pas de sentiments. En réalité, il n'aime pas les extérioriser sauf devant quelques amis intimes, même si c'est toujours avec une grande réserve. Il a été marqué par la mort de son frère Dragan, tué par un sniper à Mostar, lors de la guérilla entre la Serbie, la Croatie et la Bosnie-Herzégovine. Il le fut encore, il y a cinq ans, lorsque son ami Slobodan Topalovic (ancien gardien de l'Olympique Lyonnais) quitta la vie sur un terrain de football. Aux funérailles de Roger Rocher, il est venu de Yougoslavie. À part quelques anciens Verts de la région stéphanoise et Jean-Michel Larqué, il n'y en avait pas d'autres. Son analyse sur le football stéphanois de son époque est brève : « L'ancienne équipe, entraînée par Albert Batteux avait de grandes qualités techniques, mais elle manquait de réalisme. Nous, nous avions ce réalisme, ce qui ne nous a pas empêché de produire aussi du spectacle. » Aujourd'hui, Yvan Curkovic a une vie exceptionnellement remplie. Il est président des Partizans de Belgrade depuis dix ans. Il est aussi président du Comité National Olympique de Yougoslavie. Ces fonctions l'obligent à de nombreux voyages, d'autant que dans sa vie professionnelle, il possède une entreprise d'import-export. Tout cela ne le rend pas forcément heureux car il vient de traverser le dur épisode des bombardements de l'OTAN sur la Yougoslavie. Il n'y a jamais eu de bonnes conclusions dans une guerre. Il faut le temps pour effacer toutes les douleurs. Pour Curkovic, le sport et le football plus précisément amoindriront les déceptions.

« Doudou » n'avait besoin que d'une aile pour voler.
Au talent de terreur des défenses pendant sa jeunesse en Martinique,
Gérard Janvion ajouta celui de verrou sur son aile droite.
À courir le long de la ligne, il écrivit une belle histoire et inscrivit quelques buts
comme celui-ci contre les Girondins de Bordeaux.

En fait cet ultime match commença, pour une part, huit jours avant l'échéance. Et là, les allemands n'y étaient pour rien. L'ASSE devait jouer un match en retard contre Nîmes à Geoffroy-Guichard, une bonne préparation pensait-on. Une catastrophe, en fait. Non pas le score, une victoire 5 buts à 2, c'est bon pour le classement, le moral et le *goal average*. Pas pour l'effectif. Ceux qui s'étaient réjouis de ce canter à domicile avaient oublié un peu vite qu'un match à Saint-Étienne ne constituait jamais, quel que soit le visiteur, une partie anodine. Et surtout pas pour des Nîmois, plus crocodiles que jamais. Au retour au vestiaire, Farison et Synaeghel étaient blessés, le premier ne jouerait pas à Glasgow, le second aurait besoin d'un miracle de la médecine. Ajoutés à la blessure de Dominique Rocheteau, ces deux « incidents de jeu », comme qualifiés par les dirigeants gardois, devinrent deux catastrophes nationales. Quoi qu'il en soit, Saint-Étienne investit Glasgow et la vie, en ce mercredi 12 mai 1976, s'arrêta. La suite, tout le monde la connaît. Trop peut-être. Les occasions ratées, les poteaux carrés, l'entrée de Rocheteau et surtout le coup franc de Roth à la 57e minute, provoqué par un Muller plus renard des surfaces que jamais. Des larmes, en torrents et en flots, beaucoup de larmes et des regrets aussi. Une petite réflexion s'impose. Un match perdu, un match gagné, ce sont les aléas du football. Une finale ratée, l'aléa est juste un peu plus gros. Mais rétrospectivement, l'Association Sportive de Saint-Étienne ne s'est-elle pas fracturée la carrière ce soir-là ? On peut se poser la question. Certes les Verts joueront d'autres matchs, y compris de coupe d'Europe, en gagneront même et pas uniquement devant des faire-valoir. Il seront encore une fois champions de France et gagneront une sixième coupe. Mais on sentira vite que quelque chose est cassé. Une sorte de ressort a lâché, un état d'esprit a vécu, le groupe va se disloquer peu à peu, la politique du club va changer, des vedettes vont arriver, des bons serviteurs vont partir, ce ne sera plus jamais pareil. Mais ça aussi, c'est une autre campagne.

Match Kiev - ASSE (2 à 0), le 3 mars 1976. La légende est en marche.

ЕССМЕРТНЫ !

Toujours le même Dynamo de Kiev-ASSE, amis vus du terrain.
Un banc stéphanois pour le moins frigorifié.
De gauche à droite : Jean-Marc Schaer, Esad Dugalic, Felix Lacuesta, Pierre Repellini, Pierre Garonnaire, Roger Rocher, Robert Herbin, Dr Pierre Poty, Filiol (kinésithérapeute), Alain Merchadier et Jacques Santini.

TRANSPORTS VOYAGES
TERGAL
EUROPE 1

« Le » but de Jean-Michel Larqué, absent sur la photo, durant le match aller de la demi-finale de coupe d'Europe 1976 contre Eindhoven à Geoffroy-Guichard. Oswaldo Piazza et Dominique Rocheteau ont suivi pour admirer de plus près…

Robert Herbin, mystère et boule de rouille

Quel personnage étonnant ! De lui, on a l'impression de tout connaître et pourtant on ne sait rien. Sa notoriété est immense, mais sa discrétion demeure légendaire ; sa carrière fut énorme, mais sa réputation reste sulfureuse ; ses proches affirment qu'il n'existe pas d'homme plus honnête, alors que ses ennemis le craignent comme la peste. Méridional, élevé au Cavigal de Nice, il ne supporte assurément rien moins que de se faire taper dans le dos. Malgré ses origines, une mère bretonne et un père d'Armentières, joueur de trombone, « Robby », comme il deviendra plus tard, est né à Paris, immense joueur et entraîneur mythique, resplendit en personnage énigmatique. Cinq titres nationaux et trois coupes de France en tant que joueur contre quatre titres, trois coupes, une demi-finale et une finale de coupe d'Europe comme entraîneur, le tout ficelé à quarante-deux ans, qui dit mieux ? Pas grand monde assurément. Évoquer seulement, Robert Herbin, car bien présomptueux est celui qui prétendrait le raconter, c'est d'abord constater le fruit d'une rencontre. Avec Pierre Garonnaire. Les deux hommes, malgré, ou peut-être à cause, de leur différence d'âge, de caractère et de profil professionnel, ont tracé deux destins remarquablement parallèles. En charge à temps partiel du recrutement au sein de l'ASSE depuis 1952, et ceci à la demande de Jean Snella, Pierre Garonnaire avait pris l'habitude de suivre l'équipe de France junior. En 1957, un rouquin brillait au poste d'arrière central, il s'appelait Robert Herbin, il avait 18 ans. Après une histoire rocambolesque d'allers et retours entre le Forez et Nice, le jeune Herbin est arraché des griffes du Cavigal de Nice, auquel son père avait pourtant donné son accord. C'est madame Herbin mère qui fera basculer l'affaire en imaginant à quel point son rejeton serait mieux avec des gens aussi sérieux que les Stéphanois plutôt qu'aux abords de la promenade des Anglais. L'affaire fut à ce point tumultueuse que Robert Herbin débuta sa carrière stéphanoise par… deux mois de suspension infligés par la Fédération Française de Football ! L'ASSE l'avait acheté deux millions et demi d'anciens francs, alors que les instances fédérales interdisaient aux clubs de débourser plus de cinq cent mille anciens francs pour un jeune. Robert Herbin n'a plus jamais quitté le Forez. De sa maison de l'Étrat, il a vu défiler quarante ans de l'histoire de l'ASSE. International amateur, espoir, militaire, junior, B et vingt-trois fois en équipe nationale A, il succéda à Albert Batteux, à l'aube de la saison 1972-1973, en tant qu'entraîneur de l'ASSE. Joueur exigeant avec lui-même, il fut un maître d'œuvre perfectionniste, parfaitement conscient de la valeur et du poids des qualités morales sur la performance athlétique d'un homme. Les schémas tactiques qu'il mit en place aux heures les plus brillantes de son club imposaient une totale disponibilité de tous les joueurs dans toutes les phases de jeu. Permutation, accélération et récupération, excluaient tout dilettantisme, au profit d'un altruisme de tous les instants. Longtemps après, une certitude demeure : il composa avec Roger Rocher et Pierre Garonnaire, un trio magique de talents complémentaires, de compétences affûtées et de charisme évident.

Que retiendra-t-on de la vie et de l'œuvre de Robert Herbin ?
Celle du joueur ou celle de l'entraîneur ?
Bien que toutes deux remarquables,
il semble toutefois que le tacticien des années soixante-dix,
sa manière de construire et gérer un groupe,
ait marqué les esprits comme peu d'entraîneurs y sont parvenus.

Robert Herbin : « Ses idées n'ont pas pris une ride », par Jacques Murgue

En trente-cinq ans de journalisme, Jacques Murgue a toujours évolué dans les coulisses du football en général et de l'ASSE en particulier. À Saint-Étienne de 1970 à 1987, en tant que chef du service des sports de Loire-Matin, *il a vécu dans les coulisses des heures les plus prestigieuses du club et d'autres plus noires. Aujourd'hui chef du service grand reportage du* Dauphiné-Libéré, *il ne rate pas un match à Geoffroy-Guichard ni une occasion de rendre visite à son ami Robert Herbin.*

Aux murs, chez lui, on s'attend à voir l'imagerie des heures glorieuses, des posters, des trophées. On trouve quelques tableaux impressionnistes offerts par une admiratrice, veuve d'un célèbre peintre russe, à l'époque où Robert Herbin, chevelure de nègre blond, regard de loup-cervier et menton de décideur, survolait déjà quelques têtes couronnées sur les premiers terrains de son extraordinaire destinée. On pose aussi le regard sur un diplôme illustré, paraphé par Jean-Paul II. Témoignage d'une audience privée exceptionnelle ? Non. Tout simplement l'hommage délicat d'un supporter africain de passage au Vatican.

Sa maison, en fait, ne porte en aucun endroit, dans sa mémoire, l'aventure des Verts. Modestement bâtie, elle est presque une sagesse à l'image d'un homme dont la vie bordée d'arbres, de prairies herbeuses et emplies de grande musique ressemble à une communion généreuse avec les valeurs authentiques. « Là, dit-il, dans l'impassibilité des lieux, j'éprouve un sentiment d'extrême existence mais je n'ai aucune pensée misanthrope. » Il ne se fabrique pas un personnage. Il est comme ça, nature, aujourd'hui comme hier, un peu comme si rien n'avait jamais commencé et ne devait jamais finir. La soixantaine bien frappée n'a pas corrodé le grand feu intérieur qui brûle les épreuves physiques, celles de ses trois opérations successives à la hanche, comme il dévorait les déceptions après la gloire, au nom de la passion de vivre ou du culte de la continuité. Celui qui a permis d'installer le mythe stéphanois dans les années, puis connu la désillusion, l'exil et l'insécurité a toujours conservé dans sa trajectoire une philosophie de vie qui l'a mis à l'abri des risques de l'euphorie ou des angoisses de la défaite. Il n'a jamais voulu être prisonnier des émotions même si sa sensibilité est intense, provocante même lorsque le football est au diapason de ses convictions, vif, total, collectif avec le courage en prime.

Lorsque Wagner entreprend ses chevauchées ou que d'autres artistes connus ou encore obscurs secouent et pénètrent tout à coup ses tripes d'un souffle ardent. Lorsque Brel vomit des mots suprêmes pour dénoncer l'injustice, installer la nostalgie, décrire les amours brisés ou caricaturer les personnages falots.

On pourrait parler de paradoxes en plaçant côte à côte le sang-froid et l'émotion, mais on trouve le dénominateur commun dans la discrétion et la pudeur. Décence jusque dans le souvenir des immenses joies, des exploits de légende qui ont traversé les époques et réuni les générations. Lorsqu'il développe le thème encore mal exploré concernant les rôles comparés du mérite personnel et de la grâce dans la réussite sportive, Robert Herbin évoque une solidarité presque charnelle avec ses joueurs. La veille des matchs, il ne dormait pas et ressentait le besoin physique de se comporter comme eux. Dans cette manière de s'identifier aux autres, d'assumer physiquement leurs états d'âme, il y avait quand même un brin de mysticisme. La seule performance qu'il s'accorde c'est de leur avoir permis de découvrir leurs qualités d'hommes et leurs étonnantes ressources morales. « Le match de Split, dit-il, m'a apporté un espoir fou. C'était un premier amour. J'ai su alors que je disposais de garçons d'une trempe exceptionnelle, de joueurs qui, à l'image de ceux de l'Ajax d'Amsterdam des années soixante-dix, une équipe qui restera à jamais un modèle, un symbole, rassemblaient à la fois les vertus morales, physiques et techniques frisant la perfection. »

Pour Robert Herbin, le problème était de maintenir cet état d'esprit, mais il est un phénomène contre lequel personne ne peut lutter : l'évolution de la société. Il est arrivé un temps où le travail, le courage, l'abnégation, la patience, garants d'un discours de fer et d'un aboutissement furent obscurcis, étouffés par des plaisirs venus d'ailleurs. L'homme, fidèle à sa trajectoire, ne s'est plus reconnu dans cette nouvelle identité sociale. Ses murailles de conseils, ses certitudes furent balayées par un vent tourbillonnant qui agissait comme une tempête sous les crânes. S'adapter ? Impossible. Robert Herbin avait signé pour l'éternité un contrat avec l'intransigeance, la rigueur, la persévérance et l'adhésion. Il a tenté ici et là, à Lyon, Ryad, Strasbourg, au Red Star et de nouveau à Saint-Étienne de faire passer encore et toujours le même message, mais en domptant sa sévérité, en ne faisant plus claquer les syllabes. En pure perte, si l'on excepte quelques faits d'armes, épisodiques, nés d'un sursaut moral de joueurs incapables d'assumer une motivation durable.

Alors l'homme et ses principes se sont retirés à l'ombre du chêne, symbole de force et de stabilité. Une forme de résignation ? Peut-être, mais de sa maison haut perchée d'où il domine Saint-Étienne et son passé, il se délecte en constatant dans la nouvelle ferveur des Verts que ses idées n'ont pas pris une ride.

Gerd Muller, avant-centre du Bayern de Munich, soulevant la coupe d'Europe, le 12 mai 1976.

Descente des Champs-Élysées le 13 mai 1976 de Robert Herbin et Roger Rocher, le lendemain de la défaite en finale de coupe d'Europe contre le Bayern de Munich.

inter
inter

Santini et Gardon en finale de la coupe de France 1981 au Parc des Princes contre Bastia (2 à 1).

1976-1982
Des étoiles plein les yeux

Les Champs-Élysées, l'hommage présidentiel et la défaite aux accents de victoire, tout ces excès ne se digérèrent pas facilement. Cette avalanche d'honneurs tourna à la crise de foie. Contrairement à ce qu'on ne cessait de leur répéter, les joueurs ne voulurent pas entendre parler de vainqueur moral. Ils avaient raison, on ne peut, ni ne doit interpréter une défaite en victoire, ce serait se mentir à soi-même. Il n'existe pas de défaite heureuse, seule la victoire est belle. Voilà en quelque sorte le discours que tint Robert Herbin : ses joueurs avaient été admirables de courage et d'abnégation, mais ils avaient perdu. Tous les Verts de ce funeste jour écossais ne réagirent pas de la même manière. Tous furent très abattus, Oswaldo Piazza plus particulièrement paraît-il, mais également Jean-Michel Larqué. Il savait confusément depuis le coup de sifflet final qu'il ne gagnerait jamais ce trophée de malheur. Lui, plus réservé, plus distant, n'avait jamais sombré dans les excès de la « Vert Mania ». À l'aube de la saison 1976-1977, l'équipe professionnelle ne s'était toujours pas départie de ce fonctionnement de chapelle ou de camp retranché qu'elle avait adopté depuis quatre ans. Personne ne quittait le groupe, personne n'y rentrait non plus. Il semblait écrit quelque part que ceux-là vieilliraient ensemble. C'était refuser de prendre en compte la légitime lassitude d'un groupe. L'ASSE fonctionnait à l'époque avec un réservoir d'une vingtaine de joueurs plus ou moins titularisables en équipe première, auxquels se joignaient parfois quelques autres théoriquement soudés à la réserve. Pour sept ou huit d'entre eux, les allers et retours étaient donc le pain quotidien. Ce fut le cas de Jean-Michel Larqué, d'abord blessé puis en disgrâce durant toute la saison. Cette situation déboucha inévitablement sur son transfert. Ses relations avec Robert Herbin n'avaient jamais dépassé l'amabilité courtoise, mais là, elles devenaient carrément tendues. Des cultures peut-être pas assez différentes qui se font concurrence, le tempo de deux faux calmes vaguement détachés, mais vraiment déterminés. Si on ajoute à ces tiraillements, le fait que maintenu

André Barthélémy face au gardien de Juvisy, Gueguen, en championnat de France amateur 1978.

MANUFRA
RANC

dans son intégralité et confronté à des tâches qui lui parurent bien fades après les fastes de l'Europe, le groupe sembla s'ennuyer ferme. Jusqu'à se contenter d'une cinquième place en championnat de France. Restaient bien évidemment les coupes, de France et d'Europe. Durant les deux premiers tours de l'épreuve continentale, l'équipe donna l'impression de réciter une leçon parfaitement maîtrisée. Le CSKA Sofia, puis le... PSV Eindhoven passèrent à la moulinette du 1 but à 0 à Geoffroy-Guichard et 0 à 0 à l'extérieur. Mêmes circonstances, mêmes sanctions. Dans le cas des Hollandais, les nuits qui suivirent ce nouvel affrontement durent être agitées. Échouer deux années consécutives contre la même équipe et sur le même schéma, ne pas parvenir en quatre matchs à marquer le moindre but, voilà qui a dû les agacer. Mais la belle aventure échouera, en quarts de finale, à Liverpool. Après un nouveau 1 but à 0 à Saint-Étienne (but de Bathenay à la 78e minute), le match retour, sans Piazza expulsé quinze jours plus tôt, fut sans rémission, 3 buts à 1 pour les partenaires de Kevin Keegan. En coupe de France, les affaires furent carrément somptueuses. Après avoir remonté 3 à 0 concédé à Nantes par 5 buts à 1, score qui rappelait aux nostalgiques une autre campagne, l'ASSE décrocha sa sixième, et dernière à la date d'aujourd'hui, coupe de France, en battant Reims 2 buts à 1. La saison était sauvée, mais ce n'était pas forcément là l'essentiel. Il était écrit que même la politique de formation interne poussée à l'extrême, sans un minimum de discernement, devait tourner à l'absurde. À force de fermer à double tour les portes du recrutement, l'ASSE se réveillait soudain avec un groupe vieillissant et peu motivé. D'ailleurs, avec un peu de recul, et à la vision de ce qui s'est fait depuis dans d'autres clubs comme Auxerre ou Nantes, il est intéressant de constater que la vérité du football en termes de composition d'un groupe doit probablement se situer quelque part entre les deux solutions extrêmes : le recrutement à tout prix et la formation à tout crin. Jusqu'à l'aube de la saison 1977-1978, Roger Rocher, Pierre Garonnaire et Robert Herbin, sur ce point, avaient toujours parfaitement su maîtriser cet équilibre difficile, réussir ce dosage minutieux entre sang neuf et vieilles tiges, exotisme et protectionnisme. Manifestement, cette époque était désormais révolue. Durant l'intersaison, un chassé-croisé massif de joueurs anima les couloirs du club. Arrivèrent quelques aspirants répondant aux noms de Roussey (Mazargues), Zanon, Wolff, Garande (Oullins), Lestage (Dax), Bellus, Derigon et Poinsignon, renforcés de deux pointures authen-

Match retour de coupe d'Europe le 16 mars 1977, Liverpool - ASSE (3 à 1), Santini et Janvion.

tiquement professionnelles, Zimako en provenance de Bastia et Barthélémy d'Angers. Partirent : Lacuesta, Larios et Vesir à Bastia, Schaer à Auxerre et Modeste à Cannes. Mais surtout, échéance depuis longtemps prévisible, Jean-Michel Larqué quittait le club à destination du Paris Saint-Germain. Tout ce chambardement eut une double conséquence. D'abord une dégradation des relations au sein de l'équipe dirigeante. Robert Herbin appréciait peu ce changement d'orientation dans le management des joueurs, quant à Pierre Garonnaire, il ne pouvait voir d'un bon œil un tel revirement, même si son rôle devenait encore plus pointu. Il ne s'agissait plus de dénicher le talent en herbe, mais de convaincre les meilleurs de rejoindre l'ASSE. C'était un autre métier. N'oublions pas que nous sommes à la fin des années soixante-dix, l'argent ne va plus tarder à fondre sur le football, les prix vont bientôt s'enflammer. Sur un plan purement sportif, les supporters des Verts allaient connaître une année blanche. Septièmes en championnat sans avoir jamais joué le moindre rôle, éliminés en coupe de France dès les seizièmes de finale par Sochaux et sortis de la coupe d'Europe sitôt le premier tour par Manchester United, 3 buts à 1 sur l'ensemble des deux rencontres. Décidément, rien n'allait plus. Durant l'intersaison suivante, pour tenter de redresser la tête, l'ASSE se lança à nouveau dans une campagne de recrutement. Jean-Marie Elie depuis Lens et Bernard Lacombe en provenance de... Lyon intégrèrent le Forez. En effet, même si aujourd'hui il faudrait probablement lui arracher cette confession, à l'époque, le futur entraîneur de l'OL ne se fit pas prier pour endosser le maillot vert. Quoi qu'il en soit, ce recrutement ne put compenser dans le cœur des supporters quelques départs déchirants : Bathenay au PSG, Patrick Revelli à Sochaux, Christian Synaeghel à Metz et Hervé Revelli à Chenois à Genève. Pour compenser cette hémorragie, Jean-François Larios, prêté à Bastia, retrouvait le groupe, après une saison particulièrement riche close sur une finale de coupe de l'UEFA. Décidément une page était belle et bien en train de se tourner. Le bilan de cet amalgame ne fut pas aussi mauvais qu'on aurait pu le craindre. Après une belle empoignade avec Nantes, Monaco et Strasbourg, l'ASSE terminait troisième derrière Strasbourg, à égalité de points avec le second Nantes. Gueugnon, l'éternel rival voisin,

Un Hollandais de passage dans le Forez, Johnny Rep. Quand il revêtit le maillot vert, « Johnny » était déjà une authentique star de la scène européenne. Il laissa de son passage le souvenir d'un garçon sympathique et bon vivant, peut-être parti un peu vite.

VISITEURS
A.S.S.E.

se chargeant lui de virer les Verts de la coupe de France au niveau des huitièmes de finale. Il manquait encore quelque chose à cette équipe, une espèce de catalyseur, de meneur. Jean-Michel Larqué n'avait pas été remplacé, en tout cas pas sur le terrain. L'ASSE était donc sur la piste d'un gibier rare. En fait, au printemps 1979, tout le monde le connaissait ce fauve et depuis longtemps. Tous les clubs étaient sur sa trace, les Français bien sûr, mais également les Allemands et les Anglais. Son destin semblait tracé, il serait un très grand. Il fut effectivement le plus grand. Michel Platini, élevé, éduqué et mis sur orbite à l'AS Nancy Lorraine, signa avec Pierre Garonnaire le 28 mai 1979, un contrat de deux années avec une option sur une troisième. Que n'a-t-on pas déjà écrit sur ce joueur exceptionnel ? Ce qu'on ne savait évidemment pas à l'époque, c'est de quel bois était fait l'homme qui se cachait derrière le footballeur. Les dirigeants nancéiens, et son père en premier lieu, avaient retardé au maximum l'échéance de son départ. À 24 ans, l'enfant de Jœuf pouvait enfin quitter le nid. Mais son entourage savait parfaitement qu'un tel talent, pour s'exprimer pleinement, avait besoin d'un grand club, des plus grands clubs. Au nombre des sollicitants, on comptait déjà le Bayern de Munich et Manchester United. *A posteriori*, Michel Platini à l'ASSE, constituait une démarche assez logique, d'autant plus que le club s'apprêtait à jouer une coupe d'Europe, celle de l'UEFA, la saison suivante avec toujours de très grandes ambitions. Le meilleur joueur français dans le club phare de l'époque, en 1979, c'était assez normal, compte tenu de son âge. Ce crochet dans la Loire lui laissait, quoi qu'il advienne, largement le temps d'aller s'épanouir et faire fortune à l'étranger. Avec cette star française, une autre tête d'affiche, hollandaise cette fois, allait elle aussi opter pour le maillot vert, quelques jours plus tard, Johnny Rep. Ce transfert était devenu financièrement possible après le départ d'Oswaldo Piazza. Deux sorties seulement cette année-là, une première, discrète et un peu triste, de Christian Sarramagna à destination de Montpellier, et une seconde, de taille et beaucoup plus agitée, de Bernard Lacombe à Bordeaux. En championnat, après un début brillant, l'équipe peu à peu

En 1979, le plus grand footballeur français de sa génération (c'est un minimum !) se devait de passer par Saint-Étienne. Michel Platini vint donc dans la Loire au sortir du club de ses débuts Nancy, avant d'aller conquérir gloire et fortune à la Juventus de Turin.

encaissa quelques revers sanglants globalement dus à l'absence nouvelle de Piazza qui déstabilisa la défense et à d'autres, plus ponctuelles, de la nouvelle idole de Geoffroy-Guichard, Michel Platini. Bilan, une troisième place en championnat. Bouteille à moitié pleine, le club était à nouveau qualifié pour l'UEFA ; bouteille à moitié vide, compte tenu des investissements consentis, seul le titre aurait été beau. La coupe d'Europe fut un peu du même acabit. Un bon départ, de belles promesses et une sortie de route ! Une victoire sans histoire contre Lods et un exploit face au PSV Eindhoven. Cette fois le vieil ennemi, toujours coaché par Kees Rijvers, après une jolie victoire, 2 buts à 0, sur leur terrain, explosait en cinq minutes 3 à 0 à Geoffroy Guichard, pour finalement encaisser un 6 buts à 0 resté un des grands soirs d'un stade qui en avait pourtant déjà beaucoup vécus. Ce soir-là, l'armada offensive composée de Rep, Zimako, Larios et Platini, s'entendit comme larrons en foire, certains ajoutèrent « pour une fois... », au plus grand dam des Hollandais. Au tour suivant, contre les portuaires Grecs de Salonique, les Verts s'en sortirent encore, bien même, puisque après une belle victoire aller dans la Loire 4 buts à 1, ils réussissaient un spectaculaire match nul en Grèce, 3 buts partout. Par contre, en quarts de finale contre les allemands de Moenchengladbach, c'était à leur tour d'exploser. Une défaite préalable à Saint-Étienne par 4 buts à 1 avait précocement tué le retour en Allemagne (2 buts à 0). Une des caractéristiques de la saison qui s'achevait résidait dans la faiblesse de la défense. L'équipe marquait beaucoup de buts, mais souvent en encaissait encore plus. Quand la défense ne craquait pas complètement. Résultat, ce secteur de l'équipe va, quasiment à lui seul, focaliser les projecteurs durant l'intersaison et la de plus en plus disputée compétition des transferts. La défense a pêché ? Bernard Gardon et Patrick Battiston sont appelés en renfort, tandis que Gérard Farison (Dominique Rocheteau dans un autre domaine pour le PSG, que tentera de remplacer Laurent Paganelli) partait pour Fréjus et que Yvan Curkovic entamait une période de disgrâce, dont les causes apparurent sur le coup pour le moins nébuleuses.

Dernier match en coupe d'Europe UEFA de l'ASSE, le 3 novembre 1982 à Prague contre les Bohemians de Prague (4 à 0).

Une finale de coupe de France 1982 perdue aux tirs aux buts contre le PSG,
un grand, Michel Platini, quittera sous peu le Forez pour l'Italie.

Roger Rocher, hauts faits et méfaits d'une passion dévorante

Le jour de son jubilé, le 13 septembre 1992, soit, suprême clin d'œil, jour pour jour soixante et un ans après l'inauguration du stade Geoffroy-Guichard, au temps fort d'une journée particulière, sur l'herbe verte de son cher Olympique de Saint-Étienne, Roger Rocher eut en public, à l'adresse de son épouse Germaine, ces mots douloureux : « Tu vois Germaine, cette fête et le souvenir que nous en garderons vont nous aider à terminer notre vie comme il faut... Dignement. En ayant épuisé notre ration d'amour et de haine ». Le soir de sa vie, celui qui fut durant vingt et un ans et ce n'est pas faire injure à ses coreligionnaires « le plus célèbre président des Verts » chercha à retrouver, en famille, dans sa belle villa « La Louisiane » à Saint-Galmier, apaisement et sérénité. Illustrissime dirigeant, il régna en visionnaire. Tout à la fois adulé et vilipendé, courtisé et craint, il côtoya les plus grands, ou du moins ceux que l'on considère communément comme tels, politiciens et starlettes, étoiles du petit écran et grands patrons d'industrie. Battu en 1976 à la bataille de Glasgow, il descendit néanmoins les Champs-Élysées en libérateur, empereur de l'Europe du football. Alors que football et télévision amorçaient un flirt poussé, il fit découvrir à tout un peuple les bonheurs d'un football international et les attraits particuliers des soirées devant la téléfootball. Roger Rocher aimait sa famille, l'ASSE, sa maison de Saint-Genest-Malifaux et gagner des matchs. De fait, il en gagna beaucoup, des fameux, en perdit quelques-uns, dont un resté plus fameux encore, dans une triste ville d'Écosse. Ainsi quand une seule défaite le dispute en prestige à tant de victoires, probablement ne sommes-nous plus tout à fait sur un terrain de football, mais bien dans le grand livre de l'histoire du sport. Durant une grosse décennie de campagne européenne, quel maître d'école aurait évoqué l'existence de contrées aux noms aussi étranges que Kiev, Eindhoven, Split, Lods ou Chorzow ? Les Verts de notre adolescence furent de fabuleux professeurs de géographie. À 16 ans, en 1936, Roger Romulus Rocher, la tradition de l'époque voulait que chaque aîné porte en second prénom cette adjonction évoquant les fondations de Rome, quittait les bancs de l'École nationale professionnelle Étienne-Mimard pour descendre, pioche en main, au fond de la mine. Toute sa vie, il revendiqua avec une fierté légitime avoir puisé là, dans le noir, force de caractère et sens de la solidarité. De l'école, Roger Rocher n'avait gardé qu'un souvenir vague, si ce n'est de l'ennui qu'elle engendra chez ce passionné de sport. Par contre, de sport il était sincèrement passionné, de cyclisme notamment. Son père Gaston, jadis féru de sports mécaniques, avait vendu sa Harley-Davidson pour offrir un vélo à chacun de ses deux fils. Roger Rocher rencontra celle qui devint son épouse en 1937. Mais c'est au cœur de la guerre, le 31 mai 1941, qu'il l'épousa en l'église de Saint-Jean-Bonnefonds. Pour obtenir la main de Germaine, catholique croyante et très pratiquante,

Roger Rocher, l'homme à la pipe,
précurseur sans le savoir.
Il avait tout compris avant tout le monde
et montra la voie à suivre
et… celle à éviter.

Roger, enfant de la République et produit de l'école publique, avait dû suivre une éducation religieuse accélérée. Gérard, fils aîné des cinq enfants de Roger Rocher, parle bien de son père : « Gamins nous l'avons peu vu, accaparé qu'il était par son entreprise et l'ASSE. Il travaillait beaucoup et déléguait très peu. C'est donc notre mère qui assuma les taches obscures de notre éducation. Pourtant, jamais elle ne lui fit le moindre reproche, ni n'exprima un souhait contraire aux passions envahissantes de notre père. Une seule exception, le lendemain de la finale de Glasgow en 1976, au sommet de sa gloire, elle lui suggéra d'arrêter. Il n'en fit rien et l'avenir s'est chargé de lui montrer à quel point il eut bien fait de l'écouter. » Roger Rocher parlait très peu de football à la maison. Plus étonnant encore, il interdisait à ses fils de le pratiquer ! Gérard n'obtint sa première licence qu'en junior, à l'Olympique de Saint-Étienne et joua plus tard à l'ASSE en Promotion, contre la volonté de son père. « Il m'a même fait sauter une prime de travail parce que je m'étais absenté de l'entreprise pour jouer un lever de rideau à Geoffroy-Guichard. » Roger Rocher créa en 1945, un club corporatif, l'Association Sportive des Petites Mines et c'est en fusionnant en 1947 avec le Football Club Franco Espagnol, que fut créé l'Olympique de Saint-Étienne. Comme Roger Rocher fera au sein de ce club si particulier son apprentissage de président, beaucoup de grands joueurs ont fait leurs gammes à l'Olympique. C'est d'ailleurs dans ce cadre champêtre que Roger Rocher décrochera une distinction très honorifique, celle de « Meilleur patron sportif de France » décernée par le quotidien *L'Équipe*. Ainsi remarqué, il répondra alors aux sollicitations de Pierre Guichard qui se cherchait à l'époque un successeur à la tête de l'ASSE. En vingt ans, l'ASSE deviendra effectivement un grand club, mais également une véritable entreprise avec une politique ambitieuse, des ressources multiples et variées, des cadres compétents, mais également des soubresauts et des mouvements d'humeur. On parla beaucoup du caractère de Roger Rocher : entier, intransigeant, parfois excessif, généreux toujours. Toute sa vie il se souvint de cette phrase que son père lui légua en héritage moral : « Si tu veux être chef, tu dois connaître les hommes... On ne bâtit qu'avec des hommes. » Trahi, contesté et jalousé, il enchaîna sa vie à deux maîtresses impitoyables, son entreprise, la Société Forézienne de Travaux Publics et son club, l'ASSE. Si elles donnèrent parfois l'impression d'avoir raison de sa volonté et de sa détermination, jamais il ne les trompa, jamais il ne s'en lassa. Roger Rocher connut l'opprobre, la délation et l'emprisonnement. Il ne sera pas le seul de sa fonction, ni le dernier, ni le plus méprisable. Le 25 avril 1981, un repas copieux et fin fut donné pour ses vingt années de présidence au restaurant La Poularde à Montrond-les-Bains. Face au menu, il avait fait imprimer cette phrase de Sacha Guitry : « Quand on travaille dans la joie, dans l'enthousiasme, on a droit à rien. On n'a même pas droit au succès. On est payé d'avance ».

Roger et Germaine Rocher, le 13 septembre 1992, pour le jubilé « du pardon ».

Son remplaçant était bien connu et tout désigné, un pur produit de l'Olympique de Saint-Étienne, Jean Castaneda. Rétrospectivement et avec beaucoup de précautions, on peut déceler dans la mise à l'écart du Yougoslave, apparemment peu fondée, les prémices de la terrible crise qui va bientôt assommer le club. Roger Rocher et Robert Herbin vont stigmatiser autour de la forte personnalité du gardien de but et de son éventuelle reconversion au sein du club, une rivalité qui ne tardera pas à tourner à l'opposition franche et directe. Et plus... En attendant le pire. 1980-1981 est restée l'année du dixième et dernier titre de champion de France. Celui qui doit aux Verts d'aujourd'hui de porter une étoile au-dessus de l'écusson du club. S'il se résuma en une rivalité farouche entre Stéphanois et Nantais, ce championnat fut passionnant, révélé au soir de l'ultime journée. En coupe de France, une finale de plus, perdue cette fois contre Bastia (2 buts à 1), dommage, un doublé eut été le bienvenu. Sur le terrain de la coupe d'Europe, encore une fois l'ASSE alterna le génial et le ridicule. Un généreux 14 buts à 0 en deux matchs (0 à 7 et 7 à 0), telle est l'addition infligée à Kuopio Palloseura, puis un seizième de finale négocié face à Saint-Mirren avant un exploit, le dernier, 5 buts à 0 infligés au SV Hambourg sur le terrain de l'équipe allemande. Somptueux, magnifique! Presque autant que... la fessée reçue contre les Anglais d'Ipswich Town : 1 but à 4 dans la Loire et 3 buts à 1. Manifestement, les ambitions européennes de l'ASSE se heurtaient à des adversaires de moins en moins intimidés et aux passages à vide d'une équipe de plus en plus à la merci de son chef. Un homme n'ayant jamais fait, et ne faisant toujours pas, une équipe. Comment aborder la saison 1981-1982 ? Sur un plan sportif, il y en eut de bien pires. Avec quelques renforts, Raoul Noguès et Benny Nielsen, moins deux départs, Zimako et Santini, les Stéphanois finirent seconds de leur championnat et ne furent battus qu'en finale de la coupe de France par le PSG. Vis-à-vis des parisiens, c'est ce qu'on appela à l'époque une passation de pouvoir. Sur le plan de la vie du club, allait éclater le 1er avril 1982, l'affaire baptisée quelques mois plus tard « de la caisse noire ». Il n'est évidemment pas dans notre intention, ni de notre qualification de réécrire une affaire traitée par la justice et dont le principal acteur a payé en son temps le prix au tarif fort et n'est plus aujourd'hui de ce monde. Un tableau ci-joint permettra à ceux qui le souhaitent de se remémorer les étapes principales. Mais si l'affaire donc, du fait de la notoriété des différents protagonistes, fit grand bruit dans tout le pays, elle provoqua à Saint-Étienne plus qu'un traumatisme profond, une véritable guerre des partis. Pro-Rocher et anti-Rocher s'affrontèrent des mois durant à grands renforts de manifestations, de tracts, de graffitis et même de coups de poings. Les deux quotidiens régionaux, *La Tribune - Le Progrès* et *Loire Matin*, le premier plutôt pro et le second tendance anti, se livrèrent à un duel de tous les matins. Un des moments forts et particulièrement pénible, fut l'assemblée générale du club. Préalablement organisée pour le 27 novembre 1982, elle se déroula finalement une semaine plus tard, reportée par la faute d'une tempête de neige particulièrement dévastatrice, soit le 5 décembre. Elle fut elle aussi dévastatrice. On assista huit heures durant à l'affrontement d'hommes qui jadis firent équipe ensemble. D'anciens amis, qui laissèrent libre cours à des sentiments haineux, n'hésitant pas utiliser les moyens les plus vils et les arguments les plus personnels pour atteindre leurs adversaires. On en vint même aux mains. Ce jour-là, il n'y eut ni vainqueur, ni vaincu. Aujourd'hui ceux qui participèrent à ce déballage nauséabond ne peuvent en garder qu'un très mauvais goût dans la bouche. Le club était à terre, piétiné et outragé, il ne s'en relèvera pas avant longtemps. Il ne s'en est toujours pas relevé.

Éric Bellus (à droite) et Firmin Perez contre les amateurs de Saint-Priest.

Les grandes dates de la crise

Mars 1982

Depuis quelques semaines, Pierre Garonnaire se retrouve marginalisé, tandis que Robert Herbin et Yvan Curkovic, que Roger Rocher verrait bien à la direction technique, se livrent un duel sans merci.

31 mars 1982

Veille d'un conseil d'administration, Roger Rocher est averti que l'assemblée s'apprête à lui demander de partager le pouvoir ou de se démettre.

1er avril 1982

L'affaire éclate sur les ondes d'Europe 1 et dans les colonnes du quotidien *Loire-Matin*. Baptisée « Affaire Rocher » et déclenchée par une partie du conseil d'administration derrière Maîtres Buffard et Fiéloux des proches de Robert Herbin, elle conteste le bien fondé, discutable à leurs yeux, d'un contrat liant l'ASSE à la société Mc Cormack pour remettre en cause la présence de Roger Rocher à la tête du club.

5 avril 1982

Une manifestation agite les abords du stade au moment où à l'intérieur Roger Rocher fait face à ses détracteurs.

17 mai 1982

Roger Rocher et sept membres du conseil d'administration démissionnent de leur fonction. On évoque l'existence d'une « caisse noire ».

24 mai 1982

Deux avocats stéphanois, maîtres Henri Fiéloux et André Buffard, assurent conjointement l'intérim à la tête du club.

8 juillet 1982

La rumeur selon laquelle il existerait une réserve occulte prend de plus en plus d'ampleur.

9 août 1982

Maître Henri Fiéloux est élu président de l'ASSE.

18 août 1982

Entendu par les enquêteurs, Roger Rocher reconnaît l'existence d'une « caisse noire », tandis que Robert Herbin et Jean-François Larios avouent avoir touché de l'argent provenant de ces fonds.

5 décembre 1982

Une assemblée générale houleuse et demeurée historique choisit avec une majorité de 73 % au titre du collège des membres bienfaiteurs, une liste « pro-Rocher » emmenée par Pierre Fourneyron. Ce dernier mis en minorité au conseil d'administration démissionnera deux jours plus tard.

9 décembre 1982

Paul Bressy, partisan de Roger Rocher est élu président de l'ASSE.

9 janvier 1983

Robert Herbin et Bernard Gardon sont licenciés. Guy Briet devient entraîneur.

3 mai 1983

Paul Bressy démissionnaire, est remplacé par André Laurent.

13 novembre 1983

Louis Arnaud, ex-vice-président, inculpé d'abus de bien sociaux est incarcéré à la prison Saint-Paul de Lyon.

30 novembre 1983

Suite à un mandat d'amener et au terme d'une audition de sept heures, Roger Rocher est incarcéré à la prison Saint-Paul de Lyon.

15 décembre 1983

Louis Arnaud est remis en liberté.

25, 26 et 27 janvier 1984

Jean-François Larios, Christian Lopez, Bernard Lacombe, Gérard Janvion, Robert Herbin, Oswaldo Piazza, Raoul Noguès, Gérard Farison et Michel Platini sont inculpés d'abus de biens sociaux ou de confiance.

23 mars 1984

Roger Rocher est libéré contre une caution de 100 000 F.

Images de la crise, des défilés, des banderolles, une assemblée générale, un vote et des discours.

Déboulé de Titi Camara.
Durant ces années, l'ASSE eut le mérite de faire éclore de jeunes joueurs de talents sans pouvoir les garder et de recruter quelques étoiles… filantes.

1982-1993
Aux noms de tous les Verts

La saison 1982-1983 fut entièrement parasitée par les développements de la crise. Certes, les administrateurs et André Laurent, dès qu'il accéda à la présidence, firent de leur mieux pour maîtriser le club, embarqué dans une trajectoire scabreuse. Mais gérer l'ASSE en 1982 n'était pas une sinécure. À supposer que cela le fut un jour. Quelques pointures de cette époque, quatre internationaux exactement de plus ou moins récente facture, furent malgré tout recrutées : trois Français, Mahut, Moizan et Genghini, en provenance respectivement de Metz, Lyon et Sochaux. Au registre des départs, Michel Platini, bien évidemment, avait rejoint la Juventus de Turin pour la carrière que l'on sait, tandis que Lopez avait émigré à Toulouse et Millot à Lyon. Si on ajoutait à cela les départs plus discrets de Nogués et Nielsen et l'absence de Patrick Battiston, durement secoué durant la coupe du Monde espagnole à Séville par un certain gardien allemand du nom d'Harald Schumacher, on comprendra que l'équipe qui s'aligna en ce début de saison n'avait pas grand-chose à voir avec celle qui boucla l'exercice précédent. Aux commandes de l'équipe, Guy Briet remplaça Robert Herbin en janvier 1983, licencié par le président Bressy. Si en championnat, ce groupe un peu hétéroclite parvint à se maintenir en première division, ce qui constituait l'essentiel, en coupes, d'Europe et de France, ils quittèrent les débats au niveau des seizièmes, victimes des Bohémians de Prague (0 à 0 et 4 à 0) et de Martigues (0 à 3, 3 à 0 et 4 tirs aux buts à 3). Tout cela n'était pas vraiment brillant, mais cette situation avait le mérite de se clarifier peu à peu. Avec André Laurent à la tête du club, il semblait que l'ASSE pouvait à nouveau envisager l'avenir avec optimisme. Brillant chef d'entreprise, la quarantaine sportive, André Laurent avait pris le club et ses problèmes à bras le corps. Pragmatique et rodé à un marketing jusque-là inédit dans le milieu du football, il entreprit de doter le club d'une base financière solide à défaut d'être très importante. En faisant jouer ses relations, en tirant moult sonnettes, en imaginant un ensemble cohérent et pluridisciplinaires de prestations, une sorte de filet garni de la communication,

Jean-Luc Ribar, composa avec un autre lutin, Jean-François Daniel un excellent milieu de terrain. Peut-être affublé trop tôt de responsabilités lourdes pour un jeune joueur, il ne réussit pas la carrière fabuleuse à laquelle son talent le destinait.

La foule des élus grondait encore, imprégnée de convictions partisanes, sûre de ses bons choix et convaincue de la justesse de ses vues. Dehors la neige tombée en abondance depuis plusieurs jours n'avait pas réussi à jeter ce fameux voile pudique qu'on implore dans des circonstances aussi nauséabondes. Des heures durant, les deux parties s'étaient affrontées violemment, sans pudeur ni égards, sans détours ni espoirs de pardon. L'assemblée générale de l'ASSE, la plus odieuse que connut le club, décembre 1982, touchait enfin à son terme. Alors que les belligérants semblaient chercher leur second souffle, André Laurent se leva. D'une voix de tribun, ne laissant filtrer ni trouble ni doute, il exposa ses vues. Pragmatique, avec des mots définitifs, propres au langage du chef d'entreprise rompu à d'autres ferraillages encore plus définitifs, il évoqua l'avenir à ceux qui n'avaient fait que remuer le passé, proposa de repasser le club par la case départ plutôt que par les armes et envisagea de sauver ce qui pouvait encore l'être au lieu de « jeter le bébé avec l'eau du bain ». Ils l'entendirent peut-être, mais ne l'écoutèrent assurément pas. Ses mots ne leur étaient pas familiers, ses intentions encore moins. Cinq mois de patience, dix années de présidence et six de silence plus tard, la cicatrice est encore douloureuse. André Laurent ne va pas au stade, même s'il avoue qu'à l'heure de la collation d'avant match, il frémit un peu et que quand le championnat débute, il se sent un peu moins bien. « Quand on a beaucoup aimé une femme, la voir au bras d'un autre peut rester longtemps douloureux. » Contrairement à ce qu'affirma le titre péremptoire d'un livre sur les « assassins » du club, non, André Laurent n'a pas tué les Verts. Il les a même probablement sauvés. En avril 1983, François Dubanchet, alors maire de Saint-Étienne, lui demanda de voler au secours de l'ASSE, d'être la troisième voie, aux antipodes des deux clans qui s'entre-tuaient. Coopté, il exposa son plan aux édiles du conseil d'administration, dont une majorité lui confia les clefs de la citadelle assiégée, les reliques de la basilique en ruine. Avec quelques amis, ils vont tourner la page, éviter les crocs-en-jambe des belligérants, colmater le déficit qui ronge le club, reconstruire une administration et bâtir un budget. Les boulons c'est le truc d'André Laurent, alors il les serre. Et fort même. Avec dix-sept millions de ressources la première année à quatre-vingt-sept, dix ans plus tard, la méthode a fonctionné. Président de la modernité, il imagina ce qui aujourd'hui est devenu incontournable, en trouvant des ressources nouvelles, le club des sponsors, les loges et le carré VIP, etc. Il rêva de faire émerger une culture nouvelle. Celui pour qui s'asseoir à la présidence des Verts constituait une éventualité inimaginable est définitivement devenu un meneur, un charisme, une image reconnue par ses pairs. Jadis boss des petits patrons de la Loire, André Laurent devint le « président des présidents » du football français. Ses armes ? La passion, l'enthousiasme et le travail. Son credo ? Un projet, un leader, une équipe. Les résultats viendront, les espoirs de prestige également. En 1983, pour André Laurent, le football est un messager. Et même s'il semble aujourd'hui s'éloigner de cette conception, lui n'a pas dévié d'un iota : l'ASSE, comme n'importe quel autre club, ne peut pas être une fin en soi, mais un vecteur, un messager, un haut-parleur. Les Verts ne sont pas champions de France, mais les entreprises du pôle de la mécanique, elles, oui. Et qui le sait ? Le football business, façon Marseille ou Lyon, qui durant les années Laurent ne finira jamais un championnat devant les Verts ! Le championnat européen qui se profile à l'horizon, les salaires mirifiques et l'argent dépensé avant d'être gagné, tout ça le laisse perplexe et vaguement inquiet. Il ne le dit pas, mais il sait que trop souvent le fric attire les putes, les maquereaux et les pigeons. Installé dans la durée, le président avait imaginé une stratégie sage. Au temps d'apprendre, succéda celui de guérir puis d'installer le club dans le football national. Ensuite aurait dû venir logiquement le temps de rêver à nouveau d'épopée européenne. Mais là, le temps justement a manqué, le goéland s'est fait couper les ailes. Jamais démissionnaire, André Laurent cédera pourtant par amour du club, pour qu'on ne le saigne pas à nouveau. De ticket gagnant, le voilà désormais pion gênant. Exsangue, frustré, l'honneur massacré et la fierté en berne, il se voit un instant à l'imparfait, racontant radoteur à des badauds ébahis, ses souvenirs de l'époque, où Don Quichotte, il partit à l'assaut des moulins à Verts. Pourtant la passion est si forte que durant la saison 1996-1997, à des élus de la Loire qui lui demandaient de refaire le coup du sauveur providentiel, de rejouer les Zorro, il répondit OK. Mais le temps de réfléchir, contraints peut-être et grondés sûrement, ils avaient changé d'avis. En fait, il n'a jamais parlé et peut-être ne parlera-t-il jamais. L'homme est blessé, mais pas mort, touché mais pas coulé, il va revivre par sa famille, ses amis et son entreprise. Épanoui et serein, optimiste et de nouveau conquérant, il n'est plus à bientôt soixante ans le paria qu'il fut à cinquante-quatre, ni le *deus ex machina* de ses quarante-quatre ans. Il a déjà relevé d'autres challenges, économiques et industriels au moment où de plus grands encore pointent à l'horizon. Là où tout faillit finir, tout commença. Il existait donc une vie après l'ASSE.

André Laurent, une présidence qui permit à l'ASSE de sortir des « années crise ».

Gérald Passi et Maurice Bouquet,
ASSE - Martigues.

(De haut en bas)
André Laurent,
Jacques Santini et Elie Baup ;
Tony Kurbos ;
Lestage, Larios et Castaneda ;
Ceccarelli et Castaneda,
gardiens du temple.

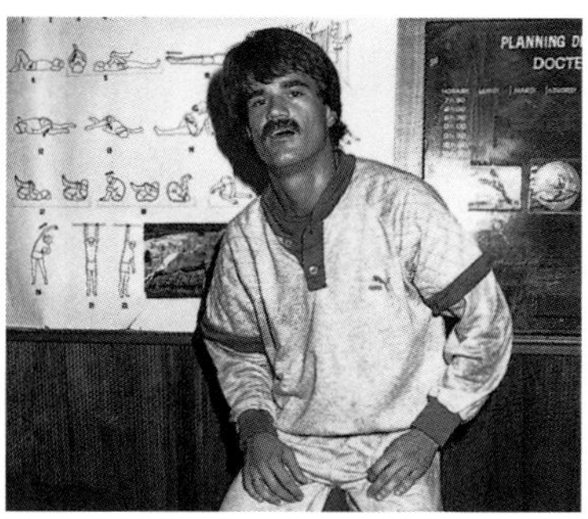

il créa « Le club des sponsors des Verts », avec loge, champagne et parking en prime. Certes aujourd'hui, l'idée paraît bien classique, bien ordinaire, mais à l'époque, elle était réellement novatrice. Il parvint à convaincre rapidement une quinzaine d'entreprises régionales du bien fondé et des garanties pour l'avenir que sa politique leur proposait. Pourtant, à l'aube de la saison 1983-1984, il fallut une fois encore alléger la masse salariale du club et donc se résoudre à laisser partir quelques piliers peu enclins pour leur part à accepter une réduction de leurs émoluments. Parmi eux : Patrick Battiston pour Bordeaux, Gérard Janvion au PSG, Bernard Genghini à Monaco, Laurent Roussey pour Toulouse et Laurent Paganelli à Toulon. S'ils quittaient effectivement le Forez, tous ces hommes le faisaient dans le calme ! Ce qui ne fut pas le cas de Johnny Rep qui débordait sur l'aile jusqu'à la frontière allemande, pour se perdre dans les polders hollandais et échapper ainsi au fisc français, peu convaincu par la modestie de sa déclaration de revenus. Pour combler ce vide, il fallut recruter, bien évidemment dans des sphères financières plus modestes. Deux étrangers, le Polonais Kupcewicz et le Paraguayen Carlos Diarte, et trois français, les « trois S », Sab, Simondi et Sanchez, invités d'aujourd'hui, croisèrent les vedettes d'hier. À la tête du groupe professionnel, André Laurent avait placé, au poste occupé jusque-là par Guy Briet, un homme au passé de joueur professionnel prestigieux, une assurance vie de sérieux et de compétence, Jean Djorkaeff. Traditionnellement entamée par un stage en Haute-Loire, habitude qui semble perdurer, la préparation de la saison fut marquée par une mise en condition physique des plus stricte. Jean Djorkaeff attachait à cet aspect de la préparation une importance primordiale, voire maniaque, affirmant qu'elle était la base de la technique et de la lucidité dans le jeu. Le problème c'est que bon nombre de joueurs, mués brutalement en marathoniens, abordèrent le championnat sur les rotules. Conséquence directe, on ne sait, mais au bout de quatre journées de championnat, les Verts avaient réalisé deux nuls et encaissé deux défaites dont un cinglant 4 à 0 à domicile contre Lens ! Dans l'atmosphère régnant à l'ASSE, au milieu des prolongements juridico-policiers de « l'affaire », les efforts d'apaisement et d'optimisme du président Laurent au cours de l'intersaison parurent rapidement masqués par un halo de fumée nauséabonde. Devant une telle situation et dans un premier temps, Jean Djorkaeff choisit de faire confiance à une belle bande de jeunes, plutôt qu'aux anciens. Les Ribar, Primard, Ferri et autres Clavelloux servirent bientôt de base stratégique à l'équipe. Les résultats se firent sentir assez sensiblement, jusqu'au deuxième temps, date à laquelle, à cinq journées de la fin, un terrible… 7 à 0 à Bordeaux (qui fut champion cette année-là) fit très mauvais effet dans la Loire ! Sujet parfois à quelques mouvements d'humeur, André Laurent s'en offrit un beau ce soir-là et vira Jean Djorkaeff, pour le remplacer par Robert Philippe. Cela ne changea rien à l'affaire, les Verts terminèrent le championnat à la dix-huitième place, condamnés à jouer les barrages contre un postulant de la 2de division, le Racing Club de Paris, version Matra, constellation de stars concoctée par Jean-Luc Lagardère. Cette épreuve dramatique se jouait sur deux matchs. L'ASSE eut la chance de jouer l'aller à Paris et le mérite de réussir un encourageant nul 0 à 0. Malheureusement, suprême cruauté du destin, c'est à Geoffroy-Guichard, devant une assemblée retrouvée et fournie, que les Racingmen vinrent décrocher leur billet pour l'élite en s'imposant 2 buts à 0. L'ASSE pouvait donner l'impression de s'enfoncer lentement. Pourtant, ce constat discutable n'était pas du tout évident. La seconde division, même si, évidemment, cette situation était peu en rapport avec le prestige du club n'était pas en soi un drame. Compte tenu de la crise qui la secouait encore et l'état de ses finances, en étant un tant soit peu optimiste, on pouvait prendre cette relégation, après vingt-deux ans de présence au sommet, comme une sorte de purgatoire susceptible d'apurer définitivement un douloureux passif et de permettre l'éclosion d'une nouvelle génération de joueurs. Un bien pour un

Fabrice Mège.

Casino

mal, donc. Encore fallait-il arrêter la chute, ne pas tomber plus bas et même, ne pas y rester trop longtemps. Nouveaux objectifs et nouveau budget imposaient des hommes nouveaux eux aussi, en particulier pour diriger l'équipe et débarrasser Robert Philippe de son encombrant intérim. Dans ce dessein, André Laurent fit venir un homme remarquable, sérieux et solide, ancien international polonais, ex-entraîneur du FC Metz avec lequel il venait de décrocher la coupe de France, Henri Kasperczak. Beaucoup plus chaleureux et bavard que ses origines pourraient le laisser imaginer, il fut rapidement adopté par Le Forez où il n'a laissé que des bons souvenirs. Tous ceux qui l'ont croisé, ont sûrement encore à l'oreille son accent si particulier et cette manière unique de triturer les mots, jusqu'à composer un idiome par lui seul compréhensible. Quinze ans et beaucoup d'aventures et de mésaventures plus tard, « Henri » est resté très attaché à Saint-Étienne. Il s'y est fait des amitiés solides qu'il retrouve dans les travées de Geoffroy-Guichard ou au golf du Chambon-sur-Lignon en Haute-Loire où il a depuis quelques années acquis une résidence. Quoi qu'il en soit, pour le moment, Henri Kasperczak doit surtout reconstruire une équipe, avec de moins en moins d'argent, bien sûr. Et « re-valse » des départs : Jean-Marie Elie, directeur sportif est licencié, Philippe Mahut rejoint le Racing, Alain Moizan s'exile à Bastia, Jean-Louis Zanon plonge vers le sud à Marseille et Pascal Carrot, prêté, campe à Valence. Et « réincorporation » de quelques nouveaux : la star de l'Afrique, prince du Cameroun, Roger Milla, Daniel Cangini et Didier Gilles. Les saisons se suivent et se ressemblent, les Verts s'offraient à nouveau un début de championnat plutôt inquiétant surtout pour un club arrivant de l'élite et prétendant y retourner rapidement. Après sept journées, ils comptaient trois nuls, deux défaites dont une à domicile contre Limoges ! et deux victoires. L'équipe de cette saison présentait un visage étonnant avec deux grands piliers, gardiens du temps vert, patrons sur et hors du terrain, Jean Castaneda et Thierry Oleksiak ; une génération de joueurs formés par le club et déjà rodés aux combats musclés, Patrice Ferri, Jean-Philippe Primard, Jean-François Daniel, Jean-Luc Ribar, Gilles Peycelon et Éric Clavelloux. Il présentait en outre une particularité très spectaculaire à l'époque, un nouveau sponsor : Rocher ! Mais « Les Cakes Rocher » exactement, marque d'une biscuiterie de Renaison dans la banlieue roannaise, dont le patron, Jean-Luc Rocher, sans aucun lien de

Loïc Lambert.

parenté avec l'ancien président, fan de football et nostalgique, séduit par l'enthousiasme et convaincu du bien fondé de la politique élaborée par André Laurent, n'avait pas hésité. Il est vrai que l'homonymie créée par le plus grand des hasards a beaucoup fait sur le coup pour qu'on parle du nouveau sponsor de l'ASSE. Heureusement, ce groupe se mua au bout d'une dizaine de matchs en un ensemble cohérent et efficace qui se mit à tourner à plein régime au point de réaliser une série (record à battre) de... 24 matchs, soit 2 164 minutes de jeu, sans défaite. Cette année-là, seul le premier montait automatiquement, son dauphin devait jouer les barrages. Pour un point (49 contre 50 à Nice), l'ASSE ratait l'accession directe et devait en repasser par les barrages, comme la saison précédente, mais dans la position inverse, c'est-à-dire le rôle de celui qui a tout à gagner. Nuance toutefois, cette procédure douloureuse du barrage, comportait un tour préliminaire qui se déroulait cette année-là sur un seul match, sur le terrain du challenger, des Verts en l'occurrence et contre Rennes dans ce cas-là. Trop sûrs d'eux peut-être ou euphoriques après une belle saison? Peu importe, quoi qu'il en soit, au bout des 90 minutes de jeu, les Bretons s'imposèrent 2 buts à 0. Les Verts étaient condamnés à un an de purgatoire supplémentaire. Malgré tout, avec un quart de finale de coupe de France joué, et perdu (1 à 0 et 0 à 2), contre Lille, les qualités manifestées sur le terrain par les joueurs et dans les coulisses par les structures mises en place par l'administration d'André Laurent tout au long de cette saison dans l'ombre, laissaient filtrer un peu de lumière. Sept défaites contre dix matchs nuls et dix-huit victoires, quelques jubilations telles que deux succès contre Le Puy et un face à Lyon, mais également un joli dérapage à Nîmes 5 buts à 1, la saison 1985-1986 est restée comme un excellent souvenir, puisque l'ASSE faisait son retour parmi l'élite. Le traitement André Laurent/Henri Kasperczak avait fonctionné à plein. Certes la balade n'avait pas été de tout repos, l'équipe de cette année-là ayant la malheureuse tendance à souffler le chaud et le froid, à alterner le meilleur et le pire. Et parmi le froid, citons encore une

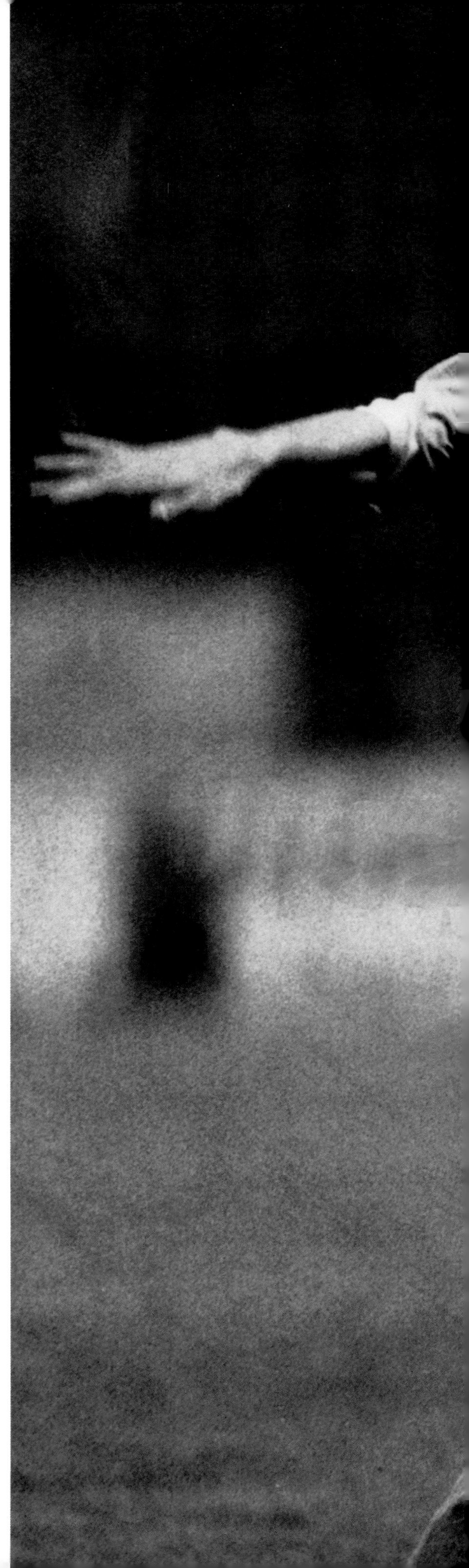

Thierry Gros.

Laurent Fournier, un gône surdoué, de passage dans le Forez, avant l'OM, le PSG, Bordeaux et Bastia.

Étienne Mendy.

*Lubomir Moravcik,
joueur généreux et entier,
son étape stéphanoise aura
marqué le club et sa carrière.*

finale, en matchs aller et retour, du championnat de seconde division (à l'époque le « purgatoire » était divisé en deux groupes A et B) perdue contre le Racing Club de Paris, encore lui. Et surtout une coupe de France ! Après une récréation à Montluçon, 9 buts à 0, les Verts s'en allaient rencontrer sur leur terrain impeccablement gelé de la route de Brides, les Savoyards de Moutiers pour le compte des cent-vingt-huitièmes de finale ! Pas de quoi se faire des frissons, si ce n'est de froid, juste une pitoyable élimination 1 but à 0. Un retour en première division et c'est le refrain bien connu du maintien à tout prix. Les Verts qui ont perdu Roger Milla durant la trêve se sont également renforcés avec les arrivées de Benedet, Krimau (qui sera le meilleur buteur du club avec 9 réalisations), Françoise et Dimitrov. Ces hommes atteindront leur objectif, seizièmes au classement final, grâce notamment à une défense de fer, la seconde de 1re division. Jusqu'en 1996, l'ASSE fera sa trace parmi l'élite. Brillamment en 1987-1988, saison conclue à la 4e place, correctement en 1992-1993 avec le 7e rang et dans le « ventre mou » pour les autres saison, c'est à dire entre la 10e et la 15e position. À noter également deux belles performances en coupe de France, deux demi-finales (perdues sur le même score 0 à 1 à Geoffroy-Guichard) contre Montpellier en 1990 et Nantes en 1993. Beaucoup de joueurs vont défiler au club durant ces années. Certains ont laissé de bons souvenirs, c'est notamment le cas des recrutements de Garande, Tibeuf et El Haddaoui en 1987, Fournier et Geiger en 1988, Moravcik et Kastendeuch en 1990, Bell et Mège en 1991. Des jeunes auront fait leurs premières armes dans l'effectif professionnel avant parfois d'aller briller sous d'autres maillots : Bernard et Étienne Mendy, Chaouch, Cyprien, Titi Camara et Deguerville. Sur le banc de touche Henri Kasperczak quittera son poste à l'issue de la saison 1985-1986, pour laisser place à Robert Herbin d'abord comme manager général puis l'année suivant en tant qu'entraîneur. Lui-même limogé au printemps 1990 et suppléé par Christian Sarramagna et Jacques Santini en 1992.

Jean-Philippe Primard, toute une carrière en vert.
Hier, défenseur intraitable, aujourd'hui éducateur.

Quatre jeunes des années quatre-vingts :
Patrice Chillet, Edouard Lamon, Patrice Ferri et Jean-Philippe Primard.
Un passage remarqué pour un joueur attachant,
Toulonnais à fort tempérament, Bernard Pardo.
Jean-François Daniel (à gauche) à l'aéroport d'Andrézieux-Bouthéon,
en compagnie de trois nouveaux arrivants : (de gauche à droite)
Flemming Christensen, Philippe Mahut et Alain Moizan.

Casino

Dominique Corroyer.

Joseph Antoine Bell vint à Saint-Étienne panser ses blessures marseillaises et bordelaises et fit le bonheur de Geoffroy-Guichard.

Ombre et brouillard sur Geoffroy-Guichard
ou Joseph Antoine Bell dans les travaux obscurs du maintien.

ALLEZ les VERTS
MAGIC FANS
ALLEZ les VERTS
MAGIC FANS
MAGIC FANS
S. ST ETIENNE

1993-1998

Les années galères

L'élimination des Verts par le FC Nantes (0 à 1), le dimanche 6 juin 1993 au stade Geoffroy-Guichard en demi-finale de la coupe de France, précipita la chute du président André Laurent. Non pas que cette défaite comportât en elle-même les éléments d'une honte insupportable, vraiment pas, mais elle sonnait le glas d'une saison difficile pour le club et son président, lassé et lâché. De plus en plus contesté, critiqué ouvertement, délaissé par le principal commanditaire et partenaire historique du club, le Groupe Casino, boudé par la municipalité de Saint-Étienne et son premier magistrat François Dubanchet, il jetait l'éponge une semaine après la visite des Canaries en démissionnant de la présidence. L'homme s'était beaucoup investi, souvent, surtout au début, avec créativité et imagination, énergie et dévouement. Il avait simplement été dévoré par une machine, il s'était essoufflé à courir après un standing sportif pour lequel le club n'avait plus les moyens financiers. Pendant que l'ASSE tentait de respirer, le reste du football français s'était envolé. André Laurent laissait derrière lui une situation financière très inquiétante, neuf millions de déficits nets, c'est-à-dire beaucoup d'argent, mais pas encore de quoi « jeter mette la cabane sur le chien » ! La situation était grave, elle n'allait pas s'améliorer. Le poste ne resta pas vacant longtemps. Un homme parti, deux allaient le remplacer : Yves Guichard et Jean-Michel Larqué. Le premier, fils de Pierre Guichard, créateur du club et personnage historique dans l'histoire des Verts, se trouvait enfin en situation d'assumer ses propres responsabilités. Longtemps ballotté au gré des prises

(De haut en bas)
Michel Vernassa et Jean Boulais ;
l'Allemand Roland Wohlfarth ;
Jean-Pierre Cyprien
au milieu de joueurs lillois
et le trio Jean-Michel Larqué,
Michel Vernassa et Elie Baup.

Étienne Mendy.

LOSC
Casino
PUMA

EMSON

de position du Casino, André Laurent s'était parfois vu encourager et d'autres fois empêché d'adopter la politique de son choix. Il avait toujours espéré s'affranchir de l'influence historique du groupe stéphanois de distribution, pour en faire un sponsor plus gros que les autres, mais sans plus de prérogatives. Et aujourd'hui celui-ci le contraignait à se démettre. Comme quoi l'on peut voir venir les coups et ne pas parvenir à les esquiver. Mais c'est donc en tirant les ficelles dans la coulisse qu'Yves Guichard s'était préparé à assumer la présidence du club. Il allait pouvoir travailler en prise directe. Quant à Jean-Michel Larqué, il jouissait auprès du nouveau président des Verts de trois qualités majeures. D'abord il était son ami, ensuite, sa reconversion cathodique lui avait permis de tisser un réseau capital de relations que ce soit sur le terrain du football ou sur celui de la publicité, de la télévision et pourquoi pas du show-biz. Enfin, l'ancien Vert, finaliste en 1976, possédait, du moins Yves Guichard le pensait-il, une autorité et une compétence, en matière de direction sportive d'un club, qu'on n'allait quand même pas contester ! Le duo voulut monter au plus vite une équipe compétitive. Il investit immédiatement trente millions de francs dans le recrutement avec notamment les venues de Laurent Blanc, égaré à Nîmes, du buteur allemand du Bayern de Munich, Roland Wohlfarth et du milieu de terrain international polonais, Piotr Swierczewski. Malheureusement, cette *dream team* n'offrit qu'une saison en demi-teinte, avec une onzième place au championnat. Avec en prime quelques passages à vide spectaculaires, comme une élimination en trente-deuxièmes de finale de la coupe de France par les amateurs

Un grand professionnel, Laurent Blanc. Le futur champion du monde donnera un second et brillant élan à une carrière, à l'époque, difficile. Un bonheur pour l'ASSE.

du FC Pau. Déçu par les résultats de son équipe et ne s'estimant pas assez soutenu, Yves Guichard jetait l'éponge à quelques brasses du terme de la saison. Ce fut une réelle surprise, voire la stupéfaction au sein d'un club qui avait beaucoup investi sur son nom et auprès duquel on se précipitait de moins en moins souvent, et en tout cas, rarement avec de bonnes intentions. La lumière vint alors des sponsors. Le club des sponsors, créé au début de sa présidence par André Laurent, prit les affaires en main et désigna un président. D'abord deux en fait, des banquiers influents sur la place de Saint-Étienne, Jean Boulais, directeur du Crédit Agricole Loire-Haute-Loire et Michel Vernassa, directeur de la Caisse d'Épargne Loire-Drôme-Ardèche. Et c'est finalement ce dernier, après le désistement de Jean Boulais, qui devint président de l'ASSE à l'aube de la saison 1994-1995. Ces hommes courageux et dévoués ne parvinrent pas à redresser un club qui, rapidement et sûrement, continua de sombrer sportivement et financièrement. Les deux piliers de l'équipe, Laurent Blanc et Lubomir Moracik ne purent enrayer l'érosion d'une équipe à la tête de laquelle Elie Baup avait remplacé Jacques Santini, licencié au mois de juin 1994 pour manque de résultats et absence de spectacle. Rien moins ! Entre temps Jean-Michel Larqué n'avait que peu survécu à Yves Guichard et était retourné à ses activités plus tranquilles, moins dangereuses et beaucoup plus parisiennes. En cours de saison, pour alléger la masse salariale et tenter de stabiliser le déficit du club à moins... trente millions, Michel Vernassa mit fin au contrat de Gérald Passi, qui s'exporta immédiatement au Japon, et transféra Roland Wohlfarth à Bochum pour le remplacer par le joker cannois Franck Priou. Aux abords de Geoffroy-Guichard, le ton montait peu à peu chez les supporters qui s'en prenaient même aux vitres du stade au terme d'une élimination en trente-deuxièmes de finale de la coupe de France à Montpellier (2 à 0). En championnat, classés dix-huitièmes et donc relégables, avec Caen et Sochaux, les Verts furent sauvés par le gong, ou plutôt par la DNCG. Cet organisme créé et mandaté par la ligue nationale de football pour

Laurent Blanc semble montrer le chemin à suivre. Malheureusement celui de l'ASSE de cette époque était de plus en plus claudiquant.

Casino

contrôler la gestion des clubs professionnels refusa l'accession de l'Olympique de Marseille en 1re division, bien que largement dominateur sur le terrain, en raison de la mise en redressement judiciaire du club. L'ASSE sauvée par l'OM, par moments l'histoire ne manque pas de clins d'œil. La saison suivante (1995-1996), on vit débarquer dans le Forez l'ancien capitaine de l'équipe de France, longtemps pilier de la défense nantaise, Maxime Bossis. Parenthèse. Il est assez étonnant de constater le nombre important de personnages influents du football qui ont pu se retrouver, à cette époque difficile, un jour ou l'autre, à un siège important du club. Tant de dévouement peut laisser pantois. Pendant ce temps, le « dégraissage » continuait : Laurent Blanc à Auxerre, Aboubacar Camara à Lens et Piotr Swierczewski à Bastia. Sur le terrain, l'époque était chaude et une défaite à Gueugnon, après un certain nombre d'autres, se soldait par le limogeage de l'entraîneur Elie Baup. Après des contacts infructueux avec Roger Lemerre et Tomislav Ivic, le président Vernassa fit appel à Dominique Bathenay. L'ancien Vert ne put rien contre l'élan infernal qui mena tout droit le club (dix-neuvième au classement) en seconde division avec Gueugnon et Martigues. La situation était grave sur un plan sportif, pour cette troisième incursion en seconde division depuis 1933, mais catastrophique, sur un plan financier. À grands maux, grands remèdes. Il était urgent de constituer une SAEMS, société d'économie mixte à objet sportif. Elle fut constituée à l'aube de la saison 1996-1997 avec un capital de dix millions de francs en provenance, pour moitié, des collectivités locales, municipalité de Saint-Étienne et conseil général de la Loire. Presque simultanément, débutèrent les travaux de construction du centre de formation aux métiers du sport de l'Étrat, un dossier conduit énergiquement par Jean Boulais. Cette structure de quatorze hectares, qui abrita la délégation argentine lors de la dernière coupe du Monde, est unique en son genre. Fonctionnelle depuis le printemps 1997, elle est devenue, sous le direction de Georges Aubert, un exemple du genre. Au début de l'exercice 1996, Michel Vernassa

Christophe Deguerville.

était écarté de la SAEMS et remplacé par Philippe Koëhl, un assureur stéphanois, ami et jadis vice-président d'André Laurent. Un authentique passionné de football. Nouveau président, nouvel entraîneur. Pierre Mankovski, venu du Havre, prenait en charge la remontée en première division. Mais le pauvre s'attelait à une tâche bien difficile dans la spirale d'échec qui aspirait l'ASSE. Résultat, dix-septième sur vingt et un clubs, le club rata de peu la... descente en national et l'entraîneur s'en alla. Pour la saison 1997-1998, Philippe Koëhl opta pour un ticket 100 % local, 100 % nostalgique : Pierre Repellini - Robert Herbin, libérés de leurs engagements avec le Red Star. Nouveaux entraîneurs, même sanction. L'ASSE termina dix-septième (sur vingt-deux). À cette époque plusieurs hommes manifestèrent un certain intérêt pour l'ASSE. Toujours Philippe Koëhl mais en collaboration avec Alain Bompard et le très controversé président du FC Sion en Suisse, Christian Constantin, alors qu'un Stéphanois, Jean-Marie Caillat assurait à la tête de l'ASSE ce qui ne devait être qu'un court intérim. Finalement, c'était le seul Mégevan Alain Bompard, financièrement assisté de trois amis fidèles, qui prit les commandes du club avec le succès que l'on sait aujourd'hui mais que l'on était pas forcément en droit d'espérer alors. En cinq ans, le vieux stade de rue de La Tour avait vu se succéder six présidents, cinq entraîneurs et trois directeurs sportifs. Loin de leur jeter la pierre collectivement, il conviendrait plutôt de leur tirer un coup de chapeau. Durant cette période noire, ils n'ont pas dû éprouver souvent de raisons de se réjouir. Ils ont peut-être commis des erreurs et des maladresses, mais qu'étaient-ils allés, que pouvaient-ils, faire dans une telle galère ? Durant cette période, les Verts auraient pu disparaître de la carte de France du football. Si ce ne fut pas le cas, ils y sont certainement pour une petite part. Maintenant, apprécier la part de dévouement et de compétence, attribuer à chacun la part de mérite qui lui revient constituerait une entreprise bien délicate et surtout bien stérile. Alors place à Alain Bompard et à ses deux plénipotentiaires.

Le Hollandais Rob Witschge.

Casino

Des travées pleines, un public en liesse, l'ASSE fait la fête en 2de division.

1998-1999
Quand souffle un vent nouveau

Bien sûr, en ce jour de fête du travail, les Corses ne furent pas très coopératifs. Ce soir-là, un nul aurait suffi aux Verts tendres de Robert Nouzaret pour retrouver l'élite de leur sport. Déjà une semaine plus tôt, le 24 avril 1999, à Laval, une victoire leur aurait définitivement ouvert les portes de l'ascenseur, ils firent match nul. Dix jours plus tôt, ce sont les Niçois qui visitaient Geoffroy-Guichard, là aussi une victoire, en ces premiers jours de printemps, aurait pu leur permettre de… et ils ont perdu. Avec des si… ils auraient été champions de France à Noël ! Alors contre ces Corses d'Ajaccio quand l'arbitre siffla la fin de la partie, d'accord, « on » n'avait pas gagné, mais alors on s'en foutait pas mal. Ce ne fut pas une consécration, ni une libération, plutôt un retour à la vie, à l'honneur. Bien sûr, on nous répondra qu'en sport, rien n'est jamais acquis, tout juste conquis, l'espace d'une seconde, le temps d'un souffle, d'un soupir. Tout l'hiver, ils avaient bataillé dur, vingt matchs consécutifs sans défaite ! Le premier coup de frein ne traçant la pelouse que le 5 décembre 1998 au stade du Roudourou à Guingamp, par 1 but à 0. Comment trier dans ses souvenirs autrement qu'en choisissant de manière parfaitement subjective, donc totalement injuste ? En retenant quelques images, le cœur est mauvais juge. Doit-on célébrer le courage de capitaine Kader, le cœur d'un Guillou de roc ou d'un Mettomo de toutes les rixes ? Peu importe, ce groupe fleure bon les amitiés de pensionnat, l'autorité de Robert Nouzaret laisse filtrer des effluves de chef de patrouille, tandis que les élans vaguement retenus d'Alain Bompard dégagent des parfums chaleureux et

(De haut en bas)
Le président Alain Bompard ;
un leader, Kader Ferhaoui ;
un entraîneur très vert, Robert Nouzaret
et un libero très sûr, Gilles Leclerc.

Patrick Revelles,
attaquant et meilleur buteur.

SFR
CANAL+
SFR

cegetel
Casin

disparus de patronage. Une famille. En se blottissant autour d'un chef à trois têtes, les Verts ont su retrouver les valeurs de leurs anciens. Ils ne les ont pas connus, il est même probable que toute référence au passé doit profondément les exaspérer. Quand Roth crucifiait Curkovic en finale de la coupe d'Europe, maman Sarr n'avait pas encore conçu le petit Pape, Julien Sablé ne naîtra que quatre ans plus tard et le « vieux » Christophe Robert avait 12 ans. Alors ? On en fait quoi des leçons d'histoire ? Probablement est-ce la terre d'ici qui confère aux hommes cette volonté farouche de relever la tête. 1997-1998 fut la première vraie saison estampillée Bompard. Le nouveau président, aux commandes d'un club moribond depuis le 12 décembre, pouvait enfin, après six mois de cauchemar, tenter de bâtir quelque chose. De sapeur-pompier, il pouvait enfin devenir promoteur. Pourtant, le terrain était encore bien instable. Mais comment, à 55 ans, ce haut Savoyard, qui prit jadis épouse à Saint-Étienne, a-t-il pu se jeter volontairement dans la gueule du lion ? Peut-être le sens du risque conjugué à la capacité à sentir la limite à ne pas dépasser ont-ils guidé cet ancien pilote automobile. Le 1er avril 1982, en assistant, depuis Megève, aux premiers soubresauts de la crise, Alain Bompard se fit à lui-même cette réflexion terrible : « Le club mettra quinze ans à s'en remettre. » Ce supporter très classique avait pris l'habitude d'emmener son fils, fan convaincu et convaincant, au match. Pour Noël, pour son anniversaire, pour une bonne note à l'école. Et quand on sait que le gamin a fini dans la peau d'un énarque, on imagine aisément qu'il n'a pas dû en rater beaucoup. C'est à peu près tout ce qui, durant vingt ans, unit Alain Bompard à l'ASSE. Dans de telles conditions, comment a-t-il fait pour se retrouver à la tête du club ? Au printemps 1997, les Verts sont au fond du trou. Sportivement, financièrement, même l'image du club semble flétrie, tout va vraiment mal. Son fils, dont la passion n'a jamais faibli, lui suggère de faire quelque chose pour l'ASSE. De par sa formation et surtout son expérience professionnelle, Alain Bompard possède tous les atouts pour s'occuper d'un club. Il se dit bien qu'il

Lucien Mettomo, un footballeur bien sûr mais aussi un combattant cher au cœur des supporters.

ne connaît pas le football professionnel, peu importe, il apprendra. Il rentre alors en contact avec Jean-Claude Darmon, grand faiseur d'argent au cœur du football français, qu'il connaît bien et dont l'avis semble pouvoir faire autorité. Ce dernier lui déconseille fortement de faire quoi que ce soit, c'est trop tard, il n'y a plus rien à faire, pense-t-il. Les choses auraient pu ou dû en rester là si Alain Bompard n'avait, en septembre 1997, au Stade de France, tout à fait par hasard, rencontré Marc Loison, le patron d'ISL. Les deux hommes se connaissent, ils ont déjà travaillé ensemble dans d'autres domaines que le sport. Alain Bompard qui a suivi sa carrière le félicita de ses nombreuses et brillantes activités dans le football, notamment au FC Metz. Marc Loison le remercia, puis laissa perler comme une douleur sournoise : « Tout va bien en effet, le seul point noir que j'ai c'est l'ASSE ! Si tu connaissais un type assez fou pour m'en débarrasser, ce serait sympa de me donner son adresse. » Alain Bompard lui répondit alors, sans vraiment réfléchir, mû par une pulsion irrésistible : « Ce fou, tu le connais, c'est moi. » Homme de business bien sûr, mais également de spectacle et de médias, l'ancien directeur de l'office du tourisme de Megève n'appartient pourtant à aucun système. Il a fait de la politique et en a acquis un sens politique, mais pas le goût de la politique, ni sa rhétorique compassée, encore moins une démarche politicienne. Indifférent aux rapports surfaits, un peu sauvage, il est avant tout un instinctif pragmatique. Surtout, son expérience lui permet d'apprécier exactement les qualités du club. Même dans ces pires heures. Il a toujours été persuadé que l'ASSE possédait la plus belle image de marque du foot français. Il a continué de penser, contre vents et marées, qu'elle pouvait encore compter sur le meilleur public de France et que sa politique de formation était un réservoir exceptionnel, un bras de levier capital pour un avenir meilleur. Cette année-là, les Verts de moins de 17 ans devenaient champions de France, les mêmes en 1998 gagnèrent la coupe Gambardella. Il avait raison. Les choses se sont ensuite accélérées, les rencontres successives, avec Philippe Koëhl, le président en place, puis

Pape Sarr,
un des très bons jeunes fabriqués au club
devenu un pilier en 1re division.

asics

(De haut en bas) Éric Fages, responsable du marketing et de la communication et son président, Alain Bompard; Robert Nouzaret, l'entraîneur au fort caractère; Elie Baup à l'époque Stéphanois et désormais Bordelais avec Luis Fernandez, son confrère de Bilbao et Patrick Guillou et sa petite fille, défenseur latéral et idole des gradins.

avec les élus locaux qu'il fallut convaincre. Alain Bompard leur présenta son programme et surtout ses garanties. Elles étaient nettes et claires. Le futur président de l'ASSE et trois de ses amis se sont engagés sur leurs fonds propres, en clair leur argent personnel. Ils se sont portés garants de l'équilibre financier du club. À l'époque, le passif du club était de quarante millions. Ces trois hommes sont Thomas Schmider d'Infogrames (un Lyonnais), Guy Lavaud le directeur général de Darty et Julio Santo Domingo, un homme d'affaires colombien, très influent dans son pays et propriétaire notamment de Radio Latina en France. Deux hommes manquaient encore à la belle association que l'on connaît aujourd'hui. Gérard Soler et Robert Nouzaret. Le premier Alain Bompard le rencontra en novembre 1997, à cette époque, il habitait Toulouse. Il lui expliqua ce qu'il était en train de faire et lui proposa de venir travailler avec lui. De relever un pari formidable, sans rémunération, juste pour voir. En convenant que quoi qu'il advienne, ils feraient le point dans six mois. Gérard Soler accepta, ne rentra même pas à Toulouse et se mit immédiatement au travail. Le second arriva plus tard. Au moment de préparer leur première vraie saison, Alain Bompard et Gérard Soler avaient contacté Guy Lacombe pour entraîner l'équipe. Une chance rétrospective, pour l'ASSE, le néo-Toulousain se dégonfla au dernier moment. C'est Robert Nouzaret, joueur de Marseille et enfant de Lyon, contacté par Gérard Soler, qui accepta en quarante-huit heures de relever le gant. « Atypique, généreux, brut de coffrage, plus vert que lui ça n'existe pas, Robert Nouzaret, c'est Raimu. » Voilà le portrait que le président fera de son futur entraîneur, une saison plus tard. Pour le premier match de sa présidence, Alain Bompard se déplaça à Lorient, le 1er janvier 1998. Les Verts perdirent 4 buts à 0. « J'ai senti comme un petit frisson me remonter le long du dos » racontera-t-il plus tard. Il n'avait encore rien vu. Le 8 mai à Lille, à 20 h, les Verts jouaient pour le maintien en 2de division. À 21 h 42, ils descendaient en 3e division. À 21 h 43, un certain Reginald Ray marqua un but pour Le Mans contre Louhans-Cuiseaux. À 21 h 44,

*Le capitaine Kader Ferhaoui,
élu meilleur joueur de 2de division de la saison 1998-1999,
porté en triomphe (sur les épaules du Suisse Nestor Subiat)
le jour de l’accession parmi l’élite.*

José Da Silva Aloisio, le Brésilien d'Atalia, un des deux Sud-Américains, recrutés à l'aube de la saison 1999-2000 (ici marqué par Laurent Blanc lors du match amical contre l'Inter de Milan), devenu en un match et un premier but l'attraction de la saison verte.

les Bressans étaient rétrogradés et les Verts sauvaient leur place. Le lendemain matin, dans son bureau du stade Geoffroy-Guichard, Alain Bompard jura que « plus jamais ça ». Le système Bompard repose sur quelques principes simples. Pas de dispersion, pas de luttes intestines, pas d'ambition personnelle, pas de messages alambiqués, un seul objectif, le club. « Ici, affirme-t-il, il n'y a que des hommes qui s'aiment. Nous réglons nos problèmes en famille, chacun assume ses responsabilités, nous avons un mode de fonctionnement familial. Nous sommes trois autour du bureau, plus trois partenaires financiers que je peux joindre à tout moment si le besoin se fait sentir. Un problème ? On se met autour de la table et on se quitte quand il est réglé. Chacun son domaine. C'est tout. Et même si je ne comprends pas un choix sportif, je ferme ma gueule. » En fait, Alain Bompard, Gérard Soler et Robert Nouzaret ont en commun une fibre plus verte qu'il est possible d'imaginer. Ils ne prétendent détenir aucune certitude, ni conviction, simplement jouer tous les coups à fond. Comme beaucoup d'autres, Alain Bompard a assisté à la déliquescence du club qu'il dirige aujourd'hui. Il se souvient des heures de la crise. Assis aujourd'hui dans le fauteuil de Roger Rocher il éprouve pour l'ancien président un respect profond et sincère, teinté d'une réelle admiration : « En matière de football, de sport tout simplement, il a tout inventé : le marketing, la formation, la communication, la préparation... De plus, c'était une anti-star. » Avec quand même une petite pointe de reproche nostalgique : « Il me semble que les problèmes ont commencé quand Roger Rocher s'est écarté de ses principes fondamentaux qui avaient fait son succès pendant quinze ans. » Aujourd'hui le football n'a plus rien à voir avec ce que connut Roger Rocher et Alain Bompard, homme de communication et de marketing, en sait quelque chose. Il a fait carrière dans ces secteurs d'activité, mais pas dans le football. « Quand je me suis retrouvé à la tête de l'ASSE, je ne connaissais rien au fonctionnement du football professionnel. Gérard Soler m'a tout appris. Et comme je ne suis pas stupide, j'ai appris vite. Le budget de l'ASSE est le tiers de celui de l'OM ou de Monaco. Dugarry, Ravanelli, Pires, c'est effectivement beaucoup d'argent sur le terrain, mais c'est aussi beaucoup de talent. Il ne faut surtout pas vouloir brûler les étapes. » L'ASSE saura-t-elle, pourra-t-elle retenir ses meilleurs espoirs ? « Nous ferons tout ce que nous pouvons, pas plus. Les meilleurs doivent partir, nous nous attacherons à faire de ces transferts de bonnes affaires. » Et demain ? Pour le moment, le retour en 1re division satisfait tous les amoureux du club. Mais nous ne sommes qu'à l'amorce d'une saison qui, quel que soit le résultat d'un soir, réserve de grandes joies et certainement des nuits plus tristes. L'édifice est encore fragile. Des investisseurs tournent autour du club. « Si leur démarche rentre dans un plan stratégique qui nous convient, nous les écouterons et peut-être leur ouvrirons-nous la porte. Si c'est simplement un coup financier, sûrement pas. J'ai cinquante-sept ans, j'en ai fait plus que je n'en ferai, j'ai du cholestérol, je ne peux plus manger. Alors je ne chercherai pas à faire de l'argent. D'une saison au paradis, les Verts peuvent encore sombrer dans une saison en enfer. Un nul à Marseille, c'est génial, mais l'OM gagnera en définitive plus de matchs que l'ASSE. L'effectif du club peut permettre de rêver à un devenir somptueux. Encore faut-il poursuivre dans la trajectoire amorcée : un recrutement sage et des jeunes qu'on nous envie. » Après les marchands, voici venue l'heure des « gardiens du temple ».

Dias Almeida Alex,
l'autre Brésilien, natif de Briante.
Après des débuts laborieux
et une acclimatation difficile,
il est devenu en une demi-heure,
contre Nancy, lui aussi un héros.

SEGA
Gear
21

Scène de liesse au cours d'un match ASSE - Nancy
(2 à 1 et 0 à 1 à la mi-temps) haut en couleurs et en suspense.

Ebly
GIBAUD
asics
12
Ebly
GIBAUD
asics

Séjour à Tahiti, en 1979,
soleil, short et bonne humeur.

1933-1999
Statistiques

1933-1934

Hartmann Azenaux Flaningan	**Szeman** Champier	**Chalvidan** Seitter	**Locke** Whoel	**Veyssade**
	Stevanovitch Williams	**Rivers** Blaret	**Biechert** Kurtz	
	Pollard		**Boutet**	
		Henric Nestori Gratian		

Championnat de France 2de division - Sud

Aller		Retour	
Bastidienne - ASSE	2-3	ASSE - Bastidienne	1-0
FC Lyon - ASSE	2-0	ASSE - FC Lyon	1-0
ASSE - SO Béziers	1-0	SO Béziers - ASSE	2-1
O Alès - ASSE	2-2	ASSE - O Alès	2-0
ASSE - Deportivo	4-2	Deportivo - ASSE	2-0
Monaco - ASSE	2-0	ASSE - Monaco	4-2
ASSE - Hyères	5-0	Hyères - ASSE	0-1

Classement final : deuxième avec 19 points, champion : O Alès.

Barrages

Aller		Retour	
FC Mulhouse - ASSE	2-1	ASSE - FC Mulhouse	1-1
RC Strasbourg - ASSE	2-0	ASSE - RC Strasbourg	4-4
Mulhouse - Strasbourg	0-0	Strasbourg - Mulhouse	2-0

Classement : dernier.

Coupe de France

2e tour : ASSE - La Grand-Combe	11-0
3e tour : FC Annecy - ASSE	2-9
64e de finale : ASSE - ES Juvisy	4-0
32e de finale : US Forbach - ASSE	2-3
16e de finale : Saint-Servan - ASSE	0-6
8e de finale : US Tourcoing -ASSE	1-1
ASSE - US Tourcoing	3-4

Meilleurs buteurs (coupe et championnat confondus)

Hartmann	15
Szeman	13
Locke	12
Chalvidan	10

Chalvidan Guillou	**Odry**	**Whoel** Hartmann	**Saint-George**	**Polge**
	Stevanovitch	**Szeman** Boulhier	**Rivers** Kowacs Magnon	
		Capelle Biechert Mugnier	**Boutet**	
		Guillard Henric Gratian		

Championnat de France 2[de] division

Aller		Retour	
ASSE - CA Paris	3-2	CA Paris - ASSE	3-1
FC Rouen - ASSE	4-2	ASSE - FC Rouen	2-4
ASSE - FCH Bastidienne	4-2	FCH Bastidienne - ASSE	1-2
ASSE - Le Havre AC	3-4	Le Havre AC - ASSE	1-1
ASSE - AS Villeurbanne	4-0	AS Villeurbanne - ASSE	1-2
Calais - ASSE	1-0	ASSE - Calais	2-3
ASSE - FC Metz	2-2	FC Metz - ASSE	5-0
RC Roubaix - ASSE	2-5	ASSE - RC Roubaix	1-0
ASSE - US Tourcoing	2-0	US Tourcoing - ASSE	4-0
AS Valenciennes - ASSE	6-0	ASSE - AS Valenciennes	0-1
Amiens - ASSE	3-0	ASSE - Amiens	3-0
RC Lens - ASSE	5-2	ASSE - RC Lens	3-3
ASSE - SM Caen	2-1	SM Caen - ASSE	1-0

Classement final : neuvième avec 23 points, champion FC Metz.

Coupe de France

32e de finale : ASSE - ES Audange	12-0
16e de finale : FC Metz - ASSE	4-1

Meilleurs buteurs (coupe et championnat confondus)

Odry	25
Kowacs	11
Chalvidan	7
Polge	7

1935-1936

Langillier **Tax** **Kowacs** **Beck** **Polge**
Pasquini
Cabannes
Buchoux
Varinier

Stevanovitch **Odry** **Charbit**
Biechert
Rivers

Rolhion **Boutet**
Carabœuf
Caron
Mugnier

Guillard
Bouquet

Championnat de France 2de division

Aller		**Retour**	
ASSE - Reims	6-1	Reims - ASSE	1-2
Le Havre - ASSE	3-1	ASSE - Le Havre	4-0
Nancy - ASSE	0-2	ASSE - Nancy	6-1
ASSE - Montpellier	2-1	Montpellier - ASSE	0-1
Charleville - ASSE	3-3	ASSE - Charleville	4-2
ASSE - Dunkerque	2-1	Dunkerque - ASSE	0-1
Boulogne - ASSE	3-0	ASSE - Boulogne	6-0
ASSE - Villeurbanne	3-3	Villeurbanne - ASSE	2-6
CA Paris - ASSE	2-3	ASSE - CA Paris	5-2
ASSE - Caen	3-0	Caen - ASSE	3-1
ASSE - Roubaix	1-0	Roubaix - ASSE	1-2
Calais - ASSE	3-1	ASSE - Calais	2-2
ASSE - Lens	3-0	Lens - ASSE	1-0
Amiens - ASSE	0-0	ASSE - Amiens	6-2
ASSE - Troyes	5-2	Troyes - ASSE	2-5
Rouen - ASSE	5-0	ASSE - Rouen	4-1
ASSE - Nice	3-1	Nice - ASSE	1-6

Classement final : troisième avec 52 points, champion : FC Rouen.

Coupe de France

64e de finale : ASSE - Chambéry	9-1
32e de finale : ASSE - Valentigney	5-2
16e de finale : ASSE - Boulogne (2de division)	3-1
8e de finale : ASSE - Fives (1re division)	1-3

Meilleurs buteurs (coupe et championnat confondus)

Beck	30	Odry	6
Tax	21	Langillier	6
Kowacs	19	Stevanovitch	2
Polge	14	Rolhion	1
Cabannes	10	Charbit	1
Pasquini	7		

1936-1937

Langillier

Tax
Kowacs

Cabannes
Luckacs

Beck

Pasquini
Rich

Biechert

Odry

Charbit
Joumard

Rolhion

Mugnier

Guillard
Veyre
Denis
Collet

Championnat de France 2de division

Aller		Retour	
Troyes - ASSE	1-3	ASSE - Troyes	3-0
ASSE - Alès	2-1	Alès - ASSE	2-1
Caen - ASSE	1-0	ASSE - Caen	9-2
ASSE - Valenciennes	5-6	Valenciennes - ASSE	1-1
ASSE - Le Havre	5-2	Le Havre - ASSE	1-1
Lens - ASSE	2-0	ASSE - Lens	7-1
ASSE - Nice	1-0	Nice - ASSE	2-1
Boulogne - ASSE	2-1	ASSE - Boulogne	3-2
ASSE - CA Paris	5-2	CA Paris - ASSE	0-5
Amiens - ASSE	2-1	ASSE - Amiens	3-1
ASSE - Reims	8-3	Reims - ASSE	3-1
Charleville - ASSE	2-1	ASSE - Charleville	3-0
Nancy - ASSE	1-5	ASSE - Nancy	4-0
ASSE - Montpellier	5-1	Montpellier - ASSE	3-4
ASSE - Dunkerque	2-1	Dunkerque - ASSE	3-2
Calais - ASSE	2-0	ASSE - Calais	6-0

Classement final : troisième avec 40 points, champion RC Lens.

Coupe de France

32e de finale : (à Montluçon) ASSE - Néris	7-0
16e de finale : (à Dijon) Reims - ASSE	2-1

Meilleurs buteurs (coupe et championnat confondus)

Beck	34
Pasquini	17

Plovie	**Hermann**	**Tax**	**Beck**	**Pasquini** (1)
Kordjna	Pasquini (2)		Cabannes	
Ouadah	Boudjemaa		Roux	
	Biechert	**Odry**	**Rich**	
	Varraud	Charbit		
	Rolhion		**Casy**	
		Favier		
		Veyre		
		Guillard		

Championnat de France 2de division

Aller		Retour	
Poule de qualification zone sud			
Nîmes - ASSE	0-2	ASSE - Nîmes	4-1
ASSE - Nice	0-0	Nice - ASSE	1-1
Alès - ASSE	3-2	ASSE - Alès	1-1
ASSE - Bordeaux	7-2	Bordeaux - ASSE	5-1
Montpellier - ASSE	1-3	ASSE - Montpellier	3-1
ASSE - Toulouse	5-0	Toulouse - ASSE	2-0
Poule finale			
Caen - ASSE	1-3	ASSE - Caen	0-0
ASSE - Nice	2-1	Nice - ASSE	3-1
Alès - ASSE	1-0	ASSE - Alès	5-0
ASSE - CA Paris	3-0	CA Paris - ASSE	0-0
Dunkerque - ASSE	0-0	ASSE - Dunkerque	3-3
Tourcoing - ASSE	1-3	ASSE - Tourcoing	7-3
ASSE - Toulouse	2-1	Toulouse - ASSE	1-4
Arras - ASSE	2-3	ASSE - Arras	0-0
ASSE - Reims	2-0	Reims - ASSE	2-1
Colmar - ASSE	1-2	ASSE - Colmar	4-1
Mulhouse - ASSE	2-4	ASSE - Mulhouse	3-3
ASSE - Nancy	6-2	Nancy - ASSE	0-1
ASSE - Boulogne	7-0	Boulogne - ASSE	0-0
Le Havre - ASSE	4-1	ASSE - Le Havre	2-3
ASSE - Rennes	2-1	Rennes - ASSE	0-3

Classement final : deuxième avec 41 points, champion Le Havre AC.

Coupe de France

32e de finale : (à Saint-Étienne) ASSE - Saint-Raphaël	7-0
16e de finale : (à Longwy) Longwy - ASSE	2-1

Meilleurs buteurs (coupe et championnat confondus)

Beck	33
Hermann	15
Pasquini	14

1938-1939

Roux Casy	**Hess**	**Cabannes** Beck Rich (1)	**Tax**	**Pasquini**
	Rich (2) Biechert	**Odry** Hummemberger	**Snella** Charbit	
	Rolhion		**Gardet**	
		Llense Favier		

Championnat de France 1re division

Aller		Retour	
Fives - ASSE	3-2	ASSE - Fives	2-0
ASSE - Rouen	2-1	Rouen - ASSE	0-2
ASSE - Cannes	2-0	Cannes - ASSE	1-2
Roubaix - ASSE	2-2	ASSE - Roubaix	5-0
ASSE - Le Havre	4-2	Le Havre - ASSE	0-0
Sète - ASSE	2-1	ASSE - Sète	3-1
ASSE - Lille	2-0	Lille - ASSE	3-1
Sochaux - ASSE	1-2	ASSE - Sochaux	2-1
ASSE - Marseille	1-0	Marseille - ASSE	3-1
Excelsior - ASSE	1-0	ASSE - Excelsior	2-2
ASSE - Antibes	1-0	Antibes - ASSE	0-4
Strasbourg - ASSE	1-1	ASSE - Strasbourg	0-0
ASSE - Racing Paris	0-1	Racing Paris - ASSE	1-1
Metz - ASSE	1-0	ASSE - Metz	0-1
ASSE - Lens	1-1	Lens - ASSE	1-0

Classement final : quatrième avec 35 points, champion Sète avec 42 points.

Coupe de France

128e de finale : (à Saint-Étienne) ASSE - Bagnols	11-1
64e de finale : (à Marseille) ASAN Marseille - ASSE	0-5
32e de finale : (à Saint-Étienne) ASSE - Menton	4-2
16e de finale : (à Nancy) ASSE - Stade Béthunois	1-0
8e de finale : (à Clermont-Ferrand) ASSE - Reims	a.p. 0-0
(à Paris) ASSE - Reims	a.p. 1-1
(à Paris) ASSE - Reims	0-1

Meilleurs buteurs (coupe et championnat confondus)

Tax	21	Beck	5
Pasquini	14	Roux	3
Cabannes	9	Hess	3
Rich (2)	6	Casy	1
Odry	5	Hummemberger	1

Guillot Boirayron Rich Tax Bourdier

Fuchs Odry Bachelard

Vial Mugnier

Nestori

Autres joueurs : Snella, Caillol, Roge, Brusseaux.

Championnat de France Zone sud-est-lyonnais

Aller		Retour	
Marseille - ASSE	3-2	ASSE - Marseille	2-0
ASSE - Cannes	4-2	Cannes - ASSE	5-2
ASSE - Antibes	10-1	Antibes - ASSE	1-3
Nice - ASSE	5-0	ASSE - Nice	7-0

Classement final : quatrième avec 8 points, Nice vainqueur du groupe avec 13 points.

Coupe de France Charles-Simon

32e de finale : (à Saint-Étienne) ASSE - USR Marseille	3-1
16e de finale : (à Moulins) Moulins - ASSE	1-10
8e de finale : (à Saint-Étienne) ASSE - Sochaux	2-4

Meilleurs buteurs (coupe et championnat confondus)

Tax	11
Rich	5
Bourdier	4
Roge	3

Bourdier	**Hess**	**Bigot**	**Dujardin**	**Pasquini**
Spetchl		Cabannes	Emonoz	Bartkowiak
	Rich	**Snella**	**Amar**	
	Hibst		Borie	
	Casy		**Dutilleul**	
		Vovard		

Championnat de France zone libre

Aller		Retour	
Marseille - ASSE	4-1	ASSE - Marseille	1-2
ASSE - Cannes	0-1	Cannes - ASSE	2-1
Montpellier - ASSE	2-1	ASSE - Montpellier	3-1
Toulouse - ASSE	4-2	ASSE - Toulouse	1-2
ASSE - Nice	1-0	Nice - ASSE	4-1
ASSE - Nîmes	1-0	Nîmes - ASSE	5-2
ASSE - Sète	0-1	Sète - ASSE	0-0
Alès - ASSE	3-1	ASSE - Alès	0-2

Classement final : huitième avec 7 points, champion Marseille avec 24 points.

Coupe de France (Charles-Simon) Zone libre

16e de finale : (à Saint-Étienne) ASSE - Lugdunum	13-0
8e de finale : (à Annecy) Annecy - ASSE	1-2
quart de finale : (à Toulouse) ASSE - Nîmes	a.p. 4-2
demi-finale : (à Lyon) ASSE - Alès	a.p. 0-0
(à Marseille) ASSE - Alès	a.p. 0-0
(à Lyon) ASSE - Alès	4-1
finale : (à Marseille) Toulouse - ASSE	1-0

Meilleurs buteurs (coupe et championnat confondus)

Bigot	18
Pasquini	5
Cabannes	4
Hess	3
Spetchl	3

Bonnet
Hess

Tamini
Tax

Spetchl
Roure

Bigot
Bartkowiak

Rich
Hibst

Snella

Amar

Calligaris
Mugnier

Biechert

Casy

Vovard

Championnat de France zone libre

Aller		Retour	
Marseille - ASSE	8-3	ASSE - Marseille	4-3
Cannes - ASSE	1-1	ASSE - Cannes	1-0
ASSE - Nîmes	3-0	Nîmes - ASSE	1-0
ASSE - Sète	1-0	Sète - ASSE	3-1
Toulouse - ASSE	4-0	ASSE - Toulouse	0-1
ASSE - Montpellier	2-1	Montpellier - ASSE	1-0
Alès - ASSE	1-2	ASSE - Alès	1-1
Nice - ASSE	2-0	ASSE - Nice	2-0

Classement final : quatrième avec 16 points à égalité avec Alès. Sète vainqueur du groupe avec 25 points.

Coupe de France (Charles-Simon) zone libre

4e tour : (à Annecy) Annecy - ASSE 4-0

Meilleurs buteurs (coupe et championnat confondus)

Bigot	9
Bonnet	3
Tamini	3
Tax	2

Boirayron	Bonnet	Rodriguez	Tax
	Bailly	Roure	
Teneroni	Rich	Amar	Hibst
	Rolhion	Casy	
	Llense		

Championnat de France zone libre

Aller		Retour	
ASSE - Stade Clermontois	0-1	Stade Clermontois - ASSE	2-4
Cannes - ASSE	2-1	ASSE - Cannes	3-1
ASSE - Brive	2-0	Brive - ASSE	4-0
Marseille - ASSE	3-1	ASSE - Marseille	0-1
ASSE - Annecy	0-0	Annecy - ASSE	3-6
ASSE - Grenoble	1-1	Grenoble - ASSE	0-1
Montpellier - ASSE	1-1	ASSE - Montpellier	6-1
LOU - ASSE	1-0	ASSE - LOU	3-0
ASSE - Avignon	2-1	Avignon - ASSE	1-0
Nîmes - ASSE	2-1	ASSE -Nîmes	2-1
ASSE - Sète	3-1	Sète - ASSE	1-1
Nice - ASSE	1-0	ASSE - Nice	1-3
ASSE - Alès	1-4	Alès - ASSE	0-1
Toulouse - ASSE	5-2	ASSE - Toulouse	1-1
Perpignan - ASSE	8-2	ASSE - Perpignan	3-0

Classement final : cinquième avec 29 points, champion Toulouse avec 47 points.

Coupe de France (Charles-Simon) zone libre

32e de finale : (à Bourg) Bourg-Péronnas - ASSE	1-2
16e de finale : (à Saint-Étienne) ASSE - Côte-Chaude	4-0
8e de finale : (à Lyon) ASSE - Annecy	6-0
quarts de finale : (à Nîmes) ASSE - Perpignan	a.p. 0-2

Meilleurs buteurs (coupe et championnat confondus)

Rodriguez	21
Tax	12
Teneroni	7
Roure	6

1943-1944

Coupe de France

premier tour : (à Chazelles) AS Chazelles - ASSE	1-9
deuxième tour : (à Saint-Étienne) ASSE - Thiers	2-1
troisième tour : (à Saint-Étienne) ASSE - Rive-de-Gier	10-2
quatrième tour : (à Saint-Étienne) ASSE - Saint-Chamond	7-0
16e de finale : (à Saint-Ouen) ASSE - Reims	a.p. 6-2
8e de finale : (à Dijon) Nancy - ASSE	2-1

Nancy-Lorraine vainqueur de l'épreuve

Rodriguez Brusseaux	**Cuissard**	**Alpsteg** Tax	**Lauer** Mielcarek
Snella Rich_er	**Morel** Fusch	**Amar** Godet	
Casy Hadjiji	**Soulier**	**Garonnaire**	
	Llense		

Championnat de France zone sud

Aller		Retour	
ASSE - Alès	6-0	Alès - ASSE	1-0
Toulouse - ASSE	3-3	ASSE - Toulouse	0-0
Bordeaux - ASSE	2-2	ASSE - Bordeaux	1-4
ASSE - Stade Clermontois	3-1	Stade Clermontois - ASSE	2-1
ASSE - Sète	2-3	Sète - ASSE	5-1
Montpellier - ASSE	5-4	ASSE - Montpellier	4-3
Marseille - ASSE	7-3	ASSE - Marseille	2-1
ASSE - Lyon	1-2	Lyon - ASSE	2-0
ASSE - Nîmes	5-1	Nîmes - ASSE	2-2
Nice - ASSE	1-0	ASSE - Nice	2-0
Cannes - ASSE	2-0	ASSE - Cannes	2-1

Classement final : huitième avec 18 points.
Lyon champion de la poule avec 34 points devant Bordeaux avec 32 points.

Coupe de France

32ᵉ de finale : (à Saint-Étienne) ASSE - Gueugnon	4-3
16ᵉ de finale : (à Clermont-Ferrand) Stade Clermontois - ASSE	3-1

Meilleurs buteurs (coupe et championnat confondus)

Cuissard	10	Morel	2
Alpsteg	8	Soulier	1
Rodriguez	7	Lauer	1
Tax	4	Godet	1
Brusseaux	2		

1945-1946

Brusseaux
Rodriguez
Cuissard / Lauer
Firoud / Hibst
Scallon / Alpsteg

Haroux
Amar
Rich (1)

Casy
Gardet / Huguet

Davin
Tricon

Championnat de France 1re division

Aller		**Retour**	
ASSE - Roubaix	1-3	Roubaix - ASSE	3-2
ASSE - Marseille	4-1	Marseille - ASSE	4-2
ASSE - Rouen	3-1	Rouen - ASSE	2-1
Strasbourg - ASSE	3-2	ASSE - Strasbourg	0-0
ASSE - Sète	6-2	Sète - ASSE	1-1
Reims - ASSE	1-3	ASSE - Reims	2-3
ASSE - Red Star	3-2	Red Star - ASSE	3-2
Cannes - ASSE	1-4	ASSE - Cannes	2-1
ASSE - Lille	3-1	Lille - ASSE	8-0
Metz - ASSE	0-3	ASSE - Metz	3-1
ASSE - Le Havre	5-1	Le Havre - ASSE	0-2
Lens - ASSE	6-1	ASSE - Lens	2-1
ASSE - Bordeaux	3-1	Bordeaux - ASSE	1-3
Rennes - ASSE	2-3	ASSE - Rennes	4-2
ASSE - Lyon	4-0	Lyon - ASSE	3-3
ASSE - RC Paris	3-2	RC Paris - ASSE	4-1
Sochaux - ASSE	4-4	ASSE - Sochaux	1-0

Classement final : deuxième avec 44 points derrière Lille avec 45 points.

Coupe de France

64e de finale : (à Annemasse) Annemasse - ASSE 1-0

Meilleurs buteurs (coupe et championnat confondus)

Rodriguez	19	Cuissard	9
Scallon	17	Firoud	6
Alpsteg	11	Rich	4
Brusseaux	10		

1946-1947

Brusseaux	**Rodriguez**	**Lauer**	**Alpsteg** Scallon
Amar Calligaris Haroux	**Firoud** Mielcarek	**Nemeur** Pasquini	
Casy	**Rich** (2)	**Huguet** Vandereyden	
	Davin **Finek** Jacquin		

Championnat de France 1re division

Aller		Retour	
Montpellier - ASSE	3-1	ASSE - Montpellier	3-0
ASSE - Nancy	2-2	Nancy - ASSE	1-1
ASSE - Cannes	4-3	Cannes - ASSE	3-0
Toulouse - ASSE	4-3	ASSE - Toulouse	4-2
ASSE - Metz	6-2	Metz - ASSE	4-4
ASSE - Strasbourg	1-1	Strasbourg - ASSE	3-3
Rouen - ASSE	8-0	ASSE - Rouen	1-0
Reims - ASSE	5-0	ASSE - Reims	1-1
Red Star - ASSE	0-0	ASSE - Red Star	3-1
ASSE - Le Havre	2-0	Le Havre - ASSE	0-0
Sète - ASSE	2-1	ASSE - Sète	1-1
ASSE - Lens	4-1	Lens - ASSE	1-1
ASSE - Lille	2-1	Lille - ASSE	4-3
ASSE - Roubaix	2-0	Roubaix - ASSE	7-3
ASSE - Racing Paris	0-3	Racing Paris - ASSE	3-4
Bordeaux - ASSE	2-1	ASSE - Bordeaux	4-2
ASSE - Marseille	3-1	Marseille - ASSE	2-0
Stade Français - ASSE	3-0	ASSE - Stade Français	1-1
Rennes - ASSE	2-1	ASSE - Rennes	1-5

Classement final : onzième avec 37 points, champion Roubaix avec 53 points.

Coupe de France

128e de finale : (à Vichy) Vichy - ASSE	1-6
64e de finale : (à Montluçon) EDS Montluçon - ASSE	3-4
32e de finale : (à Besançon) Beauvais - ASSE	0-9
16e de finale : (à Paris) Lille - ASSE	3-1

Lille remporte le trophée.

Meilleurs buteurs (coupe et championnat confondus)

Rodriguez	20	Alpsteg	10
Lauer	17	Pasquini	6
Firoud	13	Scallon	6
Brusseaux	13	Rich	4

1947-1948

Rodriguez — **Hanus** — **Cuissard** — **Lauer** (Jankowski) — **Alpsteg** (Scallon)

Rémy — **Calligaris** — **Firoud**

Mathieu (Fernandez, Casy) — **Huguet** (Besse)

Jacquin (Finek)

Championnat de France 1re division

Aller		**Retour**	
Rennes - ASSE	1-3	ASSE - Rennes	1-0
ASSE - Alès	3-3	Alès - ASSE	2-2
Racing Paris - ASSE	2-2	ASSE - Racing Paris	1-4
ASSE - Sète	3-1	Sète - ASSE	4-2
Roubaix - ASSE	0-3	ASSE - Roubaix	1-2
ASSE - Metz	3-0	Metz - ASSE	2-2
Sochaux - ASSE	2-2	ASSE - Sochaux	2-1
ASSE - Toulouse	4-2	Toulouse - ASSE	0-2
Nancy - ASSE	4-0	ASSE - Nancy	2-0
ASSE - Marseille	3-2	Marseille - ASSE	4-1
Stade Français - ASSE	2-1	ASSE - Stade Français	1-1
ASSE - Montpellier	2-2	Montpellier - ASSE	2-0
Cannes - ASSE	0-3	ASSE - Cannes	2-0
Lille - ASSE	0-0	ASSE - Lille	8-3
ASSE - Red Star	4-1	Red Star - ASSE	0-5
ASSE - Strasbourg	1-1	Strasbourg - ASSE	2-0
Reims - ASSE	6-0	ASSE - Reims	3-2

Classement final : quatrième avec 41 points, champion Marseille avec 48 points.

Coupe de France

64e de finale : (à Villefranche-sur-Saône) Villefranche - ASSE	0-4
32e de finale : (à Reims) Lens - ASSE	a.p. 3-0

Lens finaliste de l'épreuve.

Meilleurs buteurs (coupe et championnat confondus)

Rodriguez	16
Cuissard	15
Alpsteg	14
Firoud	9
Lauer	8
Hanus	5

1948-1949

Rodriguez — Fernandez / D'Hondt — Lauer — Jankowski — Alpsteg

Claustrat / Vernay — Calligaris — Cuissard

Mathieu — Huguet

Jacquin / Davin

Championnat de France 1re division

Aller		Retour	
ASSE - Reims	2-3	Reims - ASSE	2-3
Lille - ASSE	5-0	ASSE - Lille	2-2
ASSE - Stade Français	2-2	Stade Français - ASSE	4-1
Metz - ASSE	2-0	ASSE - Metz	3-1
ASSE - Toulouse	4-2	Toulouse - ASSE	5-1
ASSE - Cannes	3-1	Cannes - ASSE	1-0
Strasbourg - ASSE	1-2	ASSE - Strasbourg	5-1
Montpellier - ASSE	2-2	ASSE - Montpellier	0-4
ASSE - Marseille	4-1	Marseille - ASSE	6-1
Rennes - ASSE	1-3	ASSE - Rennes	1-1
ASSE - Nice	2-0	Nice - ASSE	1-0
ASSE - Racing Paris	3-3	Racing Paris - ASSE	1-2
Roubaix - ASSE	2-2	ASSE - Roubaix	6-0
ASSE - Sochaux	1-1	Sochaux - ASSE	6-0
Sète - ASSE	1-1	ASSE - Sète	0-0
Nancy - ASSE	4-2	ASSE - Nancy	4-1
ASSE - Colmar	5-2	Colmar - ASSE	2-1

Classement final : huitième avec 35 points, champion Reims avec 48 points.

Coupe de France

128e de finale : (à Gannat) Gannat - ASSE	2-9
64e de finale : (à Saint-Étienne) ASSE - EDS Montluçon	2-1
32e de finale : (à Reims) ASSE - Saint-Dizier	8-1
16e de finale : (à Marseille) ASSE - Nîmes	1-2

Meilleurs buteurs (coupe et championnat confondus)

Alpsteg	25
Lauer	20
Rodriguez	19
Cuissard	12
D'Hondt	4

1949-1950

Michlovski	**Gomez**	**Ferry**	**Castellani**	**Alpsteg**
	De Cecco Vialleron	**Domingo** Vernay	**Cuissard**	
	Fernandez		**Huguet** Soulier	
		Jacquin		

Championnat de France 1re division

Aller		**Retour**	
ASSE - Lille	3-4	Lille - ASSE	3-1
ASSE - Toulouse	3-0	Toulouse - ASSE	2-0
Montpellier - ASSE	1-1	ASSE - Montpellier	5-1
Roubaix - ASSE	2-0	ASSE - Roubaix	0-0
ASSE - Nancy	3-5	Nancy - ASSE	2-1
Metz - ASSE	1-4	ASSE - Metz	1-3
Bordeaux - ASSE	5-2	ASSE - Bordeaux	1-1
ASSE - Nice	2-0	Nice - ASSE	1-1
ASSE - Rennes	2-2	Rennes - ASSE	3-1
Sochaux - ASSE	6-2	ASSE - Sochaux	1-0
ASSE - Strasbourg	5-0	Strasbourg - ASSE	1-3
Reims - ASSE	0-0	ASSE - Reims	1-2
ASSE - Racing Paris	1-1	Racing Paris - ASSE	4-3
Stade Français - ASSE	2-2	ASSE - Stade Français	2-0
Marseille - ASSE	2-0	ASSE - Marseille	2-0
ASSE - Sète	1-0	Sète - ASSE	2-0
ASSE - Lens	2-0	Lens - ASSE	2-4

Classement final : onzième avec 32 points, champion Bordeaux avec 51 points.

Coupe de France

32e de finale : (à Paris) Lille - ASSE 3-1

Meilleurs buteurs (coupe et championnat confondus)

Michlovski	16	Cuissard	2
Castellani	10	Huguet	1
Gomez	10	Vernay	1
Ferry	9	Vialleron	1
Domingo	3		

Michlovski Alpsteg (2)	**Gomez** Rodriguez	**Tamini** Ferry	**Rijvers** Castellani	**Alpsteg (1)**
	Rémy	**De Cecco** Domingo	**Cuissard**	
	Fernandez		**Huguet**	
		Jacquin Crêteur		

Championnat de France 1re division

Aller		Retour	
Rennes - ASSE	6-0	ASSE - Rennes	3-0
ASSE - Lens	4-1	Lens - ASSE	2-3
Nice - ASSE	0-0	ASSE - Nice	3-2
ASSE - Nîmes	1-1	Nîmes - ASSE	1-0
ASSE - Nancy	3-1	Nancy - ASSE	4-2
Reims - ASSE	0-0	ASSE - Reims	1-1
Sochaux - ASSE	0-2	ASSE - Sochaux	3-0
ASSE - Marseille	1-2	Marseille - ASSE	7-0
Roubaix - ASSE	2-2	ASSE - Roubaix	3-0
ASSE - Racing Paris	2-1	Racing Paris - ASSE	2-2
Sète - ASSE	4-1	ASSE - Sète	0-2
ASSE - Le Havre	1-0	Le Havre - ASSE	4-1
Toulouse - ASSE	3-2	ASSE - Toulouse	4-0
Strasbourg - ASSE	2-6	ASSE - Strasbourg	1-1
ASSE - Bordeaux	1-0	Bordeaux - ASSE	1-0
Stade Français - ASSE	4-0	ASSE - Stade Français	3-0
ASSE - Lille	5-1	Lille - ASSE	4-3

Classement final : septième avec 37 points.
Champion : Nice avec 41 points et un meilleur goal-average que Lille (1,58 contre 1,32).

Coupe de France

32e de finale : (à Paris) ASSE - Roubaix	1-0
16e de finale : (à Troyes) ASSE - Merlebach	3-0
8e de finale : (à Reims) ASSE - Sedan	3-1
quarts de finale : (à Marseille) ASSE - Le Havre	a.p.0-0
(à Paris) ASSE - Le Havre	a.p.0-0
(à Paris) ASSE - Le Havre	5-1
demi-finale : (à Colombes) ASSE - Valenciennes	1-3

Valenciennes est battue en finale par Strasbourg.

Meilleurs buteurs (coupe et championnat confondus)

Tamini	16	Domingo	3
Alpsteg (1)	13	Alpsteg (2)	2
Gomez	13	Ferry	1
Huguet	10	Cuissard	1
Michlovski	8	Fernandez	1
Rijvers	4		

Bini	**Domingo**	**Ferry**	**Rijvers**	**Alpsteg (1)**
Collados		Tamini	Haond	Nola
Zara			Castellani	

De Cecco	**Leduc**	**Cuissard**
Alpsteg (2)		

Fernandez **Huguet**

Ferrières
Hélies
Jacquin

Championnat de France 1re division

Aller		Retour	
ASSE - Racing Paris	0-3	Racing Paris - ASSE	1-3
Nancy - ASSE	2-0	ASSE - Nancy	1-2
ASSE - Sète	2-1	Sète - ASSE	4-2
Lille - ASSE	5-1	ASSE - Lille	1-3
Marseille - ASSE	3-10	ASSE - Marseille	4-2
ASSE - Nîmes	0-2	Nîmes - ASSE	5-1
ASSE - Nice	1-1	Nice - ASSE	3-0
Sochaux - ASSE	1-1	ASSE - Sochaux	4-1
ASSE - Reims	1-1	Reims - ASSE	1-0
ASSE - Strasbourg	5-0	Strasbourg - ASSE	1-3
Lyon - ASSE	4-2	ASSE - Lyon	1-0
ASSE - Rennes	5-0	Rennes - ASSE	2-3
Lens - ASSE	2-5	ASSE - Lens	1-1
ASSE - Roubaix	1-0	Roubaix - ASSE	1-2
Bordeaux - ASSE	9-0	ASSE - Bordeaux	1-4
ASSE - Le Havre	1-1	Le Havre - ASSE	0-2
Metz - ASSE	2-2	ASSE - Metz	3-0

Classement final : neuvième avec 36 points, champion Nice avec 46 points.

Coupe de France

32e de finale : (à Arles) ASSE - Menton	4-3
16e de finale : (à Béziers) ASSE - Bordeaux	a.p. 3-3
(à Marseille) ASSE - Bordeaux	1-2

Bordeaux est battue en finale par Nice.

Meilleurs buteurs (coupe et championnat confondus)

Rijvers	13	Alpsteg (2)	4
Alpsteg (1)	11	Leduc	4
Haond	9	Tamini	2
Cuissard	7	Zara	2
Bini	6	Domingo	1
Nola	6	De Cecco	1
Ferry	5	Castellani	1

1952-1953

Nyers / Collados — **Haond** / Ibanez — **Ferry** / Fava — **Rijvers** — **Alpsteg** / Nola

Domingo — **De Cecco** / Castellani — **Grattarola**

Fernandez / Schramm — **Wicart**

Abbes / Jacquin

Championnat de France 1re division

Aller		**Retour**	
ASSE - Reims	2-6	Reims - ASSE	2-0
Montpellier - ASSE	2-0	ASSE - Montpellier	2-0
ASSE - Stade Français	1-1	Stade Français - ASSE	2-1
Racing Paris - ASSE	2-1	ASSE - Racing Paris	3-1
ASSE - Marseille	2-2	Marseille - ASSE	1-0
Nancy - ASSE	3-2	ASSE - Nancy	6-0
Le Havre - ASSE	3-0	ASSE - Le Havre	1-0
ASSE - Bordeaux	1-1	Bordeaux - ASSE	0-0
ASSE - Lille	2-1	Lille - ASSE	0-2
Metz - ASSE	3-0	ASSE - Metz	2-2
ASSE - Lens	2-3	Lens - ASSE	1-2
Sète - ASSE	5-0	ASSE - Sète	2-2
Rennes - ASSE	0-1	ASSE - Rennes	1-0
ASSE - Nîmes	4-2	Nîmes - ASSE	0-0
Sochaux - ASSE	3-0	ASSE - Sochaux	1-3
ASSE - Nice	2-1	Nice - ASSE	2-0
Roubaix - ASSE	2-0	ASSE - Roubaix	1-1

Classement final : onzième avec 30 points, champion Reims avec 48 points.

Coupe de France

32e de finale : (à Strasbourg) ASSE - Valenciennes	a.p. 2-1
16e de finale : (à Dijon) Sochaux - ASSE	0-2
8e de finale : (à Paris) ASSE - Metz	1-0
quarts de finale : (à Marseille) ASSE - Sète	1-0
demi-finale : (à Marseille) ASSE - Lille	0-1

Lille vainqueur de l'épreuve.

Meilleurs buteurs (coupe et championnat confondus)

Haond	12	Ferry	2
Nyers	8	De Cecco	2
Alpsteg	8	Domingo	1
Rijvers	6	Nola	1
Castellani	3	Grattarola	1

1953-1954

Nyers, Collados — Domingo, Ibanez — Ferry, Haond — Vernier, Goglia — Foix

Wassmer — De Cecco — Menjou, Grattarola

Fernandez — Wicart, Tylinski

Abbes, Ferrières, Cayrouze

Championnat de France 1re division

Aller		Retour	
Le Havre - ASSE	2-0	ASSE - Le Havre	0-1
ASSE - Monaco	1-1	Monaco - ASSE	1-1
ASSE - Lens	5-2	Lens - ASSE	2-0
Sète - ASSE	1-2	ASSE - Sète	6-3
ASSE - Strasbourg	1-0	Strasbourg - ASSE	2-1
Sochaux - ASSE	1-2	ASSE - Sochaux	2-4
ASSE - Metz	3-2	Metz - ASSE	5-1
Roubaix - ASSE	0-1	ASSE - Roubaix	2-1
Lille - ASSE	1-0	ASSE - Lille	0-0
ASSE - Toulouse	1-1	Toulouse - ASSE	1-1
ASSE - Stade Français	2-1	Stade Français - ASSE	1-2
Nice - ASSE	5-2	ASSE - Nice	2-1
Reims - ASSE	0-1	ASSE - Reims	0-1
ASSE - Bordeaux	2-0	Bordeaux - ASSE	1-0
ASSE - Marseille	0-0	Marseille - ASSE	3-1
ASSE - Nancy	3-1	Nancy - ASSE	0-1
Nîmes - ASSE	1-0	ASSE - Nîmes	2-1

Classement final : cinquième avec 38 points, champion Lille avec 47 points.

Coupe de France

32e de finale : (à Lyon) OL - ASSE 3-0

Lille vainqueur de l'épreuve.

Coupe Drago

Premier tour : (à Paris) Racing Paris - ASSE 4-1

Meilleurs buteurs (coupes et championnat confondus)

Foix	11	Domingo	4
Nyers	9	Goglia	2
Ferry	7	De Cecco	2
Vernier	5	Grattarola	1
Collados	4	Ibanez	1

Nyers	**Mekloufi**	**N'Jo Léa**	**Vernier**	**Foix**
Collados	Ibanez	Ferry	Goujon	
	Wassmer	**De Cecco**	**Domingo**	
			Grattarola	

Wicart	**Tylinski**
Fernandez	

Abbes

Championnat de France 1re division

Aller		Retour	
ASSE - Nîmes	4-1	Nîmes - ASSE	1-0
ASSE - Nancy	2-0	Nancy - ASSE	2-1
Reims - ASSE	2-4	ASSE - Reims	0-2
Marseille - ASSE	4-0	ASSE - Marseille	3-0
ASSE - Toulouse	2-4	Toulouse - ASSE	2-0
Lille - ASSE	0-1	ASSE - Lille	2-2
Monaco - ASSE	2-0	ASSE - Monaco	0-0
ASSE - Troyes	0-2	Troyes - ASSE	0-3
ASSE - Strasbourg	5-1	Strasbourg - ASSE	5-0
Nice - ASSE	2-0	ASSE - Nice	4-2
Lens - ASSE	2-1	ASSE - Lens	1-1
ASSE - Roubaix	5-1	Roubaix - ASSE	1-4
Racing Paris - ASSE	4-0	ASSE - Racing Paris	0-1
ASSE - Sochaux	3-1	Sochaux - ASSE	0-0
Metz - ASSE	0-2	ASSE - Metz	2-0
ASSE - Lyon	4-2	Lyon - ASSE	1-1
Bordeaux - ASSE	2-1	ASSE - Bordeaux	3-1

Classement final : septième avec 35 points, champion Reims avec 44 points.

Coupe de France

32e de finale : (à Marseille) Nancy - ASSE	4-3

Coupe Drago

Premier tour : (à Saint-Étienne) ASSE - CA Paris	5-0
Deuxième tour : (à Saint-Étienne) ASSE - Perpignan	2-0
Troisième tour : (à Alès) Alès - ASSE	1-3
Quatrième tour : (à Limoges) Aix-en-Provence - ASSE	1-3
Demi-finale : (à Saint-Étienne) ASSE - Lyon	4-0
Finale : (à Paris) ASSE - Sedan	2-0

Meilleurs buteurs (coupes et championnat confondus)

Foix	23	Ferry	4
Mekloufi	14	Grattarola	3
Domingo	8	Ibanez	2
N'Jo Léa	7	Nyers	1
Collados	6	Wicart	1
Vernier	5	Goujon	1

1955-1956

Orosko Collados — **Mekloufi** — **N'Jo Léa** Ibanez — **Rijvers** Peyroche — **Foix** Goujon

De Cecco Ferrier Fellahi — **Vernier** Tylinski — **Domingo** Oleksiak

Wicart Wassmer — **Ferry**

Abbes Ferrières

Championnat de France 1re division

Aller		Retour	
ASSE - Reims	3-1	Reims - ASSE	1-2
Monaco - ASSE	2-3	ASSE - Monaco	1-0
ASSE - Troyes	4-0	Troyes - ASSE	1-1
Metz - ASSE	5-2	ASSE - Metz	5-0
Lens - ASSE	2-2	ASSE - Lens	0-0
ASSE - Racing Paris	3-2	Racing Paris - ASSE	3-0
ASSE - Lyon	0-1	Lyon - ASSE	2-1
Strasbourg - ASSE	5-2	ASSE - Strasbourg	3-1
Lille - ASSE	0-2	ASSE - Lille	4-1
ASSE - Marseille	3-1	Marseille - ASSE	2-2
ASSE - Sochaux	0-0	Sochaux - ASSE	2-3
Toulouse - ASSE	2-2	ASSE - Toulouse	0-0
ASSE - Nice	3-3	Nice - ASSE	2-1
Sedan - ASSE	3-0	ASSE - Sedan	3-2
ASSE - Nancy	1-1	Nancy - ASSE	2-2
ASSE - Bordeaux	3-0	Bordeaux - ASSE	4-3
Nîmes - ASSE	1-1	ASSE - Nîmes	3-1

Classement final : quatrième avec 41 points, champion Nice avec 43 points.

Coupe de France

32e de finale : (à Casablanca) WAC Casablanca - ASSE	a.p. 1-2
16e de finale : (à Bordeaux) Lille - ASSE	0-2
8e de finale : (à Dijon) ASSE - Angers	3-1
quarts de finale : (à Nantes) ASSE - Sedan	0-2

Sedan vainqueur de l'épreuve.

Meilleurs buteurs (coupe et championnat confondus)

Mekloufi	23	Domingo	3
Foix	20	Orosko	3
N'Jo Léa	9	Vernier	2
Rijvers	6	Goujon	2
Ferry	5	Oleksiak	1

1956-1957

Lefèvre

Mekloufi Fouillen — **N'Jo Léa** — **Rijvers** Goujon — **Peyroche** Oleksiak

Ferrier — **R. Tylinski** — **Domingo**

Wicart Wassmer — **M. Tylinski** Casado

Abbes

Championnat de France 1re division

Aller			Retour
Nice - ASSE	2-2	ASSE - Nice	4-2
ASSE - Marseille	6-3	Marseille - ASSE	4-3
ASSE - Lens	3-1	Lens - ASSE	0-2
Nancy - ASSE	1-7	ASSE - Nancy	6-1
Sedan - ASSE	2-6	ASSE - Sedan	2-2
ASSE - Metz	2-0	Metz - ASSE	1-2
Reims - ASSE	4-5	ASSE - Reims	0-0
ASSE - Angers	3-0	Angers - ASSE	0-1
Lyon - ASSE	1-3	ASSE - Lyon	3-2
Racing Paris - ASSE	1-2	ASSE - Racing Paris	3-1
ASSE - Strasbourg	2-2	Strasbourg - ASSE	1-1
ASSE - Sochaux	6-0	Sochaux - ASSE	1-1
Rennes - ASSE	1-0	ASSE - Rennes	2-0
ASSE - Monaco	0-1	Monaco - ASSE	3-1
Valenciennes - ASSE	1-1	ASSE - Valenciennes	5-4
ASSE - Toulouse	0-0	Toulouse - ASSE	3-0
ASSE - Nîmes	4-0	Nîmes - ASSE	0-0

Classement final : champion de France avec 49 points devant Lens, 45 points.

Coupe de France

32e de finale : (au Havre) ASSE - USN Mondeville 5-2

16e de finale : (à Bordeaux) ASSE - Sochaux 2-3

Coupe Drago

deuxième tour : (à Roubaix) Roubaix - ASSE 4-1

Coupe des Champions

(à Toulouse) Toulouse - ASSE 2-1

Coupe Latine

(à Madrid) Benfica - ASSE 1-0

(à Madrid) Milan - ASSE 4-3

Meilleurs buteurs (coupes et championnat confondus)

N'Jo Léa	35	Fouillen	4
Mekloufi	25	Ferrier	4
Lefèvre	10	Oleksiak	1
Rijvers	9	Wicart	1
Domingo	5	M. Tylinski	1
Peyroche	4		

Mekloufi	**Herbin**	**N'Jo Léa**	**Peyroche**
Nyers	Braizat	Vernier	Cristobal
Lefèvre			

Ferrier	**Goujon**	**Domingo**
Bordas	Gonzales	Oleksiak
Wicart	**R. Tylinski**	**M. Tylinski**
Sbaïz		Casado

Abbes
Philippe
Paszko

Championnat de France 1re division

Aller		Retour	
Béziers - ASSE	2-2	ASSE - Béziers	1-2
Lille - ASSE	1-2	ASSE - Lille	6-2
ASSE - Toulouse	1-1	Toulouse - ASSE	2-3
ASSE - Alès	2-2	Alès - ASSE	0-2
Metz - ASSE	0-2	ASSE - Metz	2-2
ASSE - Sochaux	2-2	Sochaux - ASSE	4-1
ASSE - Nice	1-1	Nice - ASSE	6-1
RC Paris - ASSE	1-1	ASSE - RC Paris	0-1
ASSE - Valenciennes	5-1	Valenciennes - ASSE	0-0
Nîmes - ASSE	2-2	ASSE - Nîmes	1-1
ASSE - Lyon	1-1	Lyon - ASSE	0-2
ASSE - Marseille	1-1	Marseille - ASSE	1-0
Monaco - ASSE	0-0	ASSE - Monaco	2-1
Sedan - ASSE	1-1	ASSE - Sedan	3-3
ASSE - Reims	0-0	Reims - ASSE	4-0
ASSE - Lens	3-1	Lens - ASSE	1-3
Angers - ASSE	2-2	ASSE - Angers	0-3

Classement final : septième avec 37 points, champion Reims avec 48 points

Coupe de France

32e de finale : (à Paris) Merlebach - ASSE	a.p. 3-5
16e de finale : (à Béziers) Sète - ASSE	3-1

Coupe Drago

16e de finale : Grenoble - ASSE	1-2
8e de finale : Limoges - ASSE	1-3
quarts de finale : ASSE - Rennes	4-1
demi-finale : (à Marseille) ASSE - Toulon	3-2
finale : (à Alès) ASSE - Nice	2-1

Coupe d'Europe des champions

16e de finale : Glasgow Rangers - ASSE	3-1
ASSE - Glasgow Rangers	2-1

Meilleurs buteurs (coupes et championnat confondus)

N'Jo Léa	15	Lefèvre	4
Nyers	11	Peyroche	2
Goujon	10	Cristobal	2
Ferrier	9	Braizat	2
Oleksiak	6	Herbin	2
Domingo	6	R. Tylinski	1
Mekloufi	5		

N'Jo Léa
Damaï

Nyers
Cristobal

Herbin
Braizat

Peyroche
Coinçon

Oleksiak
Ferrier
Bordas

Goujon
Biscarrat

Domingo

Wicart
Sbaïz

R. Tylinski
Mitoraj

Casado
M. Tylinski

Abbes
Philippe

Championnat de France 1re division

Aller		Retour	
ASSE - Nîmes	0-1	Nîmes - ASSE	2-1
ASSE - Alès	1-0	Alès - ASSE	1-1
Sochaux - ASSE	3-1	ASSE - Sochaux	4-3
ASSE - Monaco	3-5	Monaco - ASSE	0-3
Sedan - ASSE	5-0	ASSE - Sedan	2-1
ASSE - Toulouse	4-3	Toulouse - ASSE	2-0
ASSE - Strasbourg	1-5	Strasbourg - ASSE	3-3
Rennes - ASSE	0-2	ASSE - Rennes	2-2
Limoges - ASSE	4-0	ASSE - Limoges	2-1
ASSE - Marseille	4-2	Marseille - ASSE	4-1
ASSE - Lens	3-0	Lens - ASSE	0-2
Angers - ASSE	0-1	ASSE - Angers	1-1
ASSE - Nancy	4-0	Nancy - ASSE	0-1
Nice - ASSE	1-0	ASSE - Nice	3-4
Lyon - ASSE	2-0	ASSE - Lyon	2-0
Racing Paris - ASSE	2-2	ASSE - Racing Paris	3-3
ASSE - Reims	4-4	Reims - ASSE	3-0
ASSE - Lille	1-0	Lille - ASSE	2-4
Valenciennes - ASSE	3-1	ASSE - Valenciennes	1-1

Classement final : sixième avec 40 points, champion Nice avec 56 points.

Coupe de France

32e de finale : (à Lyon) Grenoble - ASSE	1-6
16e de finale : (à Bordeaux) Stade Français - ASSE	0-2
8e de finale : (à Paris) RC Paris - ASSE	3-2

Coupe Drago

8e de finale : Lens - ASSE	4-1

Meilleurs buteurs (coupes et championnat confondus)

N'Jo Léa	27	Peyroche	3
Goujon	13	Nyers	3
Braizat	8	Domingo	2
Coinçon	6	Ferrier	2
Oleksiak	6	Cristobal	1
Herbin	4	Mitoraj	1

	Glowacki Masson	**Liron** Coinçon Damaï	**Peyroche** Cristobal Balboa
Ferrier Bordas	**Oleksiak** Grousseau	**Herbin** Goujon Veggia	**Domingo** Biscarrat

R. Tylinski
Mitoraj

Wicart
Sbaïz

Casado
Gonzales

Abbes
Philippe

Championnat de France 1re division

Aller		Retour	
Le Havre - ASSE	0-0	ASSE - Le Havre	3-1
ASSE - Sedan	3-3	Sedan - ASSE	3-1
Sochaux - ASSE	2-0	ASSE - Sochaux	0-3
Nîmes - ASSE	2-0	ASSE - Nîmes	2-2
ASSE - Bordeaux	4-2	Bordeaux - ASSE	0-0
ASSE - Toulouse	3-3	Toulouse - ASSE	2-1
Monaco - ASSE	1-1	ASSE - Monaco	1-0
ASSE - Angers	1-1	Angers - ASSE	3-3
Nice - ASSE	2-0	ASSE - Nice	4-1
ASSE - Strasbourg	7-3	Strasbourg - ASSE	3-0
ASSE - Lyon	2-1	Lyon - ASSE	0-0
Racing Paris - ASSE	4-0	ASSE - Racing Paris	3-4
Lens - ASSE	0-0	ASSE - Lens	6-0
Toulon - ASSE	0-1	ASSE - Toulon	3-1
ASSE - Reims	2-5	Reims - ASSE	3-0
Limoges - ASSE	2-1	ASSE - Limoges	2-0
ASSE - Rennes	2-1	Rennes - ASSE	0-0
Stade Français - ASSE	3-2	ASSE - Stade Français	1-1
ASSE - Valenciennes	3-1	Valenciennes - ASSE	2-0

Classement final : douzième avec 36 points, champion Reims avec 60 points.

Coupe de France

32e de finale : (à Bordeaux) Montauban - ASSE	0-9
16e de finale : (à Nice) Marseilles - ASSE	a. p. 2-3
8e de finale : (à Poitiers) Rennes - ASSE	1-2
quarts de finale : (à Nantes) ASSE - Lille	3-1
demi-finale : (à Marseille) ASSE - Le Havre	3-2
finale : (à Paris) Monaco - ASSE	a. p. 4-2

Meilleurs buteurs (coupe et championnat confondus)

Liron	31	Glowacki	3
Peyroche	13	Herbin	2
Oleksiak	8	Goujon	2
Ferrier	7	Cristobal	2
Mitoraj	6	Balboa	1
Coinçon	4	Damaï	1
Domingo	3	Tylinski	1

	Rijvers Masson	**Liron** Coinçon	**Peyroche** Sczepaniak Balboa
Ferrier	**Guillas** Oleksiak	**Bordas** Herbin Veggia	**Domingo** Jacquet
		R. Tylinski Mitoraj	
	Fayol Sbaïz Wicart	**Casado** Gonzales Polny	
		Abbes Donoyan	

Championnat de France 1re division

Aller		Retour	
ASSE - Nîmes	2-1	Nîmes - ASSE	0-2
Stade Français - ASSE	5-0	ASSE - Stade Français	2-0
ASSE - Nancy	1-1	Nancy - ASSE	2-2
Sedan - ASSE	2-2	ASSE - Sedan	0-0
ASSE - Monaco	0-1	Monaco - ASSE	3-0
Lens - ASSE	1-3	ASSE - Lens	1-0
Lyon - ASSE	2-2	ASSE - Lyon	4-2
ASSE - Grenoble	3-1	Grenoble - ASSE	1-1
Le Havre - ASSE	2-1	ASSE - Le Havre	2-1
ASSE - Angers	2-2	Angers - ASSE	2-4
ASSE - Rennes	1-3	Rennes - ASSE	2-2
Troyes - ASSE	4-0	ASSE - Troyes	7-1
ASSE - Racing Paris	1-2	Racing Paris - ASSE	4-2
Toulouse - ASSE	0-1	ASSE - Toulouse	2-0
ASSE - Nice	0-0	Nice - ASSE	1-0
Reims - ASSE	0-1	ASSE - Reims	3-1
ASSE - Valenciennes	1-0	Valenciennes - ASSE	3-1
Rouen - ASSE	1-0	ASSE - Rouen	1-1
Limoges - ASSE	1-1	ASSE - Limoges	3-1

Classement final : cinquième avec 43 points, champion Monaco avec 57 points.

Coupe de France

32e de finale : (à Angers) Nantes - ASSE	0-1
16e de finale : (à Nantes) ASSE - Valenciennes	1-0
8e de finale : (à Lyon) ASSE - Sochaux	3-1
quarts de finale : (à Toulouse) Bordeaux - ASSE	a. p. 2-2
(à Saint-Ouen) Bordeaux - ASSE	a. p. 1-1
(à Saint-Ouen) Bordeaux - ASSE	2-0

Meilleurs buteurs (coupe et championnat confondus)

Rijvers	12	Domingo	3
Ferrier	10	Coinçon	3
Peyroche	9	Bordas	3
Liron	8	Balboa	2
Guillas	6	Herbin	1
Mitoraj	5	Jacquet	1
Masson	4		

Faivre
Masson
Russier

Rijvers
Balboa

Liron
Veggia

Guillas
Peyroche

Baulu

Ferrier
Bordas
Oleksiak

Domingo
Herbin

Tylinski
Mitoraj

Polny
Sbaïz
Fayol

Casado

Abbes
Paszko

Championnat de France 1re division

Aller		Retour	
Monaco - ASSE	1-0	ASSE - Monaco	5-1
ASSE - Nîmes	5-0	Nîmes - ASSE	1-0
ASSE - Montpellier	1-1	Montpellier - ASSE	4-3
Reims - ASSE	1-1	ASSE - Reims	2-0
ASSE - Lens	3-4	Lens - ASSE	2-1
Nice - ASSE	3-1	ASSE - Nice	1-2
ASSE - Sochaux	2-2	Sochaux - ASSE	0-2
Le Havre - ASSE	1-0	ASSE - Le Havre	1-1
ASSE - Rouen	2-0	Rouen - ASSE	3-1
Stade Français - ASSE	1-1	ASSE - Stade Français	1-1
ASSE - Metz	2-2	Metz - ASSE	6-0
ASSE - Lyon	2-0	Lyon - ASSE	4-0
Rennes - ASSE	1-1	ASSE - Rennes	2-1
ASSE - Toulouse	4-1	Toulouse - ASSE	2-1
Sedan - ASSE	1-0	ASSE - Sedan	1-0
ASSE - Racing Paris	1-1	Racing Paris - ASSE	1-2
Angers - ASSE	2-1	ASSE - Angers	2-3
ASSE - Nancy	1-1	Nancy - ASSE	2-1
ASSE - Strasbourg	0-1	Strasbourg - ASSE	2-1

Classement final : dix-septième avec 30 points, champion Reims avec 48 points.

Coupe de France

32e de finale : (à Tours) ASSE - Le Mans	3-1
16e de finale : (à Marseille) ASSE - Toulouse	1-0
8e de finale : (à Paris) ASSE - Lens	3-0
quarts de finale : (à Marseille) ASSE - Béziers	3-0
demi-finale : (à Paris) ASSE - Angers	1-0
finale : (à Paris) ASSE - Nancy	1-0

Meilleurs buteurs (coupe et championnat confondus)

Liron	14	Oleksiak	3
Guillas	10	Veggia	2
Baulu	9	Domingo	2
Faivre	7	Herbin	2
Rijvers	6	Russier	1
Ferrier	5	Bordas	1
Peyroche	3	Mitoraj	1

1962-1963

Faivre	**Mekloufi**	**Guy**	**Herbin**	**Baulu**
Masson	Bordas	Epalle	Oleksiak	Foix
	Mitoraj		Biscarrat	
	Ferrier	**Tylinski**	**Domingo**	
			Jacquet	

Polny	**Courbon**
Sbaïz	Casado

Philippe
Donoyan

Championnat de France 2de division

Aller		Retour	
ASSE - Aix-en-Provence	1-0	Aix-en-Provence - ASSE	6-1
ASSE - Lille	2-0	Lille - ASSE	1-2
Béziers - ASSE	3-1	ASSE - Béziers	1-1
Nantes - ASSE	0-4	ASSE - Nantes	0-1
ASSE - Besançon	3-2	Besançon - ASSE	0-2
Boulogne - ASSE	2-2	ASSE - Boulogne	4-3
ASSE - Le Havre	2-1	Le Havre - ASSE	3-3
Toulon - ASSE	1-2	ASSE - Toulon	3-1
ASSE - Metz	2-0	Metz - ASSE	1-2
Troyes - ASSE	2-2	ASSE - Troyes	1-0
ASSE - CA Paris	3-1	CA Paris - ASSE	0-4
Sochaux - ASSE	1-3	ASSE - Sochaux	2-2
Red Star - ASSE	1-1	ASSE - Red Star	6-2
ASSE - Roubaix	2-1	Roubaix - ASSE	0-2
Forbach - ASSE	0-1	ASSE - Forbach	4-0
ASSE - Cherbourg	3-1	Cherbourg - ASSE	2-2
Cannes - ASSE	2-3	ASSE - Cannes	4-1
ASSE - Limoges	3-1	Limoges - ASSE	2-2

Classement final : champion avec 58 points devant Nantes avec 54 points.

Coupe de France

128e de finale : (à Béziers) Sète - ASSE	a.p. 1-1
(à Saint-Étienne) ASSE - Sète	1-0
64e de finale : (à Marseille) Toulon - ASSE	1-0

Coupe Drago

64e de finale : ASSE - Montpellier	1-0
32e de finale : Cannes - ASSE	0-4
16e de finale : ASSE - Rouen	1-0
8e de finale : ASSE - Marseille	4-2
quarts de finale : Sochaux - ASSE	4-1

Sochaux vainqueur de l'épreuve.

Coupe des coupes

16e de finale : ASSE - Setubal	1-1	Setubal - ASSE	0-3
8e de finale : ASSE - Nuremberg	0-0	Nuremberg - ASSE	3-0

Meilleurs buteurs (coupes et championnat confondus)

Herbin	17	Epalle	5
Mekloufi	15	Oleksiak	4
Faivre	12	Balboa	1
Ferrier	10	Masson	1
Baulu	9	Domingo	1
Guy	8	Bordas	1
Foix	7	Jacquet	1
Mitoraj	5		

1963-1964

N'Doumbé Masson Veggia	**Mekloufi** Jacquet	**Guy** Epalle	**Herbin** Courbon	**Foix** Salen Baulu
	Ferrier Hartmann	**Tylinski** Mitoraj	**Sbaïz** Domingo	
	Polny		**Casado**	
		Bernard Donoyan		

Championnat de France 1re division

Aller		Retour	
ASSE - Valenciennes	1-1	Valenciennes - ASSE	1-2
Toulouse - ASSE	4-0	ASSE - Toulouse	7-1
ASSE - Monaco	4-1	Monaco - ASSE	2-1
Lyon - ASSE	4-5	ASSE - Lyon	2-1
ASSE - Angers	2-2	Angers - ASSE	3-1
Nîmes - ASSE	0-2	ASSE - Nîmes	3-0
ASSE - Reims	1-1	Reims - ASSE	3-1
Stade Français - ASSE	1-3	ASSE - Stade Français	0-1
ASSE - Lens	1-0	Lens - ASSE	4-2
ASSE - Nice	2-2	Nice - ASSE	1-1
Bordeaux - ASSE	2-3	ASSE - Bordeaux	4-0
Rennes - ASSE	1-1	ASSE - Rennes	3-0
ASSE - Nantes	6-1	Nantes - ASSE	1-3
Strasbourg - ASSE	2-0	ASSE - Strasbourg	2-2
Racing Paris - ASSE	1-3	ASSE - Racing Paris	2-1
Rouen - ASSE	0-0	ASSE - Rouen	1-0
ASSE - Sedan	2-1	Sedan - ASSE	3-0

Classement final : champion avec 44 points.

Coupe de France

32e de finale : (à Imphy) ASSE - Saint-Germain-en-Laye 2-0
16e de finale : (à Paris) Valenciennes - ASSE a.p. 2-1

Coupe Drago

32e de finale : Cannes - ASSE 0-2
16e de finale : Forbach - ASSE 1-0

Coupe nationale de la Ligue

Poule de qualification			
Lyon - ASSE	2-6	ASSE - Lyon	1-1
Besançon - ASSE	1-2	ASSE - Besançon	1-1
Grenoble - ASSE	1-1	ASSE - Grenoble	2-2
quarts de finale			
ASSE - Cannes	2-0	Cannes - ASSE	1-1
demi-finale			
Rouen - ASSE	1-1	ASSE - Rouen	1-1

Rouen qualifié aux pénalties (3-4)

Meilleurs buteurs (coupes et championnat confondus)

Guy	30	Sbaïz	1
Mekloufi	23	Ferrier	1
Herbin	12	Veggia	1
Foix	9	Mitoraj	1
Epalle	5	Jacquet	1
Salen	4	N'Doumbé	1
Baulu	3		

N'Doumbé — Mekloufi — Guy / Epalle / Revelli — Herbin — Salen / Wisniewski

Ferrier / Jacquet — Heutte / Bordas

Sbaïz / Tylinski

Polny / Mitoraj — Casado / Barek

Bernard

Championnat de France 1re division

Aller		Retour	
ASSE - Bordeaux	0-1	Bordeaux - ASSE	1-1
Nantes - ASSE	4-1	ASSE - Nantes	2-0
ASSE - Lille	3-3	Lille - ASSE	3-3
Stade Français - ASSE	2-3	ASSE - Stade Français	0-0
ASSE - Nîmes	1-2	Nîmes - ASSE	1-0
Rouen - ASSE	0-1	ASSE - Rouen	0-3
ASSE - Strasbourg	1-1	Strasbourg - ASSE	1-0
Toulouse - ASSE	2-2	ASSE - Toulouse	1-0
ASSE - Lyon	6-0	Lyon - ASSE	0-1
Angers - ASSE	0-1	ASSE - Angers	2-1
ASSE - Lens	2-2	Lens - ASSE	4-1
Rennes - ASSE	2-1	ASSE - Rennes	3-1
ASSE - Valenciennes	0-1	Valenciennes - ASSE	2-0
Sedan - ASSE	1-0	ASSE - Sedan	1-1
Toulon - ASSE	1-3	ASSE - Toulon	1-0
ASSE - Sochaux	0-0	Sochaux - ASSE	3-2
ASSE - Monaco	2-0	Monaco - ASSE	0-2

Classement final : septième avec 35 points, champion Nantes avec 43 points.

Coupe de France

32e de finale : (à Lyon) ASSE - Grenoble	3-1
16e de finale : (à Marseille) ASSE - Monaco	3-0
8e de finale : (à Paris) ASSE - Rouen	1-0
quarts de finale : (à Lyon) ASSE - Valenciennes	3-2
finale : (à Paris) ASSE - Rennes	0-3

Rennes vainqueur de l'épreuve.

Coupe de la Ligue

ASSE - Aix-en-Provence	2-2, 0-2
ASSE - Grenoble	3-1, 2-1
ASSE - Marseille	2-3, 1-3

Coupe d'Europe des champions

16e de finale : (à Marseille) ASSE - La Chaux-de-Fonds	2-2
La Chaux-de-Fonds - ASSE	2-1

Meilleurs buteurs (coupes et championnat confondus)

Guy	28	Salen	4
Mekloufi	11	Ferrier	3
Heutte	10	Wisniewski	3
Herbin	4	Revelli	1
Epalle	4		

1965-1966

N'Doumbé Salen	**Herbin**	**Mekloufi**	**Wisniewski** H. Revelli Larqué
	Bordas	Jacquet Camérini	
Polny	**Sbaïz**	**Tylinski** Mitoraj	**Gonzales** Barek

Bernard
Philippe

Championnat de France 1re division

Aller		Retour	
ASSE - Nîmes	2-1	Nîmes - ASSE	1-1
ASSE - Monaco	1-3	Monaco - ASSE	1-1
Sochaux - ASSE	2-3	ASSE - Sochaux	3-1
ASSE - Toulouse	3-0	Toulouse - ASSE	2-0
Cannes - ASSE	2-8	ASSE - Cannes	1-1
ASSE - Strasbourg	5-1	Strasbourg - ASSE	0-1
Angers - ASSE	1-1	ASSE - Angers	4-0
ASSE - Stade Français	0-0	Stade Français - ASSE	1-2
OL - ASSE	1-1	ASSE - OL	2-1
ASSE - Nantes	0-3	Nantes - ASSE	5-0
Lens - ASSE	2-1	ASSE - Lens	2-0
ASSE - Lille	7-4	Lille - ASSE	3-0
Bordeaux - ASSE	4-0	ASSE - Bordeaux	2-1
ASSE - Sedan	2-1	Sedan - ASSE	4-1
Rouen - ASSE	2-0	ASSE - Rouen	2-2
Nice - ASSE	4-2	ASSE - Nice	5-1
ASSE - Valenciennes	5-1	Valenciennes - ASSE	3-1
Red Star - ASSE	1-5	ASSE - Red Star	7-0
ASSE - Rennes	4-0	Rennes - ASSE	2-0

Classement final : cinquième avec 45 points, champion Nantes avec 60 points.

Coupe de France

32e de finale : (au Parc des Princes) ASSE - Strasbourg 1-3

Meilleurs buteurs (coupe et championnat confondus)

Herbin	30	N'Doumbé	4
Mekloufi	21	Salen	2
Wisniewski	12	Jacquet	2
Revelli	12	Mitoraj	1

1966-1967

Bereta N'Doumbé	**Revelli** Triantafilos	**Mekloufi**	**Fefeu** Larqué
	Herbin Camérini	**Jacquet**	
Polny	**Sbaïz** Mitoraj	**Bosquier**	**Gonzales** Barek
	Bernard Philippe		

Championnat de France 1re division

Aller		Retour	
Toulouse - ASSE	0-2	ASSE - Toulouse	3-0
ASSE - Marseille	2-0	Marseille - ASSE	2-2
Nice - ASSE	1-2	ASSE - Nice	7-0
ASSE - Bordeaux	1-1	Bordeaux - ASSE	1-0
Strasbourg - ASSE	2-1	ASSE - Strasbourg	2-1
ASSE - Rouen	3-0	Rouen - ASSE	0-1
Rennes - ASSE	1-1	ASSE - Rennes	4-1
ASSE - RCP Sedan	1-0	RCP Sedan - ASSE	1-0
OL - ASSE	3-0	ASSE - OL	2-1
ASSE - Nantes	3-3	Nantes - ASSE	4-1
Lens - ASSE	2-0	ASSE - Lens	4-0
ASSE - Valenciennes	3-1	Valenciennes - ASSE	0-3
Stade de Paris - ASSE	1-1	ASSE - Stade de Paris	7-1
ASSE - Sochaux	1-0	Sochaux - ASSE	0-3
Monaco - ASSE	1-0	ASSE - Monaco	1-3
ASSE - Nîmes	3-1	Nîmes - ASSE	1-1
ASSE - Lille	4-1	Lille - ASSE	0-1
Reims - ASSE	1-2	ASSE - Reims	3-0
ASSE - Angers	4-2	Angers - ASSE	0-3

Classement final : champion avec 54 points devant Nantes avec 50 points.

Coupe de France

32e de finale : (à Marseille) ASSE - Toulon	1-0
16e de finale : (à Annecy) OL - ASSE	2-0

Meilleurs buteurs (coupe et championnat confondus)

Revelli	31	Bosquier	6
Mekloufi	12	Jacquet	5
Fefeu	9	Bereta	4
Herbin	7	N'Doumbé	1
Larqué	7		

1967-1968

Bereta N'Doumbé	**Revelli** Triantafilos	**Mekloufi** Keita	**Fefeu**
	Herbin Larqué	**Jacquet** Camérini	
Polny Farison	**Mitoraj**	**Bosquier**	**Durkovic** Pelletier

Carnus

Championnat de France 1re division

Aller		**Retour**	
Strasbourg - ASSE	0-1	ASSE - Strasbourg	4-0
ASSE - Lens	3-0	Lens - ASSE	1-3
ASSE - Bordeaux	1-0	Bordeaux - ASSE	1-2
Nantes - ASSE	1-1	ASSE - Nantes	1-2
ASSE - Red Star	1-1	Red Star - ASSE	1-1
Valenciennes - ASSE	1-2	ASSE - Valenciennes	3-0
ASSE - Aix-en-Provence	3-1	Aix-en-Provence - ASSE	1-1
Nice - ASSE	1-2	ASSE - Nice	3-1
ASSE - Rouen	3-0	Rouen - ASSE	3-0
Lyon - ASSE	1-1	ASSE - Lyon	1-1
ASSE - Ajaccio	4-0	Ajaccio - ASSE	1-1
Angers - ASSE	1-0	ASSE - Angers	3-0
ASSE - Rennes	3-0	Rennes - ASSE	0-3
Sedan - ASSE	5-2	ASSE - Sedan	2-1
ASSE - Sochaux	2-0	Sochaux - ASSE	0-4
Monaco - ASSE	0-3	ASSE - Monaco	1-0
ASSE - Metz	4-0	Metz - ASSE	1-1
Lille - ASSE	2-2	ASSE - Lille	3-0
ASSE - Marseille	2-0	Marseille - ASSE	2-1

Classement final : champion avec 57 points devant Nice avec 46 points.

Coupe de France

32e de finale : (à Reims) ASSE - Sedan	2-1
16e de finale : (à Saint-Ouen) ASSE - Malakoff	4-0
8e de finale : (à Bordeaux) ASSE - Angers	2-1
quarts de finale : (à Rouen) ASSE - Metz	1-0
demi-finale : (au Parc des Princes) ASSE - Angoulême	1-1
(à Bordeaux) ASSE - Angoulême	2-1
finale : (au stade de Colombes) ASSE - Bordeaux	2-1

Coupe d'Europe des clubs champions

16e de finale : ASSE - Kuopio Pallosseura (Finlande)	2-0
Kuopio Pallosseura (Finlande) - ASSE	0-3
8e de finale : Benfica (Portugal) - ASSE	2-0
ASSE - Benfica (Portugal)	1-0

Meilleurs buteurs (coupes et championnat confondus)

Revelli	25	Bosquier	6
Mekloufi	14	Herbin	6
Keita	12	Larqué	5
Fefeu	11	Jacquet	4
Bereta	10	Mitoraj	2

1968-1969

Bereta N'Doumbé	**Keita**	**Revelli**	**Fefeu** Larqué
	Herbin Camérini	**Jacquet**	
Polny	**Mitoraj**	**Bosquier**	**Durkovic**

Carnus
Migeon

remplaçant : Pelletier (2 fois)

Championnat de France 1re division

Aller		Retour	
ASSE - Sochaux	4-1	Sochaux - ASSE	1-
Sedan - ASSE	0-0	ASSE - Sedan	4-2
ASSE - Nantes	3-1	Nantes - ASSE	3-0
ASSE - Rouen	2-0	Rouen - ASSE	1-5
ASSE - Ajaccio	2-0	Ajaccio - ASSE	0-2
ASSE - Valenciennes	4-0	Valenciennes - ASSE	1-1
Marseille - ASSE	0-3	ASSE - Marseille	1-0
ASSE - Lyon	0-1	Lyon - ASSE	1-2
Nice - ASSE	2-3	ASSE - Nice	2-0
ASSE - Strasbourg	2-0	Strasbourg - ASSE	0-2
Red Star - ASSE	0-0	ASSE - Red Star	3-1
ASSE - Nîmes	1-0	Nîmes - ASSE	1-0
Bastia - ASSE	1-1	ASSE - Bastia	7-2
ASSE - Metz	4-0	Metz - ASSE	0-1
Rennes - ASSE	0-2	ASSE - Rennes	3-1
ASSE - Bordeaux	3-2	Bordeaux - ASSE	2-0
Monaco - ASSE	1-2	ASSE - Monaco	1-1

Classement final : champion avec 53 points, devant Bordeaux avec 51 points.

Coupe de France

32e de finale : (à Annecy) ASSE - Abbeville	3-0
16e de finale : (à Marseille) ASSE - Reims	1-0
8e de finale : ASSE - Bordeaux	0-1
Bordeaux - ASSE	2-2

Bordeaux perd en finale devant Marseille.

Coupe d'Europe des clubs champions

16e de finale : ASSE - Celtic de Glasgow	2-0
Celtic de Glasgow - ASSE	4-0

Meilleurs buteurs (coupes et championnat confondus)

Revelli	27	Fefeu	6
Keita	23	Bosquier	4
Bereta	7	Jacquet	3
Herbin	6	Larqué	2

1969-1970

Bereta Sarramagna	**Keita** P. Revelli	**H. Revelli**	**Samardzic** Parizon
	Larqué Broissart	**Jacquet** Camérini	
Polny Farison Repellini	**Herbin** Mitoraj	**Bosquier**	**Durkovic** Pelletier

Carnus
Migeon

Championnat de France 1re division

Aller		Retour	
ASSE - Ajaccio	3-1	Ajaccio - ASSE	1-2
ASSE - Metz	2-0	Metz - ASSE	1-2
Nantes - ASSE	2-2	ASSE - Nantes	2-3
ASSE - Rennes	8-2	Rennes - ASSE	1-0
Marseille - ASSE	2-3	ASSE - Marseille	2-1
ASSE - Strasbourg	3-0	Strasbourg - ASSE	1-1
Red Star - ASSE	1-5	ASSE - Red Star	0-0
ASSE - Angoulême	1-1	Angoulême - ASSE	0-1
Lyon - ASSE	1-7	ASSE - Lyon	6-0
ASSE - Sedan	3-1	Sedan - ASSE	1-2
Sochaux - ASSE	3-3	ASSE - Sochaux	2-0
ASSE - Bastia	4-2	Bastia - ASSE	0-1
Angers - ASSE	0-0	ASSE - Angers	1-2
ASSE - Bordeaux	2-0	Bordeaux - ASSE	1-4
Nîmes - ASSE	1-3	ASSE - Nîmes	2-1
ASSE - Valenciennes	1-0	Valenciennes - ASSE	0-3
Rouen - ASSE	0-2	ASSE - Rouen	5-0

Classement final : champion avec 56 points devant Marseille avec 45 points.

Coupe de France

32e de finale : (à Mulhouse) ASSE - Saint-Louis	4-0
16e de finale : (à Lyon) ASSE - Grenoble	4-2
8e de finale : Nîmes - ASSE	1-0
ASSE - Nîmes	2-1
(Parc des Princes) ASSE - Nîmes	2-0
quarts de finale : Metz - ASSE	1-1
ASSE - Metz	5-0
demi-finale : Rennes - ASSE	0-1
ASSE - Rennes	1-1
finale : (à Colombes) ASSE - Nantes	5-0

Coupe d'Europe des clubs champions

16e de finale : Bayern de Munich - ASSE	2-0
ASSE - Bayern de Munich	3-0
8e de finale : Legia de Varsovie - ASSE	2-1
ASSE - Legia de Varsovie	0-1

Meilleurs buteurs (coupes et championnat confondus)

H. Revelli	35	Parizon	4
Keita	29	Bosquier	3
Bereta	12	Samardzic	3
Larqué	11	Polny	2
Herbin	6	Broissart	2
Jacquet	5	Camérini	1

Bereta Sarramagna	**Keita**	**H. Revelli** P. Revelli	**Parizon** Samardzic
	Larqué	**Herbin** Broissart Synaeghel	
Farison Polny	Camerini Repellini	Bosquier Merchadier	Durkovic
		Carnus Migeon	

Championnat de France 1re division

Aller		Retour	
ASSE - Nantes	2-3	Nantes - ASSE	2-1
Angoulême - ASSE	1-1	ASSE - Angoulême	1-0
ASSE - Sochaux	1-0	Sochaux - ASSE	1-1
Valenciennes - ASSE	0-1	ASSE - Valenciennes	4-0
Metz - ASSE	2-2	ASSE - Metz	5-0
ASSE - Reims	3-1	Reims - ASSE	2-2
Bastia - ASSE	4-2	ASSE - Bastia	6-0
ASSE - Lyon	1-0	Lyon - ASSE	1-2
Rennes - ASSE	0-3	ASSE - Rennes	1-0
ASSE - Nice	2-1	Nice - ASSE	0-0
ASSE - Marseille	2-1	Marseille - ASSE	2-2
Bordeaux - ASSE	1-2	ASSE - Bordeaux	2-3
ASSE - Strasbourg	2-1	Strasbourg - ASSE	1-0
Red Star - ASSE	1-1	ASSE - Red Star	2-1
ASSE - Nîmes	0-0	Nîmes - ASSE	5-3
ASSE - Angers	3-1	Angers - ASSE	2-2
Sedan - ASSE	3-1	ASSE - Sedan	8-0
ASSE - Nancy	4-1	Nancy - ASSE	1-1
Ajaccio - ASSE	1-1	ASSE - Ajaccio	5-2

Classement final : deuxième avec 51 points, champion Marseille avec 55 points.

Coupe de France

32e de finale : (à Alès) Toulouse - ASSE	2-3
16e de finale : (à Saint-Ouen) ASSE - Lille	a. p. 2-1
8e de finale : ASSE - Lyon	2-0
Lyon - ASSE	a. p. 3-0

Coupe d'Europe des clubs champions

16e de finale : Cagliari - ASSE	3-0
ASSE - Cagliari	1-0

Meilleurs buteurs (coupes et championnat confondus)

Keita	44	Bosquier	3
H. Revelli	14	Sarramagna	3
Larqué	9	Parizon	2
Bereta	7	Samardzic	2
Herbin	6		

1971-1972

Sarramagna Santini — **Keita** — **P. Revelli** — **Parizon** Samardzic

Bereta Synaeghel — **Larqué** Jacquet

Farison Polny — **Lopez** Merchadier — **Herbin** Sanlaville — **Broissart** Repellini

Castel Migeon

Championnat de France 1re division

Aller		Retour	
ASSE - Nîmes	1-3	Nîmes - ASSE	4-0
Nantes - ASSE	4-3	ASSE - Nantes	2-1
ASSE - Reims	9-1	Reims - ASSE	2-1
Sochaux - ASSE	0-2	ASSE - Sochaux	0-1
ASSE - Angoulême	4-0	Angoulême - ASSE	3-4
Metz - ASSE	0-4	ASSE - Metz	2-0
ASSE - Paris SG	0-1	Paris SG - ASSE	1-3
Monaco - ASSE	1-2	ASSE - Monaco	3-2
ASSE - Rennes	4-2	Rennes - ASSE	2-4
Lyon - ASSE	2-0	ASSE - Lyon	0-1
ASSE - Ajaccio	1-1	Ajaccio - ASSE	2-1
Marseille - ASSE	2-3	ASSE - Marseille	2-1
ASSE - Bordeaux	1-1	Bordeaux - ASSE	0-2
Angers - ASSE	1-1	ASSE - Angers	0-1
ASSE - Nancy	1-3	Nancy - ASSE	3-1
Lille - ASSE	2-0	ASSE - Lille	4-0
ASSE - Nice	2-2	Nice - ASSE	1-2
Red Star - ASSE	1-2	ASSE - Red Star	5-1
Bastia - ASSE	3-0	ASSE - Bastia	5-3

Classement final : sixième avec 44 points, champion Marseille avec 56 points.

Coupe de France

32e de finale : (à Saint-Ouen) ASSE - Strasbourg	1-0
16e de finale : (à Alès) Avignon - ASSE	1-0

Coupe de l'UEFA

32e de finale : ASSE - Cologne	1-1
Cologne - ASSE	2-1

Meilleurs buteurs (coupes et championnat confondus)

Keita	29	Synaeghel	3
P. Revelli	15	Samardzic	2
Larqué	13	Sanlaville	2
Bereta	7	Parizon	2
Santini	5	Herbin	1
Sarramagna	3	Jacquet	1

1972-1973

Bereta / Sarramagna — P. Revelli — Parizon / Rocheteau / Janvion

Santini / Synaeghel — Larqué — Jacquet

Farison — Merchadier / Lopez — Piazza / Sanlaville — Broissart / Repellini

Curkovic

Championnat de France 1re division

Aller		Retour	
Bordeaux - ASSE	1-1	ASSE - Bordeaux	6-2
ASSE - Nîmes	3-1	Nîmes - ASSE	4-0
Strasbourg - ASSE	0-0	ASSE - Strasbourg	5-1
ASSE - Paris FC	3-0	Paris FC - ASSE	1-1
Sedan - ASSE	1-3	ASSE - Sedan	2-0
ASSE - Nice	0-1	Nice - ASSE	1-1
Bastia - ASSE	1-2	ASSE - Bastia	2-1
ASSE - Nancy	1-0	Nancy - ASSE	4-0
ASSE - Lyon	1-1	Lyon - ASSE	2-0
Nantes - ASSE	1-0	ASSE - Nantes	1-2
Rennes - ASSE	2-2	ASSE - Rennes	2-0
ASSE - Valenciennes	3-2	Valenciennes - ASSE	0-1
Sochaux - ASSE	2-1	ASSE - Sochaux	2-2
ASSE - Reims	2-1	Reims - ASSE	0-0
Marseille - ASSE	3-1	ASSE - Marseille	2-1
Ajaccio - ASSE	2-0	ASSE - Ajaccio	3-1
Metz - ASSE	1-2	ASSE - Metz	1-0
ASSE - Angers	5-0	Angers - ASSE	2-0
ASSE - Red Star	1-1	Red Star - ASSE	0-3

Classement final : quatrième avec 46 points, champion Nantes avec 55 points.

Coupe de France

32e de finale : (à Dijon) Troyes - ASSE	1-2
16e de finale : (à Marseille) Cannes - ASSE	0-1
8e de finale : Arles - ASSE	0-4
ASSE - Arles	3-0
quarts de finale : ASSE - Nantes	2-0
Nantes - ASSE	a.p. 5-1

Meilleurs buteurs (coupe et championnat confondus)

P. Revelli	18	Synaeghel	3
Larqué	14	Lopez	2
Santini	10	Broissart	1
Bereta	9	Farison	1
Piazza	4	Sanlaville	1
Parizon	4	Janvion	1
Sarramagna	4	Repellini	1
Jacquet	3		

1973-1974

Sarramagna	**Larqué** Janvion	**H. Revelli**	**P. Revelli** Broissart Rocheteau
	Bereta Rouquette	**Synaeghel** Santini Bathenay	
Farison	**Merchadier** Lopez	**Piazza**	**Repellini**

Curkovic

Championnat de France 1re division

Aller		Retour	
Marseille - ASSE	0-2	ASSE - Marseille	3-1
ASSE - Metz	2-0	Metz - ASSE	5-1
Monaco - ASSE	2-3	ASSE - Monaco	3-2
ASSE - Paris FC	4-0	Paris FC - ASSE	0-1
Angers - ASSE	4-0	ASSE - Angers	3-2
ASSE - Nantes	1-1	Nantes - ASSE	3-1
Reims - ASSE	0-1	ASSE - Reims	2-2
Strasbourg - ASSE	1-1	ASSE - Strasbourg	3-3
ASSE - Bordeaux	0-0	Bordeaux - ASSE	0-5
Nîmes - ASSE	1-2	ASSE - Nîmes	2-1
ASSE - Rennes	0-0	Rennes - ASSE	1-1
Nice - ASSE	4-1	ASSE - Nice	1-0
Troyes - ASSE	1-0	ASSE - Troyes	2-0
ASSE - Sedan	4-1	Sedan - ASSE	0-0
ASSE - Nancy	6-0	Nancy - ASSE	1-0
Lyon - ASSE	0-0	ASSE - Lyon	2-0
ASSE - Lens	2-1	Lens - ASSE	2-3
Sochaux - ASSE	0-2	ASSE - Sochaux	2-0
ASSE - Bastia	2-0	Bastia - ASSE	1-6

Classement final : champion avec 66 points dont 11 de bonus.

Coupe de France

32e de finale : (à Roanne) ASSE - Gueugnon	3-1
16e de finale : Boulogne - ASSE	0-2
ASSE - Boulogne	2-0
8e de finale : Angers - ASSE	2-0
ASSE - Angers	4-0
quarts de finale : ASSE - Nantes	2-1
Nantes - ASSE	1-1
demi-finale : (à Paris) Reims - ASSE	0-1
finale : ASSE - Monaco	2-1

Meilleurs buteurs (coupe et championnat confondus)

H. Revelli	22	Sarramagna	3
P. Revelli	14	Merchadier	3
Larqué	12	Janvion	2
Bereta	8	Repellini	2
Synaeghel	7	Bathenay	2
Farison	4	Rouquette	1
Piazza	4	Rocheteau	1
Lopez	4		

1974-1975

H. Revelli — Sarramagna
Triantafilos
P. Revelli — Rocheteau

Synaeghel — Santini, Bereta
Larqué — Larios, Vesir
Bathenay — Lacuesta

Farison — Repellini
Lopez
Piazza
Janvion — Merchadier

Curkovic — Dugalic

Championnat de France 1re division

Aller		Retour	
Troyes - ASSE	1-0	ASSE - Troyes	5-1
ASSE - Monaco	3-2	Monaco - ASSE	3-1
Bordeaux - ASSE	1-0	ASSE - Bordeaux	2-0
ASSE - Nîmes	4-0	Nîmes - ASSE	0-0
Nantes - ASSE	2-1	ASSE - Nantes	2-0
Lille - ASSE	2-0	ASSE - Lille	4-1
ASSE - Red Star	2-0	Red Star - ASSE	1-2
Sochaux - ASSE	1-1	ASSE - Sochaux	1-0
ASSE - Strasbourg	2-1	Strasbourg - ASSE	0-0
Reims - ASSE	0-2	ASSE - Reims	3-1
ASSE - Angers	2-0	Angers - ASSE	0-1
Nice - ASSE	1-1	ASSE - Nice	2-0
ASSE - Metz	5-0	Metz - ASSE	3-0
Rennes - ASSE	3-1	ASSE - Rennes	3-0
ASSE - Lyon	1-0	Lyon - ASSE	1-0
Bastia - ASSE	1-1	ASSE - Bastia	3-2
ASSE - Paris SG	3-2	Paris SG - ASSE	2-2
Marseille - ASSE	1-2	ASSE - Marseille	4-1
ASSE - Lens	3-2	Lens - ASSE	3-1

Classement final : champion avec 58 points devant Marseille avec 49 points.

Coupe de France

32e de finale : (à Laval) ASSE - Le Mans	2-0		
16e de finale : ASSE - Le Puy	6-0	Le Puy - ASSE	1-2
8e de finale : Nancy - ASSE	1-1	ASSE - Nancy	3-2
quarts de finale : ASSE - Strasbourg	2-0	Strasbourg - ASSE	1-1
demi-finale : (à Paris) ASSE - Bastia	2-0		
finale : (à Paris) ASSE - Lens	2-0		

Coupe d'Europe des champions

16e de finale : ASSE - Sporting de Lisbonne	2-0	Sporting de Lisbonne - ASSE	1-1
8e de finale : Hajduk Split - ASSE	4-1	ASSE - Hajduk Split	a.p. 5-1
quarts de finale : Ruch Chorzow - ASSE	3-2	ASSE - Ruch Chorzow	2-0
demi-finale : ASSE - Bayern de Munich	0-0	Bayern de Munich - ASSE	2-0

Meilleurs buteurs (coupes et championnat confondus)

H. Revelli	26	Synaeghel	5
Triantafilos	15	Merchadier	4
Larqué	12	Bereta	4
Bathenay	9	Janvion	3
Lopez	6	Piazza	3
P. Revelli	6	Repellini	2
Santini	6	Sarramagna	1

1975-1976

P. Revelli / Sarramagna — **H. Revelli** / Schaer, Triantafilos — **Rocheteau** / Boury

Synaeghel / Lacuesta — **Larqué** / Santini, Vesir — **Bathenay** / Larios

Farison / Repellini — **Lopez** — **Piazza** / Merchadier — **Janvion**

Curkovic / Dugalic

Championnat de France 1re division

Aller		Retour	
ASSE - Reims	2-1	Reims - ASSE	3-2
Metz - ASSE	1-1	ASSE - Metz	1-0
ASSE - Lens	2-0	Lens - ASSE	1-1
ASSE - Bordeaux	5-2	Bordeaux - ASSE	1-1
Marseille - ASSE	4-2	ASSE - Marseille	1-0
ASSE - Paris SG	1-1	Paris SG - ASSE	2-1
Lille - ASSE	0-0	ASSE - Lille	3-1
ASSE - Nice	1-1	Nice - ASSE	1-1
Nîmes - ASSE	2-0	ASSE - Nîmes	5-2
ASSE - Nantes	2-2	Nantes - ASSE	3-0
Lyon - ASSE	0-0	ASSE - Lyon	1-1
ASSE - Valenciennes	2-0	Valenciennes - ASSE	1-1
Troyes - ASSE	0-1	ASSE - Troyes	3-0
ASSE - Strasbourg	2-1	Strasbourg - ASSE	0-2
Nancy - ASSE	0-0	ASSE - Nancy	3-0
Monaco - ASSE	0-3	ASSE - Monaco	2-2
ASSE - Sochaux	2-0	Sochaux - ASSE	1-1
ASSE - Bastia	4-2	Bastia - ASSE	2-2
Avignon - ASSE	1-3	ASSE - Avignon	4-0

Classement final : champion avec 57 points, dont 6 de bonus, devant Nice, 54 points.

Coupe de France

32e de finale : (à Rouen) Troyes - ASSE	2-0

Coupe d'Europe des champions

16e de finale : KB Copenhague - ASSE	0-2
ASSE - KB Copenhague	3-1
8e de finale : ASSE - Glasgow Rangers	2-0
Glasgow Rangers - ASSE	1-2
quarts de finale : Kiev - ASSE	2-0
ASSE - Kiev	a.p. 3-0
demi-finale : ASSE - PSV Eindhoven	1-0
PSV Eindhoven - ASSE	0-0
finale : (à Glasgow - Hampden Park) Bayern de Munich - ASSE	1-0

Meilleurs buteurs (coupes et championnat confondus)

H. Revelli	14	Synaeghel	3
Rocheteau	14	Repellini	2
Larqué	9	Triantafilos	2
P. Revelli	8	Larios	2
Bathenay	5	Janvion	1
Piazza	4	Lopez	1
Sarramagna	4	Lacuesta	1
Santini	4	Vesir	1
Schaer	3		

1976-1977

Sarramagna H. Revelli — **P. Revelli** Schaer — **Rocheteau** Boury

Synaeghel Larios — **Santini** Larqué — **Bathenay** Lacuesta

Farison Repellini — **Lopez** — **Piazza** Merchadier — **Janvion**

Curkovic Dugalic

Championnat de France 1re division

Aller		Retour	
Valenciennes - ASSE	1-1	ASSE - Valenciennes	5-0
ASSE - Metz	0-0	Metz - ASSE	0-0
Marseille - ASSE	1-0	ASSE - Marseille	4-0
Bastia - ASSE	1-1	ASSE - Bastia	2-1
Troyes - ASSE	0-0	ASSE - Troyes	4-0
ASSE - Sochaux	2-0	Sochaux - ASSE	4-0
Lille - ASSE	1-0	ASSE - Lille	2-0
ASSE - Rennes	4-0	Rennes - ASSE	0-1
Paris SG - ASSE	2-0	ASSE - Paris SG	1-0
ASSE - Lyon	1-1	Lyon - ASSE	0-2
Angers - ASSE	4-2	ASSE - Angers	1-1
Reims - ASSE	2-2	ASSE - Reims	0-0
ASSE - Nice	2-0	Nice - ASSE	2-0
Bordeaux - ASSE	2-0	ASSE - Bordeaux	2-0
ASSE - Lens	3-0	Lens - ASSE	1-1
Laval - ASSE	3-1	ASSE - Laval	3-1
ASSE - Nantes	2-0	Nantes - ASSE	3-0
ASSE - Nîmes	2-0	Nîmes - ASSE	1-1
Nancy - ASSE	2-0	ASSE - Nancy	3-2

Classement final : cinquième avec 45 points, champion Nantes avec 58 points.

Coupe de France

32e de finale : (à Toulouse) Alès - ASSE	0-2		
16e de finale : (à Auxerre) Auxerre - ASSE	0-0	ASSE - Auxerre	3-1
8e de finale : Rouen - ASSE	1-1	ASSE - Rouen	2-0
quarts de finale : Sochaux - ASSE	1-1	ASSE - Sochaux	3-1
demi-finale : Nantes - ASSE	3-0	ASSE - Nantes	a.p. 5-1
finale : ASSE - Reims	2-1		

Coupe d'Europe des Champions

16e de finale : CSKA Sofia - ASSE	0-0	ASSE - CSKA Sofia	1-0
8e de finale : ASSE - PSV Eindhoven	1-0	PSV Eindhoven - ASSE	0-0
quarts de finale : ASSE - Liverpool	1-0	Liverpool - ASSE	3-1

Meilleurs buteurs (coupes et championnat confondus)

P. Revelli	14	H. Revelli	3
Bathenay	13	Piazza	3
Santini	10	Farison	2
Sarramagna	6	Janvion	2
Lopez	5	Merchadier	1
Synaeghel	4	Lacuesta	1
Larqué	4	Larios	1
Rocheteau	3	Boury	1
Repellini	3		

1977-1978

Sarramagna	**P. Revelli**	**Rocheteau**
Zimako	L. Roussey	Boury
Fournier	Garande	Derigon
	Barthélémy	
Synaeghel	**Santini**	**Bathenay**
	H. Revelli	Rampillon

Farison	**Lopez**	**Piazza**	**Janvion**
Repellini	Merchadier	O. Roussey	Borel

Curkovic
Blin

Championnat de France 1re division

Aller		Retour	
Bordeaux - ASSE	2-2	ASSE - Bordeaux	5-0
ASSE - Marseille	2-1	Marseille - ASSE	3-0
Reims - ASSE	0-0	ASSE - Reims	2-0
ASSE - Nice	1-2	Nice - ASSE	2-1
Valenciennes - ASSE	1-1	ASSE - Valenciennes	2-1
ASSE - Strasbourg	4-3	Strasbourg - ASSE	2-0
Lyon - ASSE	2-2	ASSE - Lyon	1-0
ASSE - Nantes	2-1	Nantes - ASSE	1-0
Rouen - ASSE	1-2	ASSE - Rouen	2-1
ASSE - Nîmes	2-1	Nîmes - ASSE	0-0
Metz - ASSE	0-2	ASSE - Metz	2-0
ASSE - Sochaux	3-1	Sochaux - ASSE	2-3
Laval - ASSE	1-0	ASSE - Laval	1-0
ASSE - Lens	0-1	Lens - ASSE	2-0
Paris SG - ASSE	4-1	ASSE - Paris SG	1-1
ASSE - Monaco	1-0	Monaco - ASSE	3-1
Bastia - ASSE	2-0	ASSE - Bastia	0-4
ASSE - Nancy	2-1	Nancy - ASSE	2-1
ASSE - Troyes	1-0	Troyes - ASSE	1-0

Classement final : septième avec 42 points, champion Monaco avec 53 points.

Coupe de France

32e de finale : (à Périgueux) ASSE - Angers	a.p. 0-0
l'ASSE qualifiée aux pénalités	
16e de finale : Sochaux - ASSE	0-0
ASSE - Sochaux	2-2

Coupe d'Europe des champions

16e de finale : ASSE - Manchester United	1-1
(Plymouth) Manchester United - ASSE	2-0

Meilleurs buteurs (coupes et championnat confondus)

P. Revelli	8	Barthélémy	4
Bathenay	5	Zimako	3
Santini	5	Lopez	2
Sarramagna	5	Derigon	2
Rocheteau	5	Piazza	1
Synaeghel	5	Repellini	1
L. Roussey	5		

Zimako	**Lacombe**	**Rocheteau**
Sarramagna	Roussey	Derigon
		Paganelli
Elie	**Santini**	**Larios**
		Borel

Farison	**Lopez**	**Piazza**	**Janvion**
Repellini		Modeste	

Curkovic

Championnat de France 1re division

Aller		**Retour**	
ASSE - Bastia	2-1	Bastia - ASSE	0-2
Marseille - ASSE	2-0	ASSE - Marseille	1-0
ASSE - Sochaux	3-1	Sochaux - ASSE	0-0
Valenciennes - ASSE	0-0	ASSE - Valenciennes	5-0
ASSE - Nancy	3-2	Nancy - ASSE	1-1
Lyon - ASSE	2-0	ASSE - Lyon	3-0
ASSE - Nantes	3-1	Nantes - ASSE	3-1
Paris SG - ASSE	1-1	ASSE - Paris SG	4-1
ASSE - Monaco	4-1	Monaco - ASSE	0-1
Laval - ASSE	2-1	ASSE - Laval	3-0
ASSE - Reims	2-0	Reims - ASSE	0-1
Strasbourg - ASSE	2-1	ASSE - Strasbourg	2-0
ASSE - Lille	5-1	Lille - ASSE	3-0
Nîmes - ASSE	2-2	ASSE - Nîmes	2-0
ASSE - Paris FC	6-0	Paris FC - ASSE	0-1
Metz - ASSE	0-1	ASSE - Metz	1-0
Nice - ASSE	1-1	ASSE - Nice	5-1
ASSE - Bordeaux	1-3	Bordeaux - ASSE	2-1
Angers - ASSE	1-3	ASSE - Angers	4-0

Classement final : troisième avec 54 points,
champion Strasbourg avec 56 points, second Nantes avec 54 points.

Coupe de France

32e de finale : (Quimper) Saint-Pol-de-Léon - ASSE	0-5
16e de finale : Besançon - ASSE	1-2
ASSE - Besançon	1-0
8e de finale : Gueugnon - ASSE	3-0
ASSE - Gueugnon	2-0

Meilleurs buteurs (coupe et championnat confondus)

Rocheteau	24	Repellini	4
Lacombe	16	Lopez	2
Larios	11	Roussey	1
Zimako	11	Derigon	1
Santini	7	Piazza	1
Elie	7		

1979-1980

	Zimako Bellus	**Rep** Roussey	**Rocheteau** Paganelli
	Elie Zanon	**Platini**	**Larios** Borel
Farison Repellini	**Lopez** Oleksiak	**Santini** Lestage	**Janvion** Chaussin
		Curkovic	

Championnat de France 1re division

Aller		Retour	
Bastia - ASSE	0-1	ASSE - Bastia	2-0
ASSE - Lille	0-0	Lille - ASSE	0-2
Marseille - ASSE	3-5	ASSE - Marseille	3-1
ASSE - Metz	2-1	Metz - ASSE	1-2
Laval - ASSE	2-3	ASSE - Laval	3-1
ASSE - Sochaux	2-1	Sochaux - ASSE	4-1
Brest - ASSE	0-2	ASSE - Brest	2-1
ASSE - Nantes	4-2	Nantes - ASSE	2-0
Lyon - ASSE	0-0	ASSE - Lyon	2-0
ASSE - Paris SG	2-0	Paris SG - ASSE	2-2
Lens - ASSE	4-3	ASSE - Lens	3-1
ASSE - Nancy	2-2	Nancy - ASSE	1-1
Monaco - ASSE	2-1	ASSE - Monaco	2-1
Strasbourg - ASSE	1-0	ASSE - Strasbourg	2-1
ASSE - Angers	3-3	Angers - ASSE	0-2
Valenciennes - ASSE	0-0	ASSE - Valenciennes	0-1
ASSE - Nîmes	3-1	Nîmes - ASSE	0-1
Nice - ASSE	2-4	ASSE - Nice	2-1
ASSE - Bordeaux	3-3	Bordeaux - ASSE	5-1

Classement final : troisième avec 54 points,
champion Nantes avec 57 points, second Sochaux avec 54 points.

Coupe de France

32e de finale : (Bordeaux) Saint-Médard - ASSE	0-4		
16e de finale : Rouen - ASSE	0-4	ASSE - Rouen	4-2
8e de finale : ASSE - Nice	4-1	Nice - ASSE	2-2
quarts de finale : Montpellier - ASSE	0-0	ASSE - Montpellier	1-1

Coupe d'Europe de l'UEFA

32e de finale : Lodz - ASSE	2-1	ASSE - Lodz	3-0
16e de finale : Eindhoven - ASSE	2-0	ASSE - Eindhoven	6-0
8e de finale : ASSE - Salonique	4-1	Salonique - ASSE	3-3
quarts de finale : ASSE - Moenchengladbach	1-4	Moenchengladbach - ASSE	2-0

Meilleurs buteurs (coupes et championnat confondus)

Platini	26	Elie	3
Rep	23	Lopez	2
Zimako	16	Santini	2
Rocheteau	12	Paganelli	2
Roussey	12	Zanon	2
Larios	7	Janvion	1

1980-1981

Zimako
Bellus
Perez

Roussey

Rep
Paganelli

Janvion
Elie

Platini
Oleksiak

Larios
Santini

Zanon

Lopez

Gardon
Lestage

Battiston
Primard
Wolff

Castaneda
Curkovic

Championnat de France 1re division

Aller		Retour	
Bordeaux - ASSE	3-0	ASSE - Bordeaux	2-1
ASSE - Nice	3-2	Nice - ASSE	0-1
Bastia - ASSE	2-1	ASSE - Bastia	3-0
ASSE - Nancy	4-1	Nancy - ASSE	0-0
Strasbourg - ASSE	0-2	ASSE - Strasbourg	3-0
ASSE - Angers	5-0	Angers - ASSE	1-1
Auxerre - ASSE	0-2	ASSE - Auxerre	2-0
ASSE - Lille	3-1	Lille - ASSE	1-3
Lyon - ASSE	1-1	ASSE - Lyon	3-2
ASSE - Valenciennes	4-0	Valenciennes - ASSE	0-1
Monaco - ASSE	1-2	ASSE - Monaco	5-1
ASSE - Metz	3-0	Metz - ASSE	0-0
Paris SG - ASSE	1-1	ASSE - Paris SG	0-2
Laval - ASSE	0-0	ASSE - Laval	1-0
ASSE - Sochaux	3-0	Sochaux - ASSE	1-2
Lens - ASSE	1-1	ASSE - Lens	0-0
ASSE - Nantes	0-0	Nantes - ASSE	1-1
Nîmes - ASSE	0-1	ASSE - Nîmes	0-0
ASSE - Tours	1-2	Tours - ASSE	1-3

Classement final : champion avec 57 points.

Coupe de France

32e de finale : (à Nancy) Saint-Dié - ASSE	0-2		
16e de finale : Valence - ASSE	0-1	ASSE - Valence	5-0
8e de finale : Nancy - ASSE	2-1	ASSE - Nancy	3-1
quarts de finale : Montpellier - ASSE	2-1	ASSE - Montpellier	1-1
demi-finale : ASSE - Strasbourg	2-1	Strasbourg - ASSE	1-1
finale : (au Parc des Princes) Bastia - ASSE	2-1		

Coupe d'Europe de l'UEFA

32e de finale : Kuopio Palloseura - ASSE	0-7	ASSE - Kuopio Palloseura	7-0
16e de finale : Saint-Mirren - ASSE	0-0	ASSE - Saint-Mirren	2-0
8e de finale : Hambourg - ASSE	0-5	ASSE - Hambourg	1-0
quarts de finale : ASSE - Ipswich Town	1-4	Ipswich Town - ASSE	3-1

Meilleurs buteurs (coupes et championnat confondus)

Platini	29	Battiston	4
Rep	21	Lopez	2
Roussey	16	Janvion	2
Zimako	9	Lestage	1
Larios	8	Bellus	1
Paganelli	8	Perez	1
Zanon	5	Santini	1

1981-1982

	Rep Bellus Colleu	**Nielsen** Roussey	**Noguès** Paganelli
	Zanon	**Platini** Primard	**Larios** Oleksiak
Janvion	**Lopez**	**Gardon** Millot	**Battiston** Lestage
		Castaneda Solignac	

Championnat de France 1re division

Aller		Retour	
Metz - ASSE	0-0	ASSE - Metz	9-2
ASSE - Monaco	2-0	Monaco - ASSE	1-0
Strasbourg - ASSE	2-0	ASSE - Strasbourg	2-0
Sochaux - ASSE	2-1	ASSE - Sochaux	0-1
ASSE - Paris SG	0-0	Paris SG - ASSE	0-0
Lens - ASSE	2-5	ASSE - Lens	3-1
ASSE - Auxerre	3-0	Auxerre - ASSE	3-1
ASSE - Lyon	4-0	Lyon - ASSE	0-1
Lille - ASSE	3-4	ASSE - Lille	1-1
ASSE - Nantes	1-0	Nantes - ASSE	3-0
Brest - ASSE	1-1	ASSE - Brest	1-0
ASSE - Nancy	2-1	Nancy - ASSE	0-0
Bordeaux - ASSE	1-1	ASSE - Bordeaux	5-0
ASSE - Montpellier	4-0	Montpellier - ASSE	0-1
Laval - ASSE	0-0	ASSE - Laval	1-1
Nice - ASSE	1-3	ASSE - Nice	2-0
ASSE - Bastia	3-0	Bastia - ASSE	1-1
Tours - ASSE	3-4	ASSE - Tours	1-0
ASSE - Valenciennes	5-1	Valenciennes - ASSE	0-2

Classement final : deuxième avec 54 points, champion Monaco avec 55 points.

Coupe de France

32e de finale : (à Paris) RC Paris - ASSE	0-3
16e de finale : Sanary - ASSE	0-2
ASSE - Sanary	4-0
8e de finale : ASSE - Brest	2-0
Brest - ASSE	3-3
quarts de finale : ASSE - Laval	1-0
Laval - ASSE	0-0
demi-finale : (à Paris) ASSE - Bastia	2-0
finale : (à Paris) Paris SG - ASSE	a.p. 2-2

Paris SG vainqueur aux tirs au but (6-5).

Coupe d'Europe des champions

tour préliminaire : ASSE - Dynamo de Berlin	1-1
Dynamo de Berlin - ASSE	2-0

Meilleurs buteurs (coupes et championnat confondus)

Platini	27	Paganelli	6
Larios	18	Roussey	3
Zanon	11	Lopez	2
Rep	9	Millot	2
Nielsen	8	Battiston	1
Noguès	6	Lestage	1

Rep	**Roussey**	**Christensen**
Ferri	Chillet	Paganelli
	Carrot	

Daniel	**Moizan**	**Genghini**
Lestage	Peycelon	Larios
Colleu	Daniel	

Zanon	**Janvion**	**Mahut**	**Battiston**
Carrot	Primard		Wolff

Castaneda
Solignac

Championnat de France 1re division

Aller		**Retour**	
Bastia - ASSE	2-1	ASSE - Bastia	1-1
ASSE - Brest	0-0	Brest - ASSE	4-2
Laval - ASSE	0-0	ASSE - Laval	1-1
ASSE - Paris SG	1-1	Paris SG - ASSE	4-1
Lyon - ASSE	2-1	ASSE - Lyon	1-0
ASSE - Toulouse	2-1	Toulouse - ASSE	1-1
Sochaux - ASSE	3-0	ASSE - Sochaux	0-1
ASSE - Metz	3-1	Metz - ASSE	1-1
Lille - ASSE	1-1	ASSE - Lille	1-0
ASSE - Auxerre	1-0	Auxerre - ASSE	4-1
Tours - ASSE	0-2	ASSE - Tours	0-0
ASSE - Rouen	1-0	Rouen - ASSE	0-1
Strasbourg - ASSE	2-0	ASSE - Strasbourg	0-0
Monaco - ASSE	2-2	ASSE - Monaco	2-0
ASSE - Lens	0-1	Lens - ASSE	4-2
Nancy - ASSE	3-1	ASSE - Nancy	3-4
ASSE - Nantes	0-1	Nantes - ASSE	4-2
Mulhouse - ASSE	1-0	ASSE - Mulhouse	1-0
ASSE - Bordeaux	3-1	Bordeaux - ASSE	1-1

Classement final : quatorzième avec 34 points, champion Nantes avec 58 points.

Coupe de France

32e de finale : (à Paris) Auxerre - ASSE	0-1
16e de finale : Martigues - ASSE	3-0
ASSE - Martigues	3-0
Martigues qualifiée aux tirs au but	4-3

Coupe de l'UEFA

32e de finale : ASSE - Tatabanya	4-1
Tatabanya - ASSE	0-0
16e de finale : ASSE - Bohémians de Prague	0-0
Bohémians de Prague - ASSE	4-0

Meilleurs buteurs (coupes et championnat confondus)

Roussey	10	Carrot	1
Genghini	10	Daniel	1
Rep	8	Mahut	1
Zanon	6	Janvion	1
Battiston	4	Lestage	1
Larios	2	Christensen	1
Paganelli	2		

1983-1984

Bellus

Carrot
Diarte

Sanchez
Chillet

Daniel
Sab

Oleksiak
Peycelon

Kupcewicz
Ribar

Zanon
Ferri
Simondi

Moizan
Perez
Lamon

Mahut
Primard

E. Clavelloux
Wolff

Castaneda

Championnat de France 1re division

Aller		Retour	
Laval - ASSE	1-1	ASSE - Laval	1-0
ASSE - Lens	0-4	Lens - ASSE	2-1
Brest - ASSE	3-2	ASSE - Brest	1-0
ASSE - Metz	2-2	Metz - ASSE	1-0
Toulon - ASSE	0-1	ASSE - Toulon	1-0
Monaco - ASSE	3-1	ASSE - Monaco	0-1
ASSE - Bastia	0-2	Bastia - ASSE	2-1
Auxerre - ASSE	1-0	ASSE - Auxerre	0-0
Rennes - ASSE	1-2	ASSE - Rennes	1-0
ASSE - Sochaux	1-0	Sochaux - ASSE	1-1
Nîmes - ASSE	1-1	ASSE - Nîmes	3-1
ASSE - Lille	2-0	Lille - ASSE	1-1
Nancy - ASSE	2-0	ASSE - Nancy	1-0
ASSE - Bordeaux	0-2	Bordeaux - ASSE	7-0
Strasbourg - ASSE	2-0	ASSE - Strasbourg	0-1
ASSE - Rouen	1-0	Rouen - ASSE	1-1
Toulouse - ASSE	2-1	ASSE - Toulouse	0-1
ASSE - Nantes	0-0	Nantes - ASSE	1-0
ASSE - Paris SG	2-3	Paris SG - ASSE	3-1

Classement final : dix-huitième avec 30 points, champion Bordeaux avec 54 points.

Coupe de France

32e de finale : (à Clermont-Ferrand) ASSE - Auxerre	1-0
16e de finale : ASSE - Monaco	0-1
Monaco - ASSE	1-0

Meilleurs buteurs (coupe et championnat confondus)

Carrot	9	Kupcewicz	2
Sanchez	5	Diarte	2
Zanon	4	Oleksiak	1
Daniel	4	Chillet	1
Bellus	3	Mahut	1

1984-1985

Bellus — **Milla** / Diarte — **Sanchez** / Chillet

Ribar — **Daniel** — **Peycelon** / Kupcewicz

Ferri / Simondi — **Gilles** — **Oleksiak** / Primard — **E. Clavelloux** / Cangini

Castaneda

Championnat de France 2ᵈᵉ division

Aller		Retour	
Alès - ASSE	0-0	ASSE - Alès	3-1
ASSE - Valence	2-1	Valence - ASSE	2-4
Bourg-sous-la-Roche - ASSE	2-1	ASSE - Bourg-sous-la-Roche	5-1
ASSE - Limoges	0-1	Limoges - ASSE	0-0
Gueugnon - ASSE	2-0	ASSE - Gueugnon	7-0
ASSE - Le Puy	3-0	Le Puy - ASSE	1-2
Nice - ASSE	0-0	ASSE - Nice	1-0
ASSE - Lyon	0-0	Lyon - ASSE	1-5
ASSE - Grenoble	3-0	Grenoble - ASSE	1-2
Sète - ASSE	1-0	ASSE - Sète	6-1
ASSE - Thonon	3-0	Thonon - ASSE	1-2
Cuiseaux-Louhans - ASSE	0-0	ASSE - Cuiseaux-Louhans	3-0
ASSE - Cannes	1-0	Cannes - ASSE	1-1
Martigues - ASSE	1-0	ASSE - Martigues	4-1
Béziers - ASSE	1-1	ASSE - Béziers	2-1
ASSE - Montpellier	2-0	Montpellier - ASSE	1-0
Nîmes - ASSE	0-0	ASSE - Nîmes	3-0

Deuxième avec 48 points, champion Nice avec 50 points.

Barrage d'accession à la 1ʳᵉ division : ASSE - Rennes 0-2

Coupe de France

128ᵉ de finale : (à Grenoble) Abbaye de Grenoble - ASSE			0-6
64ᵉ de finale : (à Saint-Ouen) Morne-à-l'Eau - ASSE			0-1
32ᵉ de finale : (à Nevers) ASSE - Tours			1-0
16ᵉ de finale : Nice - ASSE	1-2	ASSE - Nice	4-1
8ᵉ de finale : Lens - ASSE	1-1	ASSE - Lens	2-1
quarts de finale : ASSE - Lille	1-0	Lille - ASSE	2-0

Coupe de la Ligue

ASSE - Lyon	2-2
Auxerre - ASSE	1-1
ASSE - Grenoble	1-1
Thonon - ASSE	1-0

Meilleurs buteurs (coupes et championnat confondus)

Milla	25	Daniel	4
Ribar	16	Chillet	2
Bellus	12	Sanchez	2
Gilles	8	Oleksiak	2
Diarte	6	Peycelon	1
Ferri	4	E. Claveloux	1

1985-1986

Bellus Makita — **Milla** Diarte — **Kurbos** Chillet

Ribar Milewski — **Daniel** Oleksiak — **Pardo** Peycelon

Clavelloux Simondi — **Gilles** — **Primard** — **Ferri** Moyroud

Castaneda Ceccarelli

Championnat de France de 2de division (Groupe A)

Aller		Retour	
ASSE - Martigues	2-2	Martigues - ASSE	2-3
Sète - ASSE	0-1	ASSE - Sète	2-0
ASSE - Nîmes	2-0	Nîmes - ASSE	5-1
Gueugnon - ASSE	0-0	ASSE - Gueugnon	1-1
ASSE - Grenoble	2-1	Grenoble - ASSE	0-3
Chaumont - ASSE	1-0	ASSE - Chaumont	3-1
ASSE - Le Puy	2-0	Le Puy - ASSE	1-3
Lyon - ASSE	2-1	ASSE - Lyon	1-0
ASSE - Tours	1-1	Tours - ASSE	0-0
Béziers - ASSE	0-0	ASSE - Béziers	1-0
ASSE - Montpellier	3-1	Montpellier - ASSE	2-1
Alès - ASSE	1-3	ASSE - Alès	0-0
ASSE - Montceau-les-Mines	3-0	Montceau-les-Mines - ASSE	1-3
Istres - ASSE	1-2	ASSE - Istres	0-0
ASSE - Red Star	1-0	Red Star - ASSE	0-0
Cannes - ASSE	2-1	ASSE - Cannes	1-0
Thonon-les-Bains - ASSE	3-3	ASSE - Thonon-les-bains	0-1

Classement final : premier avec 46 points.
L'ASSE accède à la 1re division.

Finale du championnat de France de 2de division

Racing Paris - ASSE	3-2	ASSE - Racing Paris	1-1

Coupe de la Ligue

ASSE - Le Puy	2-0
Grenoble - ASSE	1-1
ASSE - Lyon	2-0

Coupe de France

7e tour : ASSE - Montluçon	9-1
8e tour : Moutiers - ASSE	1-0

Meilleurs buteurs (coupes et championnat confondus)

Kurbos	10	Bellus	3
Milla	9	Milewski	2
Daniel	7	Ferri	2
Ribar	6	Oleksiak	1
Makita	3	Pardo	1

1986-1987

	Benedet Jacques Belkebla	**Krimau** Musquere	
Ribar Slavkov	**Françoise**	**Daniel**	**Peycelon**
E. Clavelloux Gros	**Dimitrov**	**Primard** Courrault	**Ferri** Dafreville

Castaneda
Lemasson

Championnat de France 1re division

Aller		**Retour**	
Sochaux - ASSE	3-3	ASSE - Sochaux	1-0
ASSE - Nancy	0-0	Nancy - ASSE	1-0
Le Havre - ASSE	1-0	ASSE - Le Havre	1-1
ASSE - PSG	1-0	PSG - ASSE	3-0
Lens - ASSE	2-0	ASSE - Lens	1-0
ASSE - Toulouse	0-0	Toulouse - ASSE	2-1
Monaco - ASSE	0-0	ASSE - Monaco	0-0
ASSE - Laval	0-0	Laval - ASSE	2-1
Auxerre - ASSE	3-0	ASSE - Auxerre	1-1
ASSE - Brest	1-1	Brest - ASSE	1-0
Marseille - ASSE	1-0	ASSE - Marseille	1-0
Metz - ASSE	1-1	ASSE - Metz	0-0
ASSE - Racing Paris	4-0	Racing Paris - ASSE	1-2
Lille - ASSE	1-0	ASSE - Lille	1-0
ASSE - Toulon	1-0	Toulon - ASSE	2-1
Nice - ASSE	1-0	ASSE - Nice	1-0
ASSE - Nantes	0-0	Nantes - ASSE	1-1
Rennes - ASSE	0-0	ASSE - Rennes	2-2
ASSE - Bordeaux	2-0	Bordeaux - ASSE	1-0

Classement final : seizième avec 33 points, champion Bordeaux avec 53 points.

Coupe de la Ligue

Aller		**Retour**	
ASSE - Gueugnon	3-2	Gueugnon - ASSE	1-3
Auxerre - ASSE	1-0	ASSE - Auxerre	1-1
Sochaux - ASSE	3-1	ASSE - Sochaux	2-6

Coupe de France

32e de finale : (à Albi) ASSE - Rodez	1-0		
16e de finale : ASSE - Martigues	1-0	Martigues - ASSE	2-0

Meilleurs buteurs (coupes et championnat confondus)

Krimau	8	Françoise	1
Musquere	4	Peycelon	1
Benedet	4	Ribar	1
Jacques	3	E. Clavelloux	1
Dimitrov	2	Courrault	1

1987-1988

Garande
Jacques
Chicharo

Tibeuf
Musquere

El Hadaoui
Ribar

Françoise

G. Clavelloux

Courrault
Peycelon

Gros
E. Clavelloux

Haon
Dimitrov

Primard

Sivebaek
Ferri

Castaneda
Beaufreton

Championnat de France de 1re division

Aller		Retour	
Laval - ASSE	4-0	ASSE - Laval	2-1
Matra Racing - ASSE	2-2	Matra Racing - ASSE	2-0
ASSE - Nantes	1-1	Nantes - ASSE	2-3
Nice - ASSE	2-3	ASSE - Nice	3-2
ASSE - Metz	2-0	Metz - ASSE	2-1
Niort - ASSE	2-1	ASSE - Niort	2-0
ASSE - Auxerre	2-1	Auxerre - ASSE	0-1
Marseille - ASSE	5-1	ASSE - Marseille	0-1
ASSE - Lens	2-1	Lens - ASSE	1-0
Le Havre - ASSE	1-1	ASSE - Le Havre	2-1
ASSE - Toulouse	2-0	Toulouse - ASSE	2-3
PSG - ASSE	3-0	ASSE - PSG	1-3
ASSE - Montpellier	2-1	Montpellier - ASSE	5-0
Monaco - ASSE	2-1	ASSE - Monaco	3-0
ASSE - Cannes	1-0	Cannes - ASSE	1-0
Bordeaux - ASSE	1-0	ASSE - Bordeaux	1-1
ASSE - Toulon	0-0	Toulon - ASSE	1-1
Lille - ASSE	1-2	ASSE - Lille	4-3
ASSE - Brest	4-0	Brest - ASSE	1-0

Classement final : quatrième avec 42 points, champion Monaco avec 52 points.

Coupe de France

32e de finale : (à Strasbourg) Mulhouse - ASSE	0-0
Mulhouse qualifiée aux tirs aux buts	4-1

Meilleurs buteurs (coupe et championnat confondus)

Garande	17	Ferri	4
Tibeuf	12	Chicharo	2
El Hadaoui	11	Dimitrov	1
Haon	6	G. Clavelloux	1

1988-1989

	Garande	**Tibeuf** Chaouch	
Witschge Morice	**G. Clavelloux** Mendy	**Fournier**	**Haon**
Gros	**Geiger**	**Primard** Courrault	**Sivebaek** E. Clavelloux
	Castaneda Beaufreton		

Championnat de France de 1re division

Aller		**Retour**	
ASSE - Strasbourg	0-0	Strasbourg - ASSE	0-1
Matra Racing - ASSE	3-1	ASSE - Matra Racing	4-3
ASSE - Lens	2-4	Lens - ASSE	1-3
Laval - ASSE	1-1	ASSE - Laval	1-0
ASSE - Marseille	0-0	Marseille - ASSE	2-0
Bordeaux - ASSE	5-0	ASSE - Bordeaux	1-0
ASSE - Monaco	0-1	Monaco - ASSE	2-2
Nantes - ASSE	1-1	ASSE - Nantes	1-1
ASSE - Metz	0-1	Metz - ASSE	1-2
Cannes - ASSE	1-0	ASSE - Cannes	1-0
ASSE - Caen	1-1	Caen - ASSE	2-3
PSG - ASSE	3-1	ASSE - PSG	0-0
ASSE - Toulon	2-1	Toulon - ASSE	0-0
Auxerre - ASSE	2-0	ASSE - Auxerre	1-1
ASSE - Lille	2-0	Lille - ASSE	2-2
Toulouse - ASSE	3-1	ASSE - Toulouse	3-2
ASSE - Sochaux	1-2	Sochaux - ASSE	1-0
Montpellier - ASSE	2-0	ASSE - Montpellier	1-0
Nice - ASSE	1-0	ASSE - Nice	0-0

Classement final : quatorzième avec 48 points, champion Marseille avec 73 points.

Coupe de France

32e de finale : Nice - ASSE a.p. 1-0

Meilleurs buteurs (coupe et championnat confondus)

Tibeuf	10	Haon	2
Garande	8	Geiger	2
Chaouch	5	Morice	2
Fournier	3	Courrault	1
Mendy	3	E. Clavelloux	1

	E. Mendy Chaouch	**Tibeuf** Chicharo	
Witschge Mendy	**Haon** G. Clavelloux	**Fournier**	**Pouliquen**
Deguerville Gros Cuervo	**Geiger**	**Primard** Courrault	**Sivebaek** E. Clavelloux

Beaufreton
Ceccarelli

Championnat de France de 1re division

Aller		Retour	
Toulon - ASSE	2-0	ASSE - Toulon	1-2
Caen - ASSE	3-2	ASSE - Caen	0-0
ASSE - Brest	2-0	Brest - ASSE	0-0
Monaco - ASSE	0-0	ASSE - Monaco	0-2
ASSE - PSG	0-2	PSG - ASSE	2-0
Bordeaux - ASSE	1-0	ASSE - Bordeaux	1-1
ASSE - Cannes	1-0	Cannes - ASSE	0-0
Mulhouse - ASSE	1-2	ASSE - Mulhouse	3-0
ASSE - Lyon	1-0	Lyon - ASSE	0-0
Marseille - ASSE	2-0	ASSE - Marseille	0-0
ASSE - Auxerre	4-1	Auxerre - ASSE	2-1
Nantes - ASSE	2-0	ASSE - Nantes	0-0
ASSE - Toulouse	0-3	Toulouse - ASSE	1-1
Nice - ASSE	1-3	ASSE - Nice	0-0
ASSE - Metz	4-3	Metz - ASSE	1-0
Montpellier - ASSE	3-3	ASSE - Montpellier	1-0
ASSE - Racing Paris	0-1	ASSE - Racing Paris	3-0
Sochaux - ASSE	2-3	ASSE - Sochaux	0-2
ASSE - Lille	2-3	Lille - ASSE	2-2

Classement final : quinzième avec 34 points, champion Marseille avec 53 points.

Coupe de France

32e de finale : (à Brive) ASSE - Angoulême	2-1
16e de finale : ASSE - Chaumont	1-0
8e de finale : Valenciennes - ASSE	a.p. 3-4
quarts de finale : Mulhouse - ASSE	2-2
demi-finale : ASSE qualifiée aux tirs au but	7-6
finale : ASSE - Montpellier	0-1

Meilleurs buteurs (coupe et championnat confondus)

Tibeuf	10
Witschge	9
Mendy	9
Fournier	4
Gros	2
Courrault	1
Haon	1

	Corroyer E. Mendy Camara	**Tibeuf**	
Moravcik Witschge	**Lambert** Pagal	**Laurey** Courrault	**Pouliquen** G. Clavelloux
Deguerville Gros	**Kastendeuch**	**Cyprien** Primard	**Sivebaek** Cuervo
		Beaufreton Ceccarelli	

Championnat de France de 1re division

Aller		Retour	
ASSE - Rennes	0-0	Rennes - ASSE	0-2
Toulon - ASSE	3-0	ASSE - Toulon	3-0
ASSE - Nice	1-0	Nice - ASSE	2-0
Auxerre - ASSE	2-0	ASSE - Auxerre	2-1
ASSE - Montpellier	1-0	Montpellier - ASSE	0-0
Metz - ASSE	3-1	ASSE - Metz	2-1
ASSE - Caen	0-0	Caen - ASSE	1-0
Lille - ASSE	3-2	Lille - ASSE	0-1
ASSE - Lyon	0-1	Lyon - ASSE	1-1
Nantes - ASSE	2-1	ASSE -Nantes	0-3
ASSE - Bordeaux	0-0	Bordeaux - ASSE	2-1
Marseille - ASSE	3-1	ASSE - Marseille	1-1
ASSE - Cannes	1-0	Cannes - ASSE	0-1
Toulouse - ASSE	0-0	ASSE - Toulouse	1-4
ASSE - Monaco	1-0	Monaco - ASSE	2-0
ASSE - Nancy	4-1	Nancy - ASSE	1-0
PSG - ASSE	4-2	ASSE - PSG	1-1
ASSE - Brest	6-1	Brest - ASSE	0-1
Sochaux - ASSE	2-0	ASSE - Sochaux	2-1

Classement final : treizième avec 35 points, champion Marseille avec 55 points.

Coupe de France

32e de finale : Mandelieu - ASSE	0-6
16e de finale : Auxerre - ASSE	1-0

Meilleurs buteurs (coupe et championnat confondus)

E. Mendy	6	Deguerville	2
Tibeuf	6	Cuervo	1
Moravcik	6	Gros	1
Corroyer	5	Sivebaek	1
Kastendeuch	3	Cyprien	1
Witschge	2	Primard	1
Laurey	2		

1991-1992

E. Mendy Camara — **Tholot** Corroyer

Moravcik — **Mege** — **Bouquet** Lambert — **Chaintreuil** Pagal

Cuervo Harcheche — **Kastendeuch** Haon — **Cyprien** Primard — **Deguerville** Gros

Bell Ceccarelli

Championnat de France de 1re division

Aller		Retour	
ASSE - Toulon	3-0	Toulon - ASSE	1-2
Caen - ASSE	1-0	ASSE - Caen	1-1
ASSE - Nîmes	3-0	Nîmes - ASSE	0-1
Sochaux - ASSE	1-0	ASSE - Sochaux	2-1
ASSE - Toulouse	2-1	Toulouse - ASSE	2-1
Metz - ASSE	1-0	ASSE - Metz	2-0
Lens - ASSE	1-1	ASSE - Lens	0-4
ASSE - Auxerre	1-1	Auxerre - ASSE	2-4
Nantes - ASSE	1-0	ASSE - Nantes	2-1
ASSE - Monaco	0-1	Monaco - ASSE	2-0
Le Havre - ASSE	2-1	ASSE - Le Havre	4-0
ASSE - Nancy	3-0	Nancy - ASSE	0-2
Lyon - ASSE	0-0	ASSE - Lyon	1-2
ASSE - Marseille	1-1	Marseille - ASSE	2-0
Cannes - ASSE	0-2	ASSE - Cannes	2-0
ASSE - Montpellier	1-1	Montpellier - ASSE	2-0
Lille - ASSE	2-0	ASSE - Lille	1-1
ASSE - PSG	3-0	PSG - ASSE	0-0
Rennes - ASSE	0-0	ASSE - Rennes	0-1

Classement final : dixième avec 37 points, champion Marseille avec 58 points.

Coupe de France

32e de finale : (à Saint-Ouen) ASSE - Noisy-le-Sec	4-0
16e de finale : Dunkerque - ASSE	1-2
8e de finale : Gazelec Ajaccio - ASSE	2-1

Coupe de la Ligue

Bourges - ASSE	0-1
ASSE - Lyon	2-0
Châteauroux - ASSE	4-1
ASSE - Gueugnon	3-1
Louhans-Cuiseaux - ASSE	a. p. 2-2
Louhans-Cuiseaux qualifiée aux tirs au but	4-2
Strasbourg - ASSE	4-2

Meilleurs buteurs (coupes et championnat confondus)

Tholot	6	Haon	2
E. Mendy	5	Cuervo	2
Kastendeuch	5	Lambert	1
Mege	4	Pagal	1
Moravcik	4	Deguerville	1
Corroyer	3	Chaintreuil	1
Camara	3	Gros	1

1992-1993

	E. Mendy Camara	**Tholot** Molnar Luhovy	
Moravcik	**Passi**	**Chaintreuil** Bouquet Lambert	**Despeyroux** Pagal
Cuervo Gros Moreau	**Kastendeuch** Haon	**Cyprien** Primard	**Deguerville**

Bell
Huc

Championnat de France de 1re division

Aller		**Retour**	
ASSE - PSG	1-2	PSG - ASSE	3-1
Metz - ASSE	2-2	ASSE - Metz	2-0
ASSE - Toulouse	3-2	Toulouse - ASSE	0-0
Lens - ASSE	1-1	ASSE - Lens	0-0
ASSE - Toulon	2-0	Toulon - ASSE	0-0
Auxerre - ASSE	1-0	ASSE - Auxerre	1-0
ASSE - Nîmes	1-0	Nîmes - ASSE	1-1
Le Havre - ASSE	0-1	ASSE - Le Havre	0-0
ASSE - Lyon	0-0	Lyon - ASSE	0-2
Monaco - ASSE	1-0	ASSE - Monaco	0-0
ASSE - Bordeaux	2-1	Bordeaux - ASSE	0-0
Marseille - ASSE	1-0	ASSE - Marseille	0-2
ASSE - Nantes	0-1	Nantes - ASSE	0-0
ASSE - Strasbourg	1-2	Strasbourg - ASSE	2-2
Sochaux - ASSE	1-0	ASSE - Sochaux	2-0
ASSE - Montpellier	1-0	Montpellier - ASSE	1-2
Caen - ASSE	0-0	ASSE - Caen	1-1
ASSE - Lille	0-0	Lille - ASSE	0-0
Valenciennes - ASSE	0-0	ASSE - Valenciennes	4-2

Classement final : septième avec 43 points, champion Marseille avec 53 points.

Coupe de France

32e de finale : (à Melun) Evry - ASSE	1-3
16e de finale : ASSE - Epinal	1-1
ASSE qualifiée aux tirs au but	6-5
8e de finale : ASSE - Pau	a.p. 2-0
quarts de finale : ASSE - Marseille	a.p. 2-1
demi-finale : ASSE - Nantes	0-1

Meilleurs buteurs (coupe et championnat confondus)

E. Mendy	7	Bouquet	2
Moravcik	5	Luhovy	1
Passi	5	Cyprien	1
Kastendeuch	5	Lambert	1
Camara	2	Pagal	1
Molnar	2	Tholot	1

	Camara Mendy	**Wohlfarth**	
Moravcik	**Delpech** Passi	**Swierczewski** Santini	**Despeyroux**
Cuervo Moreau Harcheche	**Blanc**	**Cyprien** Primard	**Deguerville** Perez

Bell
Huc

Championnat de Fance de 1re division

Aller		**Retour**	
ASSE - Cannes	1-2	Cannes - ASSE	0-0
Nantes - ASSE	1-0	ASSE - Nantes	1-1
ASSE - Monaco	2-0	Monaco - ASSE	1-1
Le Havre - ASSE	0-0	ASSE - Le Havre	0-0
ASSE - Toulouse	2-2	Toulouse - ASSE	1-2
ASSE - Bordeaux	0-0	Bordeaux - ASSE	1-2
Marseille - ASSE	3-1	ASSE - Marseille	0-0
ASSE - Sochaux	0-0	Sochaux - ASSE	3-2
Lille - ASSE	0-2	ASSE - Lille	2-1
ASSE - Strasbourg	0-0	Strasbourg - ASSE	2-0
Montpellier - ASSE	3-0	ASSE - Montpellier	2-0
ASSE - Caen	5-0	Caen - ASSE	1-0
Angers - ASSE	1-1	ASSE - Angers	2-0
ASSE - Metz	1-0	Metz - ASSE	0-1
Lyon - ASSE	1-0	ASSE - Lyon	3-0
ASSE - Auxerre	1-0	Auxerre - ASSE	3-0
Martigues - ASSE	2-1	ASSE - Martigues	1-1
ASSE - Lens	0-0	Lens - ASSE	3-1
PSG - ASSE	1-0	ASSE - PSG	1-2

Classement final : onzième avec 37 points, champion PSG avec 59 points.

Coupe de France

32e de finale : Pau - ASSE	a.p. 1-1
Pau qualifiée aux tirs au but	4-3

Coupe de la Ligue

ASSE - Nîmes	2-0
Montpellier - ASSE	2-1

Meilleurs buteurs (coupes et championnat confondus)

Wohlfarth	11	Moravcik	2
Mendy	5	Moreau	1
Blanc	5	Swierczewski	1
Camara	3	Cyprien	1
Passi	2	Despeyroux	1

1994-1995

	Camara Ziadi	**Wohlfarth** Priou Four	
Moravcik	**Santini** Passi Aulanier	**Swierczewski** Delpech	**Despeyroux** Bastou
Perez Potillon Harcheche	**Blanc**	**Moreau** Primard	**Deguerville** Mannucci
		Coupet Huc	

Championnat de France de 1re division

Aller		Retour	
ASSE - Rennes	1-1	Rennes - ASSE	2-2
Martigues - ASSE	1-1	ASSE - Martigues	3-0
ASSE - Montpellier	4-0	Montpellier - ASSE	3-2
ASSE - Strasbourg	2-0	Strasbourg - ASSE	1-1
Bordeaux - ASSE	2-1	ASSE - Bordeaux	2-1
ASSE - Le Havre	4-1	Le Havre - ASSE	2-0
Lens - ASSE	0-0	ASSE - Lens	1-2
ASSE - Sochaux	4-0	Sochaux - ASSE	2-0
Nantes - ASSE	3-	ASSE - Nantes	1-1
ASSE - Lyon	1-1	Lyon - ASSE	1-0
Auxerre - ASSE	3-0	ASSE - Auxerre	1-1
ASSE - Bastia	1-2	Bastia - ASSE	2-1
Monaco - ASSE	0-0	ASSE - Monaco	1-0
ASSE - Cannes	1-0	Cannes - ASSE	4-1
Metz - ASSE	1-0	ASSE - Metz	0-1
ASSE - Caen	2-0	Caen - ASSE	3-0
Lille - ASSE	1-0	ASSE - Lille	3-3
ASSE - PSG	1-3	PSG - ASSE	1-0
Nice - ASSE	3-0	ASSE - Nice	3-3

Classement final : dix-huitième avec 38 points, champion Nantes avec 79 points.

Coupe de France

32e de finale : Montpellier - ASSE 2-0

Coupe de la Ligue

Caen - ASSE 3-1

Meilleurs buteurs (coupes et championnat confondus)

Blanc	12	Perez	2
Wohlfarth	8	Moreau	1
Camara	7	Passi	1
Moravcik	4	Potillon	1
Aulanier	2	Ziadi	1

	Sandjak Cuca Chedli	**Thimothée** Flauto	
Moravcik	**Aulanier** Santini Synaeghel	**Sechet** Bastou Delpech	**Ohrel** Despeyroux
Harcheche Billong	**Soucasse** Sagnol	**Mannucci**	**Perez** Vasseur
		Coupet Ceccarelli	

Championnat de France de 1re division

Aller		Retour	
ASSE - Nice	1-1	Nice - ASSE	2-0
Bordeaux - ASSE	2-0	ASSE - Bordeaux	2-0
ASSE - Lille	1-1	Lille - ASSE	1-1
PSG - ASSE	4-0	ASSE - PSG	1-1
ASSE - Bastia	3-0	Bastia - ASSE	0-0
ASSE - Guingamp	4-0	Guingamp - ASSE	3-0
Nantes - ASSE	2-2	ASSE - Nantes	0-0
ASSE - Gueugnon	2-0	Gueugnon - ASSE	1-0
Cannes - ASSE	2-0	ASSE - Cannes	2-2
ASSE - Monaco	2-4	Monaco - ASSE	2-0
Lyon - ASSE	2-1	ASSE - Lyon	1-1
ASSE - Montpellier	0-2	Montpellier - ASSE	1-0
Le Havre - ASSE	2-2	ASSE - Le Havre	1-1
ASSE - Lens	1-1	Lens - ASSE	3-0
Strasbourg - ASSE	3-1	ASSE - Strasbourg	2-0
ASSE - Rennes	0-0	Rennes - ASSE	3-0
Metz - ASSE	1-2	ASSE - Metz	1-1
ASSE - Auxerre	0-5	Auxerre - ASSE	2-0
Martigues - ASSE	1-1	ASSE - Martigues	2-2

Classement final : dix-neuvième avec 34 points, champion Auxerre avec 72 points.
L'ASSE descend en 2e division.

Coupe de France

32e de finale : ASSE - Saintes	5-0
16e de finale : Nîmes - ASSE	3-1

Coupe de la Ligue

16e de finale : Bordeaux - ASSE	a.p. 1-1
ASSE qualifiée aux tirs au but	5-4
8e de finale : Marseille - ASSE	2-0

Meilleurs buteurs (coupes et championnat confondus)

Sandjak	9	Cuca	1
Thimothée	7	Despeyroux	1
Moravcik	7	Flauto	1
Sechet	3	Chedli	1
Mannucci	2	Billong	1
Aulanier	1		

	Lagrange Thimothée	**N'Diaye** Flauto	
Chedli	**Aulanier** Boudarene Thomas	**Santini** Bastou	**Saar** Delpech Synaeghel
Potillon Billong Charrieras	**Sagnol**	**Fichaux** Sassus Z. Camara	**Mannucci** Cuervo
		Coupet Janot Ceccarelli	

Championnat de France de 2de division

Aller		**Retour**	
Troyes - ASSE	0-2	ASSE - Troyes	0-0
ASSE - Laval	4-0	Laval - ASSE	0-0
Sochaux - ASSE	4-1	ASSE - Sochaux	1-1
Beauvais - ASSE	0-0	ASSE - Beauvais	2-2
ASSE - Lorient	2-2	Lorient - ASSE	2-0
Niort - ASSE	0-0	ASSE - Niort	0-1
ASSE - Toulon	2-1	Toulon - ASSE	1-0
Perpignan - ASSE	1-0	ASSE - Perpignan	2-1
ASSE - Épinal	3-0	Épinal - ASSE	2-1
Martigues - ASSE	0-0	ASSE - Martigues	1-1
ASSE - Châteauroux	2-0	Châteauroux - ASSE	5-3
Le Mans - ASSE	2-0	ASSE - Le Mans	2-0
ASSE - Gueugnon	2-1	Gueugnon - ASSE	4-2
Toulouse - ASSE	3-1	ASSE - Toulouse	1-1
ASSE - Amiens	0-2	Amiens - ASSE	2-0
Saint-Brieuc - ASSE	2-2	ASSE bat Saint-Brieuc par forfait	
ASSE - Mulhouse	2-0	Mulhouse - ASSE	1-1
Red Star - ASSE	1-1	ASSE - Red Star	3-3
ASSE - Louhans-Cuiseaux	0-3	Louhans-Cuiseaux - ASSE	3-0
Charleville - ASSE	0-1	ASSE - Charleville	1-1
ASSE - Valence	1-0	Valence - ASSE	3-1

Classement final : dix-septième avec 51 points, champion Châteauroux avec 76 points.

Coupe de France

7e tour : Aurillac - ASSE	a.p. 1-1
Aurillac qualifiée aux tirs au but	4-2

Coupe de la Ligue

Amiens - ASSE	a.p. 0-0
ASSE qualifiée aux tirs au but	6-5
Strasbourg - ASSE	3-0

Meilleurs buteurs (coupes et championnat confondus)

N'Diaye	17	Billong	1
Lagrange	7	Santini	1
Aulanier	5	Sagnol	1
Thimothée	4	Sarr	1
Charrieras	2		

	Kachloul Lagrange	**Thimothée** Flauto Duveau	
Boudarene Robert	**Simo** Thomas Riou	**Soucasse** Bastou	**Fichaux** Sarr Synaeghel
Billong Charrieras	**Gauvin**	**Z. Camara** Hernandez Mannucci	**Potillon** Guillou Horjak Astier

Alonzo
Janot

Championnat de France de 2de division

Aller		Retour	
ASSE - Lille	2-2	Lille - ASSE	2-1
Nîmes - ASSE	3-0	ASSE - Nîmes	1-1
ASSE - Le Mans	1-2	Le Mans - ASSE	3-0
Red Star - ASSE	1-0	ASSE - Red Star	1-0
ASSE - Lorient	0-0	Lorient - ASSE	4-0
Amiens - ASSE	0-0	ASSE - Amiens	2-1
ASSE - Troyes	1-1	Troyes - ASSE	1-2
Valence - ASSE	1-1	ASSE - Valence	0-0
ASSE - Gueugnon	0-1	Gueugnon - ASSE	1-1
Nancy - ASSE	2-0	ASSE - Nancy	0-2
ASSE - Mulhouse	2-2	Mulhouse - ASSE	1-2
Wasquehal - ASSE	2-1	ASSE - Wasquehal	0-0
ASSE - Caen	3-0	Caen - ASSE	2-0
Laval - ASSE	4-1	ASSE - Laval	3-2
ASSE - Niort	4-2	Niort - ASSE	1-3
Toulon - ASSE	0-2	ASSE - Toulon	3-1
ASSE - Nice	3-2	Nice - ASSE	2-0
Louhans-Cuiseaux - ASSE	0-0	ASSE - Louhans-Cuiseaux	2-2
ASSE - Beauvais	1-1	Beauvais - ASSE	0-0
ASSE - Sochaux	3-2	Sochaux - ASSE	4-0
Martigues - ASSE	1-0	ASSE - Martigues	1-1

Classement final : dix-septième avec 51 points, champion Nancy avec 76 points.

Coupe de France

7e tour : (à Clermont-Ferrand) Saint-Amand-Tallende - ASSE	0-11
8e tour : Pau - ASSE	1-0

Coupe de la Ligue

16e de finale : ASSE - Sochaux	1-1
Sochaux qualifiée aux tirs au but	4-2

Meilleurs buteurs (coupes et championnat confondus)

Thimothée	19	Potillon	2
Sarr	5	Bastou	2
Flauto	4	Astier	2
Gauvin	3	Fichaux	2
Robert	3	Billong	2
Duveau	3	Z. Camara	1
Fichaux	3	Hernandez	1
Boudarene	2	Riou	1
Simo	2	Synaeghel	1

	Subiat Ponsard N'Diaye	**Revelles** Lepaul Obinna	
Sablé	**Fichaux** Fayolle	**Sarr** Boudarene	**Ferhaoui** Robert Zanotti
Guillou Billong	**Leclerc**	**Mettomo**	**Potillon** Charrieras
	Alonzo Janot		

Championnat de France de 2de division

Aller

ASSE - Sedan	1-1
Caen - ASSE	1-1
ASSE - Guingamp	0-0
Troyes - ASSE	1-1
ASSE - Niort	2-0
Cannes - ASSE	0-0
ASSE - Beauvais	2-1
Le Mans - ASSE	1-2
ASSE - Wasquehal	3-0
Nîmes - ASSE	3-3
ASSE - Red Star	2-1
Lille - ASSE	1-2
ASSE - Gueugnon	3-0
ASSE - Valence	1-0
Nice - ASSE	0-1
ASSE - Laval	1-1
AC Ajaccio - ASSE	1-1
ASSE - Amiens	0-1
Châteauroux - ASSE	0-2

Classement final : champion avec 68 points.
L'ASSE accède à la 1re division.

Retour

Sedan - ASSE	3-0
ASSE - Caen	2-0
Guingamp - ASSE	1-0
ASSE - Troyes	0-0
Niort - ASSE	1-0
ASSE - Cannes	6-1
Beauvais - ASSE	1-2
ASSE - Le Mans	1-0
Wasquehal - ASSE	1-3
ASSE - Nîmes	3-1
Red Star - ASSE	1-2
ASSE - Lille	3-2
Gueugnon - ASSE	4-1
Valence - ASSE	2-2
ASSE - Nice	0-2
Laval - ASSE	1-1
ASSE - AC Ajaccio	2-2
Amiens - ASSE	3-0
ASSE - Châteauroux	0-0

Coupe de France

7e tour : ASSE - Bourg-Péronnas	3-0
8e tour : (à Lons-le-Saunier) Jura Sud - ASSE	1-0

Coupe de la Ligue

1er tour : ASSE - Gueugnon	2-2
ASSE qualifiée aux tirs au but par	4-1
16e de finale : Paris SG - ASSE	1-0

Meilleurs buteurs (coupes et championnat confondus)

Revelles	13
Subiat	7
Mettomo	7
Sarr	6
Ponsard	6
Fayolle	5
Ferhaoui	5
Lepaul	2
Obinna	2
Charrieras	2
Zanotti	1
Leclerc	1
Robert	1

History of sports association of Saint Etienne

*Image saisissante d'un trio jadis magique.
Dans le froid de Sinferopol, le dynamo de Kiev recevait l'ASSE,
nous étions le 3 mars 1976.*

1912-1938,
Amongst steelworks, brickworks and Gasworks

When does a football ground stop being just a pitch and take on a meaning, an image and a feeling? A stadium or a temple? What steps transform it from being a rectangular piece of grass surrounded by stands of varying degrees of good taste to its very function no longer needing to be stated? The Saint Etienne supporters go to Geoffroy Guichard just as the Lens supporters go to Félix Bollaert, and as the Nantes supporters used to go to Marcel Saupin, just as others go to see loose women: discreetly but passionately, ceremoniously but regularly. They don't know exactly what lies in store, but they are sure that they won't be disappointed and that they will return light-hearted and satisfied. Geoffroy Guichard is a stadium, but no-one has felt the need to point it out. Continuing on, when does a stadium become a cauldron? Thanks to an inspired newspaper hack after a particularly heated match, undoubtedly, but what inspires this? To avoid a long-winded, tediously long answer, the answer can be summed up in one word - fervour. It's no secret that the history of the ASSE, its stadium, the casino supermarket chain and the Guichard family are inextricably linked. They are historically, culturally and financially close, and were at times visible around the ground or on the players' shirts, even official through the various club directors and in particular two chairmen, Pierre Guichard and his son Yves. They have survived the ravages of time and continue at the dawn of the next century. What would certainly be classed as paternalism today, or even low-level popularity seeking, as if there was a higher level, was simply the act of a company keen to see its employees relax by means of sport or any other activity, and the vision of a man, Pierre Guichard, who saw sport as more than just a friendly pastime. A means of expression for a geographical, cultural or economic community. It would be wrong to think that there were mercantile thoughts behind it all, as at the time advertising by any company no matter how modest was strictly forbidden. In the same way as Manufrance in particular, another local company with a famous past, was a sponsor, and even Rocher cakes, a company near Roanne, in the Eighties, the ASSE remained anchored locally, especially considering the economic hardships endured by the region. In 1919 unofficially, and one year later very officially, on 29 March 1920, the Casino Sporting Association (Association Sportive du Casino), issued from the workers' association founded in 1912, was created. With the First World War finally over, sport was finally able to take the field. The purpose of this sports association was to give the company employees the opportunity to practise the sport of their choice in the best possible conditions. For cultural reasons at the time, the most active members worked mainly at the head office, in the warehouses and in the factories. Having said that, the club did not shut out outsiders and soon counted sportsmen from other companies. Their favourite sports were athletics and football. The first chairmen were successively Messrs Godot and Moulin. In their first year, the football teams played under the name of the "Amical Sporting Club", in accordance with the rules of the French Football Federation. This was a cunning ruse to use the same initials as the Association Sportive du Casino. These teams played on the Pont-de-l'Ane ground, which was owned by Casino. Even the highest rated of the players were amateurs, and it was not uncommon for them to work a double shift in order to be free to play. One of the most typical examples was a player called Gabe from the Côte-Chaude district, who worked a double shift at the factory on a Saturday in order to be free on the Sunday.

For the sake of completeness, it should also be noted that the cross country team disputed the title of best club in the department with the Union Sportive des Aciéries de Firminy. Later, in 1924 and 1925, encouraged by Pierre Guichard, basketball was introduced and major athletics meetings were regularly organised at the Chaléassière municipal stadium. They drew a large and enthusiastic public, who came to watch and encourage the athletes from the region as well as some stars. Rumour has it that Jules Ladoumègue himself came here to run. On 17 May 1927, in an important General Meeting, the Association Sportive du Casino and the Amical Sporting Club merged to form the Association Sportive Stéphanoise. The colours of the company were chosen for the strip: green background with white sides. Two years later, when Pierre Guichard had taken over as chairman, a rugby team was created. In this setting and faced with the profusion of the sporting activities, the limits of the Pont-de-l'Ane ground gradually became apparent. Pierre Guichard therefore looked for another playing field, that was larger and better equipped. The Etivallière site was chosen and was named the Geoffroy Guichard stadium. The idea of this square piece of grass which created food for thought in 1929 led to two famous local clubs merging: the rugby team of the Association Sportive Stéphanoise and the Stade Forézien Universitaire (on 17 July 1931), under the somewhat long but already evocative name of ASSSFU - the Association Sportive Stéphanoise and Stade Forézien Universitaire. The first honorary chairman was Mr. Lassablière. The Casino company then acquired thirty eight thousand square metres on the Etivallière site, which until then had been owned by the Rochetaillée family. The company then sold it to the new association for a derisory sum, one symbolic Franc. However, in spite of this demonstration of generosity, the financial effort that would certainly be required for the excavation and construction work, followed by the upkeep, were was way beyond the possibilities of the club in question. So Pierre Guichard, the real instigator of the project and motivator of the sporting activities within the Casino company, and who had wanted to provide the teams of his association with proper installations, decided to set up a limited company to launch a widespread appeal for contributions for the association. The "Friends of Sport" Association was formed, and with a silver spoon in its mouth before long as six hundred thousand Francs were collected in a record space of time. It should be noted that this money was so well used and managed that during the Second World War, all those who wanted to recoup their subscription were able to with no problem. The major work was started. The work was carried out by a company from Paris, Bouhana, which had already demonstrated its expertise by successfully completing the Colombes Olympic stadium in the north west of Paris, which was the reference at the time. Twelve hundred cubic metres of earth had to be moved, sorted, spread and then irrigated to make a surface suitable for a pitch to be laid that would be worthy of so much enthusiasm. A single stand, obviously official, of 800 places containing changing rooms and showers was built by Maison Limousin under the orders of the architect Ploquin. Two pitches were marked out: the first called the "pitch of honour", measuring one hundred metres by sixty six, encircled by a 400 m running track with sloped sides that were sufficiently welcoming to be classed as terraces. Ten thousand spectators could watch in conditions that were considered as comfortable at that period. A second "training" pitch was also marked out in the same overall format as the main pitch, but to the south of it. Finally, a basketball and a volleyball pitch were marked out, complying with the regulations in force, as well as long jumping, high jumping and pole vaulting pits. Pierre Guichard encouraged this interest in sport even further in 1923 by creating a weekly newspaper called "Our sports", which detailed the events and results of the various company teams. It was published without a break until 1944. The merger with the Association Sportive Stéphanoise and the Stade Forézien Universitaire mentioned above ended in 1933, when a new Stade Forézien Universitaire was created with new, independent statutes. And it was in 1933, in parallel to the Association Sportive Stéphanoise, that the Association Sportive de Saint Etienne was created for football alone. It chose the Café des Colonnes as its head office, and naturally Pierre Guichard was its first chairman. In the same year, on 28 June, the ASSE was authorised by the French Football Federation to use professional players. Much later, on 7 July 1941, in the middle of the war, the ASSE merged with the Association Sportive Stéphanoise, but kept its green strip. Football rapidly took on such importance that the athletics and basketball teams felt isolated and increasingly felt the need to be part of a structure which was closer to their centre of interest. They finally united with the Coquelicot Athletics Club under the name of Club Athletic de Saint Etienne. The club was then chaired by a prestigious local figure, Leon Nautin, who now has a street in the city named after him. When Pierre Guichard brought the baptismal funds into the ASSE, a major revolution was taking place. Professionalism began to win favour, as the merits of which had already been discovered in England. Coming from a family of precursors, he was unable to resist such an innovative idea for long. Regional football was mediocre and one sided and no longer satisfied his ambition or the hunger of the supporters in the region. Peugeot in Sochaux in particular had already shown the example, by openly giving its players substantial bonuses. From 1930, several cases of fake amateurs hit the headlines. At the time, the heads of French football, Rimet, Gambardella and Bayrou, to name but a few, decided to create the status of professional footballer on 17 January 1931. Unfortunately, the Geoffroy Guichard stadium had not yet been completed, and Pierre Guichard was not able to apply to participate in the first French professional championship. He was therefore obliged to pass via the Second Division of the time, a championship divided into two regions: North and South. The result was five years of purgatory. The ASSE's first official professional match was played on 3 September 1933 at Bordeaux, against the La Bastidienne team. The Verts won 3-2. The first official match at Geoffroy Guichard was held two weeks later against FAC Nice and ended up with the same score. In fact, this first season was satisfactory overall: no team managed to win a point in the home matches in the Forez and the Verts only lost 4 times away from home. They finished second but only the first team was promoted automatically into the First Division, so they had to take part in the play-offs. These matches were less successful than the rest of the season and they lost twice away and drew twice at home, failing to win promotion. The French Cup was rather strange, as the ASSE lost after reaching the last 16, despite having scored the trifle of thirty three goals in their five previous matches. More than a chairman and no longer a sponsor as such, in this troubled period Pierre Guichard became jack of all trades at the ASSE, especially when handling signings. Just before the new season, he formed a made to measure team by recruiting football mercenaries. Even then, Englishmen, Hungarians and others played for money, without it necessarily meaning they gave or cared more. The contracts were vague, more or less respectable and above all more or less respected. The first manager of the ASSE was a player-manager, the Englishman Locke from Le Havre, and the goalkeeper was none other than Henric, the French No. 1. Alongside the Frenchmen Biechert, Boutet, Kurtz, Veyssade and Chalvidan, there was a Yugoslavian international, Stevanovic, a Hungarian, Szeman and an Englishman, Rivers. Even though these players had a professional contract, the same could not be said off the pitch where there was a certain amount of amateurism. Most of the travelling turned into real expeditions with nights spent in the bus and stops in truck parks. As for training sessions, given the length of the trips and the recuperation required, they were neither frequent nor very closely studied. At the end of this first season, another problem of a financial nature raised its head. The rumour was that a certain deficit would have a very negative effect on the immediate future of the club. Fortunately, Pierre Guichard was keeping a watchful eye and above all kept the books balanced so that an irreversible debt did not have the time to form. During the next season, in spite of progress made both on and off the pitch, the results still did not come. The ASSE finished ninth in the championship and was knocked out after reaching the last 16 of the French Cup by FC Metz. It should be noted by way of explanation of this disappointing result that the Second Division had been restructured into two pools, no longer geographic but based on the results from the previous season. The best teams, including the ASSE, in one group, and the rest in another. In the close season before the 1935-1936 championship, the ASSE ventured onto the transfer market and succeeded in truly strengthening the side by signing a real star, the Austrian international Ignace Tax, transferred from Servette in Geneva. In addition to him, the directors also signed Yvan Beck, Rolhion from Montpellier and Caron from Racing in Paris. At the start of the season, with the new coach Duckworth, and the Englishmen Rivers and Locke, who had not yet been playing at the stadium for over a year, the team was outstanding for a Second Division side. Even if several strange deals brutally revealed the curious manner in which the transfers had been negotiated. It was quickly revealed that the young Pasquini, transferred from Lausanne, had signed two professional contracts within the space of four days. The first with Caen on 15 June for 5,000 F, and the second with the ASSE on 19 June for 8,000 F! The result was that although the Federation approved the contract signed by Pierre Guichard, it suspended the player for 6 months! With four games left to the end of the season, the ASSE could win promotion, on one condition: that they win all of these games. First game against Rouen, first win 4-1. The ASSE was then third, one point behind the two leaders Rouen and Roubaix. Unfortunately, these two teams were playing one another in the final game and a draw would give them both promotion, naturally at the expense of the ASSE. What shouldn't have happened did: they ended up with an ideal 0-0, with the players not even trying, so the tale goes. Pierre Guichard lodged a complaint with the Federation, even though he knew the conspiracy would be difficult to prove. The French Football Federation approved the result without even considering the threat of the chairman of the Verts to quit the professional championship. Luckily, he didn't carry out his threat. Their elevation amongst the elite had to wait a year until 1938, as they had a year of transition following the huge disappointment of 1936. 1938 was a consistent season, where the

ASSE finished second behind Le Havre. Celebrated as befitted the occasion in the Charnay restaurant in Saint Etienne, this ascension to the summit of French football marked the start of their unfailing presence at the top of French football. Apart from the troubled period of the Second World War, and a brief one year drop in the 1962-1963 season, the ASSE played in the First Division until 1985, but that's another story. During the years which followed its inauguration, the Geoffroy Guichard Stadium did not stop expanding. Sixty six years old and it has still not finished growing. Tomorrow perhaps, its windswept corners, the ones we curse in winter, our blood frozen and fingers numb with cold, will be closed. So the old "cauldron" will be completely redesigned, impervious to bad weather. The supporters'songs will no longer waft forth, it will no doubt be very grand. Already in 1934, three years after being built, it had real terraces added on, seated ones, then a little later a second stand on rue Henri-Point. The athletics track disappeared in 1956, the terraces restructured in upright position in 1957, the lighting installed in 1965, then in 1968 the stands and terraces were covered after Saint Etienne municipal council became the owner of the stadium. The directors at the time could understandably consider they were equipped with a big, beautiful stadium. However, they had not seen anything yet. In 1972, a superb office and sports block was put up under the stand on the rue de la Tour. Before two obviously major competitions brought diggers and cement mixers to Geoffroy Guichard. The European Nations Cup in 1984 and the World Cup in 1998. Two major events won by France! On the occasion of the first event, the capacity of the stadium was increased to forty thousand spectators (give or take a few: 10 970 seated and 28 500 standing), whilst for the second, it was brought back to 36 000 seated places, because of FIFA specifications. Customs change with the times. But how could we not regret the famous standing "kops", rolling waves when action was fast and furious, roaring at every goal? How can you sing sitting down, your stomach tight and chest cramped? How can you imagine one day offering a ticket for the match at the cost of a cinema ticket, when the capacity of the enclosure is constantly decreased? Although on this point, the ASSE is doing a lot, it is far from being the case everywhere. Fortunately, all these facelifts have not affected the soul of Geoffroy Guichard. The supporters'singing is almost the same, the great plane trees have not yet buckled, the car park has been landscaped and traffic scheme has followed traffic scheme, twirling around in mysterious twists and turns. The old factory and its tall chimneys still watch over this magic square of grass. Seventy years ago, on this same spot, a few elegant gentlemen in three-piece suits and hats were worriedly surveying marshland. They were far from imagining what they were about to build: a wonderful adventure.

What would someone with a Cartesian mind reply if asked to describe a stadium? Probably something like this: a very ordinary rectangle of grass, opportunely upgraded to a playing field, surrounded by structures called stands or terraces, intended to receive a fairly large number of spectators so as to offer each one a correct angle of vision, insofar as is possible. A lot of concrete and a varying amount of metal, sometimes, for reasons of profitability, an athletics track, in the past a velodrome. Period. And yet, every stadium (or almost every one) has its style, sometimes character, but very rarely any spirit. Although not localised, this sensation of a lived-in place, vaguely perceptible to the solitary stroller in the deserted rows of seats in Geoffroy Guichard, floats in the air, can be breathed in and felt, can induce shivers or can reassure. Stadiums of this calibre are very rare. To what do they owe this kind of additional soul "which is added to our soul and..." In Liverpool, at Ansfield Road for example, with the abiding lyricism of the famous "You'll never walk alone" the songs express their attachment to history and tradition. Each to his own tragedies and history. The history of stadiums is written in tears and laughter. Unique confrontation, sole place of union between a public and its team, the stadium satisfies codes and procedures that only oral tradition can transmit. Love is not something to be learned, being a supporter neither. A decision taken by the FIFA, difficult to understand, leaves us dumbfounded: why would you want to seat the "kops"? For safety reasons was the reply. Seated, there are less of them so they are better behaved, maintains the federal authority. Be that as it may, here, sir, in Geoffroy Guichard, we sing standing up, we shout standing up, we cry and we rejoice standing up. Thinking about it carefully, I can remember a still famous second-round match in the 1979/80 UEFA Cup final against PSV Eindhoven. Hammered 0 to 2 in the first-leg match in Holland, the Verts had to pull off a feat on their home pitch. After five minutes, Michel Platini's and Jean-François Larios'fellow players were leading 3 to 0. At the end the business was wrapped up 6 to 0. Right at the bottom, behind the goals, stuck right in the corner, I did not see anything, nothing but the scoreboard, nothing but the nets shaking three times in the first five minutes. Thank goodness I was on the right side. I adjusted my shouts and gesticulations to that of my brothers for an evening, I united my voice to their voices, linked my arms with their arms, it was cold, it was raining. I prayed in the dark. That evening remains my best recollection at Geoffroy Guichard. "Green hell" or "Cauldron", this terribly French habit of giving a nickname to something they have learnedly named can be nice. Unfortunately, this is rare. It is hardly necessary either to offer one's cheek for a slap in the face: has not the Stade de France become known as SDF (French acronym for "sans domicile fixe" - person of no fixed abode)? The Geoffroy Guichard Stadium was christened with its current version on 12 May 1998. Michel Platini and Yannick Noah, indisputable idols, were there, but also Muriel Robin, faithful to her roots, the so promising young buds of the Gambardella cup too and, of course, twenty five thousand charmed spectators. Admittedly not necessarily very well up on football rites, more attracted by the outstanding cast than by the place or the football, but convinced of attending an historic evening. That night, whilst France was going to be reconciled a few weeks later with football, the people of Saint Etienne were getting a length ahead. A good omen. Yet, and may the various architects who have succeeded one another at the stadium's bedside forgive us, truly, is this stadium really as beautiful as that? After all its facelifts, the risk was considerable. It is not everyone who can successfully make something new out of something old. It has nothing of the Stade de France's radiant aesthetics, the antiquated features of Wembley, the brutal strength of San Siro, nor indeed that strange alchemy of an empty shell which grips you on entering the Parc des Princes. It is better than all that. Generous and welcoming, reassuring and encouraging. There is no room for doubt, it reassures the Verts beginners, embraces the regulars and troubles the visitors. Its name conjures up dreams, its image swells hearts. Once past the hump of St Jean-Bonnefonds, the four blue spires of Henri Point guide the stranger, like so many lighthouses. With its steel stays aimed at the sky, like a four-masted boat, the ship sways on stormy nights but never founders. Even on nights of the worst shipwrecks, Geoffroy Guichard has never shown the white flag. The captains have never abandoned ship before their children, its helm can bring glory or vexation, but never leaves you indifferent. This former marsh ground, filled in with the courage of corporation members, has become fertile. If often drowned by tears of joy or flooded by the most inconsolable waves of distress, henceforth the grass grows better here than elsewhere, thick and green of course. "The cauldron starts here", maintains a mural under which the players of the two teams pass before coming out into daylight. That is for sure. But then what should we say to the person who comes out? Alchemy ends here?

1939-1972, a time for learning

With the last oompah-pahs of the fete scarcely faded, a problem appeared, not necessarily a straightforward one: remain in the First Division, a necessity common to all recently promoted teams, whatever the era. And for that, it was necessary to dispose rapidly of substantial funds to strengthen the team. Pierre Guichard had the idea of doing the "Friends of sport" stunt again which initiated the financing for the Geoffroy Guichard stadium: a subscription fund. But this time it was a fiasco. All the more so since it caused the sparking off of revolt from a part of the public who considered that the Saint Etienne supermarket group tended to monopolise the club rather too much. As this was the case, Pierre Guichard publicly announced the financial difficulties and, as no proposals were forthcoming, not one to bear a grudge, he brought up to date a formula which had already proved itself: involving Casino financially. As a result, not a whisper was heard in the stands any more. Four international players joined the club: the goalkeeper from Sète, Llense, the Lille player of Polish origin, Jean Snella (who we will talk about again!), the Czech, Hess and the Austrian, Hummerberger. And as, at the same time, no-one left Saint Etienne, the overabundant numbers of Verts suddenly represented a sizeable payroll. All that, without taking into account the change in standing for the Verts who henceforth were travelling 2nd class! For the younger readers, you need to know that, at the time, French railway wagons were fitted out according to three levels of comfort. For the whole of France, the ASSE had become a millionaires'club. This first championship ended with a very positive result as Saint Etienne was in fourth position behind the three heavyweights of the period: Sète, Marseilles and the Racing. With, as a peak to the season, a victory over the Olympique Marseilles at the Geoffroy Guichard stadium by 1goal to 0, scored by Ignace Tax. Despite this success, the people's jubilation did not materialise, the war was on their minds. Football was not to escape it. On the eve of the 1939/40 season, the ASSE got added strength on the attacking side. A centre forward, the Englishman Newel, a winger Michel Brusseaux and a half-back Abdelkader Amar joined the club. The really genuine euphoria, arising from a few friendly matches "in preparation" was short-lived. The first consequence of the conflict was to scatter the total numbers of all professional clubs, and in particular those of the ASSE full of foreign players, to the four corners of France. The French Football Federation, which persisted in its idea of maintaining a championship despite the worldwide conflict, called on voluntary clubs. Some of them, of which the ASSE, answered favourably, but not enough. It was then that a hazy idea formed. Divide the championship into sectors according to three geographical groups: the north (nine clubs), the south-east (six clubs including Saint Etienne) and the south-west (six clubs). Setting it up fizzled out, so to speak, since it was stopped in its tracks by the German invasion and only started again at the armistice in autumn 1940. The ASSE did not have a memorable career here, as it only finished eighth with, for consolation, a place in the final of the Charles Simon cup, a sort of French Cup of the unoccupied zone. The next season, the club managed some good performances, before the Vichy government launched into a particularly disturbing programme of reform for top level football. It was aiming, eventually, at doing away with the status of professional player. The Vichy government and its instigator Colonel Pascot hoped in this way to put a stop to the movements of foreign players. Major consequences: by controlling transfers and hampering the smooth running of clubs, two great clubs disappeared: Sochaux and Lille. The players belonging to the ASSE were requested out of hand to go and play in a regional selection named "Lyons-Lyonnais", the last straw. To try opposing this measure, Pierre Guichard said that four professional players - Casy, Tax, Lauer and Jean Snella - were in fact salaried employees of Casino. But the ploy flew to pieces and the four unfortunate players were struck off for life - until the Liberation. Here, things took on a turn wavering between the pitiful and the ridiculous. Clubs were under an obligation to juggle with another surprising measure: sign up four amateurs as full team members. Contrary to the first measure, this proved beneficial in the end. It enabled new players to become known. At the ASSE we can remember Bailly, Teneroni and Rodriguez. Even so, the Verts did not have an unforgettable season. Having started off with difficulty, it eventually snatched a fifth place to finish. Football in the region was extremely hard hit by the war with difficulties in getting food supplies and long, hard journeys. But the event which will remain the event of this season was of another order - administrative: Pierre Guichard's resignation from the chairmanship of the ASSE on 8 February 1943. At the head of the club for sixteen years, he could not accept Colonel Pascot's plan without doing anything. Everything in the decisions and intentions of the latter was contrary to his plan. Furthermore, up until then Casino and Pierre Guichard had invested sufficiently in the club not to let themselves be robbed by an authoritarian, eccentric way of working. So Pierre Guichard resigned for "professional" reasons. He had the vice-chairman, Paul Laval, appointed; Laval died shortly after and was himself replaced on 6 September 1943 by Mr Perroudon, a lawyer. Regarding the latter, Pierre Guichard later made some surprising remarks. "He was a remarkably honest man with an elevated mind. He left a memorable mark, even though he did not like taking important decisions alone. He was the antithesis of Rocher!" For football, as for the whole French population obviously, the summer of '44 was the best. The decisions made by Vichy were forgotten, players went back to their clubs, and the clubs to their championship in two zones. The professional status of players was redefined by Emmanuel Gambardella, President of the professional league. For the ASSE, the championship was to resume its rights in November, which left it quite enough time to get prepared. But the ASSE had also gained in strength. That is the way a few still famous names appeared: Antoine Cuissard, 20, from Rennes, born in Saint Etienne, and René Alpsteg, 24, transferred from Annemasse and Hadjiji. In fact this season was not one of the best, far from it. Eighth in the championship, knocked out in the first round of the French Cup, the ASSE was once again faced with a financial problem. All the more crucial since it was still qualified for the championship of the following season in the First Division. Same problems, same remedies, same subscription fund, but success this time round. During all these post-war years, the ASSE wavered between it being all go and being drained! Second in 1946 but eleventh in 1947, fourth in 1948 but eighth in 1949 and finally eleventh in 1950, the French Cup did not have much more satisfaction in store for it: twice eliminated in the first round of 64 teams, it never did better than the second round. On the other hand, looking at the club's numbers, we see names famous for a whole post-war generation appear. At the risk of forgetting some of them, it is proper to mention the arrival in 1945 of a mid-field of Algerian origin, Kader Firoud and a goalkeeper from Clermont, Charles Davin. Summer 1947 was the summer of major clear-out. With Brusseaux gone to Nancy and Nemeur and Ama to Nice, Tax was able to rebuild. First Cuissard, who had gone to Lorient, returned and two attackers, Rémy and Calligatis, three defenders, Fernandez, Besse and Mathieu and a goalkeeper, Jacquin arrived. In fact this season, managed and started triumphantly since the ASSE found itself in the lead after eight days, ended more calmly in fifth place. However, on the atmosphere front, it is from this era, we are told, that a certain dispute with the Olympique Marseilles was to date. Since the day when Pierre Legalery, a first-rate journalist and a real pillar of football in the Loire department, revealed a massive fraud in the twenty four thousand tickets for the OM - ASSE match. At the end of the 1949 season, the ASSE drastically changed its numbers. Ten recruits arrived, among whom René Domingo who was spoken about a great deal and for a long time. This habit of playing musical chairs had the harmful effect of pinning the dubious image of rashness to the ASSE. Players came to the club because the contracts they were offered were attractive, but they did not play there in an ideal climate of confidence. At the same time, it was not long before Mr Perroudon, who was unwell, was to disappear. Mr de Fraissinette, the mayor of Saint Etienne, then asked Pierre Guichard to take back the control of the club. At that time he was honorary Chairman. On 20 July 1950 he accepted - for an interim period. This sort of term contract that the historic boss of the club accepted was not parenthetic. While Pierre Guichard was a level-header, discrete man, he behaved like a great boss, not fearing to displease and not balking at decision making. As proof, his first decision was to dismiss the coach Tax, the same person he had got to come fifteen years earlier as a player, and to take on his best friend. On account of the Austrian's personality, of the time spent at the head of the Verts and of his influence, his successor could not be just anyone. It was Jean Snella, ex-team leader and ex-bar manager. A monumental career had just begun. To put together a team to suit him, Jean Snella had huge support at his disposal. Fresh money (three million francs) from the town council, as there was not much the mayor refused the boss of Casino, and a loan (seven million francs). His policy: only keep the best players, Ferry, Domingo, Cuissard and Alpsteg, and recruit real reinforcements: the goalkeeper Créteur, the Swiss centre forward Tamini and above all a certain Cornélis Bernardus Rijvers. With his one hundred and sixty two centimetres in height, Kees Rijvers did not impress anyone when he got off the train, despite a reputation as flattering as his visiting card. He had just been selected for the rest of the world team to play against England. On the pitch, however, it was another story. In record time, he became "trottinette" (allusion to a fast runner taking small steps). A professional to his fingertips, he was likewise to the tips of his studs. He arrived with a one hundred kilo trunk of screw-on studs, an accessory unknown in France up till then. Finally, a visionary or far-sighted, probably both, Pierre Guichard, barely reinstated, thought about his successor. He sent for Pierre Faurand, an industrialist in hide processing, disrespectfully nicknamed in the stands to his great rage "the rabbit skin merchant". Here neither, he was not mistaken. At the head of the club, Pierre Guichard acted as at the controls of his firm. He wanted competent people. For him, sport was a serious business and willingness could not replace professionalism. He needed a general secretary, this was Charles Paret an important executive from Casino that he knew well. This man was an absolute workaholic. In the back room of the bar which served as the club's administrative headquarters, he began by learning by heart the rules and regulations of professional football. Then, he received all the club's creditors - beginning by a few priority ones like the Social Security which was beginning to show disapproval - to negotiate the club's debt. At the same time he tried to secure the services of a few additional players of good level. Here neither, he made no mistakes. Oleksiak, Sbaiz and much later Christian Sarramagna came to Saint Etienne thanks to him. In 1952, when Pierre Guichard resigned, Pierre Faurand, aged 38, single, and totally available for football became Chairman of the ASSE, the youngest in France. At that moment, Charles Paret and Jean Snella were working flat out. His first mission was to give the ASSE a great goalkeeper. This was Claude Abbes, transferred from Béziers. During the 1952-1953 season, the Verts finished eleventh in the championship and were eliminated in the semi-final of the French Cup (1-0 by Lille). The following year: a new campaign of transfers, the ASSE beefed itself up further with the arrival of Vernier, Michel Tylinski and Goglia. The consequence: a fifth place in the championship. During the 1954-1955 season, the club won its first official competition, the Drago Cup, an event reserved for those knocked out of the French Cup. During this time, some young players were brought into the team, and not just any players, they were called N'Jo Léa and Rachid Mekloufi. Jean Snella had to work for seven years before reaching apotheosis. This historic season, that of the ASSE's first title of champion of France, had nevertheless got off to a bad start. Jacques Foix, Rachid Mekloufi's accomplice midfield, had left. Made worse by the departures of Koczur Ferry, de Cecco, Ibanez and Orosko, this transfer was a hard blow. Incapable of unearthing the real gems which might have made up for such withdrawals, Jean Snella decided to call on the young players. Result: that season the Verts of N'Jo Léa and Mekloufi danced a "Rock n'Roll" style of football as Jean Eskenazi liked to qualify it in the columns of the newspaper *France Soir*. At the same time proving to be quite exceptionally effective. These two alone scored fifty four of their team's eighty eight goals. Marseilles lost 6 goals to 3 when it came to Saint Etienne and the Verts dominated 7 goals to 1 at Nancy and 6 goals to 2 at Sedan. Leading the league table of the French championship First Division since 2 September 1956, the young players were never to be overtaken. Just caught up once by the great Rheims. Two great teams had just crossed paths.

Their first match in the European Cup awaited the Verts in the 1957-1958 season. Champions of the previous season, they were naturally qualified to meet the other championship winning teams from Europe. The championship at the time had nowhere near the importance or aura that it now has, but was nevertheless an important event. For this baptism of fire, the ASSE travelled to Ibrox Park in Glasgow in the last 32, scored the first goal by Rachid Mekloufi and then went on to concede three. In the second leg, the match was played in the afternoon. At the time, Geoffroy Guichard did not have floodlights. As the factories had closed for this event, there were almost thirty thousand fans crowded around the stadium shouting their team on. The "Greens "won, but only by two goals to one, and were thus eliminated after a wonderful match. They were not disheartened, on the contrary, they had a feeling of pride and above all had discovered the taste of something to which they were to become addicted. The championship season was much less glorious. The team had lost a little of its magic and above all had become the team to beat. At the time, a young player started to make his appearance in the team, Robert Herbin. The war in Algeria took place in 1958 and another player left the country to go to Tunisia via Switzerland, Rachid Mekloufi. Seventh place in the 1957-1958 season and sixth in the 1958-1959 season, the team didn't obtain bad results but didn't obtain brilliant results either. This reached the point that in the summer of 1959, Jean Snella decided to leave the Forez region for the Servette team in Geneva, who were wallowing at the bottom of the Swiss championship. In the next four seasons, the team won the Swiss championship twice with Mr. Snella, but this wasn't the only major change to occur. While René Vernier replaced Jean Snella, the chairman Pierre Faurand ended up risking his health due to worry. He fell ill with jaundice. From 5 June 1959, Pierre Guichard once again took over the club. A third term, a second break, a rebirth? From the very first day of his term of office, Pierre Guichard stated that he knew who his successor would be. No-one saw what was coming. In the 1959-1960 season, the ASSE had a disappointing championship but saved its honour with good performances in the French Cup, which took them to the final where they were beaten 3-1 by Monaco after extra time. The main consequence of this defeat was the departure of the manager René Vernier. To replace him, Pierre Guichard remained faithful to the proven club strategy of promotion from within, and looked to former players at the club. After Jean Snella and René Vernier, François Wicart was called to the rescue, but without success, despite being above reproach, as he was when he was a player, studious and dedicated. Pierre Guichard did not have a lot of time to remain involved with the club at this time, and felt that it was time to appoint a successor. One man knew the club inside and out, chaired the club's sports committee efficiently, ran a construction company brilliantly and knew how to run a club. The man in question had created a youth team when he was 20 and had let poor children play in it. His name was Roger Rocher. And on this morning in April 1961, instead of summoning him as per custom to his Casino office in the rue de la Montat, when Pierre Guichard arrived at the Head Office of the SFTP, a slightly troubled Roger Rocher was not to go back. The deal was instant and clear: Pierre Guichard wanted to leave and only envisaged one person as a successor, whom he pleaded to accept. He laid out the terms and then left Roger Rocher a week to accept, which he subsequently did. On 21 April 1961, the day of the putsch of the 4 generals of the first parachute regiment which were remarked in the OAS. In the steering committee, Roger Rocher only required two votes to have unanimity, that of Alex Fontanilles, his natural rival, and his own. At the time, it was not the done thing to vote for oneself. The 1961-1962 season was a catastrophe, the team was so far down the league table that after a defeat by the Stade Français at Geoffroy Guichard, the team was in the Second Division before the bath. After an understandable bluesy feeling and a night's rest, Roger Rocher, after wondering what he had done by getting himself into this mess, came out battling, backed up by Pierre Guichard who could only stand by his decision to appoint him. They were facing an uphill struggle, and so they needed to fight. He assembled everyone at the stadium and reassured all of his players that they would all be staying. They had been relegated together, so they would win promotion together. And to make amends in the meantime, they would win the French Cup, for despite being relegated to the Second Division, they were qualified for that famous final. They won, beating Nancy 1-0 with a goal by Baulu in the 87th minute, achieving what no relegated team had ever done before. The match was played at the Colombes stadium, where Baulu, the right wind, was born, and he shone that day to the accolades of his childhood friend's gathered on the Parisian terraces. He had already scored six of his team's twelve goals in the previous rounds, but the one he scored three minutes before the final whistle was surely the crowning point of his career. This somewhat paradoxical situation in sport was quite simple to explain. The team of young players of 1957 had not had the time to mature, they had run out of steam. Some of the players lacked the maturity required whilst the older members of the team had unconsciously but surely started to move away from football. Henri Guérin, the coach in this unlucky season, was only partially to blame, and was even supported by Roger Rocher at one time. In other words, Vernier and Guérin had failed just after their more successful predecessor. Henri Guérin was asked to leave in March and the season finished with highs and lows, more lows than highs with a 4-0 defeat by Lyons. The shadow of Jean Snella hung over Geoffroy Guichard until the end of his contract with the Swiss team, which meant yet another stand-in manager was required. Another ex-player was appointed, François Wicart, sacked a year before! Best attack, fourth best defence and four points clear of the second placed team, Nantes, the ASSE walked the Second Division. In parallel to the sporting results, Roger Rocher had started the task of rebuilding. At that time everyone thought that it was a mere formality that Jean Snella would be coming back, but no, he needed persuading and imposed the condition that the team would first have to be promoted into the First Division. The second objective was to bring back Rachid Mekloufi. In 1958, the Algerian had joined the FLN forces, and with the problems plaguing the OAS forces, this seemed to be a rather delicate matter. In fact, apart from several moments of anguish for Roger Rocher, a handful of anonymous letters for the club Secretariat and unfortunately the inevitable racist insults, everything went OK and he returned to the club. He also started scoring again and everything was forgiven. Qualified for the European Cup Winners' Cup, the ASSE got through the first round against the Portuguese side Setubal before being knocked out by the Germans from Nuremberg. Apart from that, nothing special. The following year, guided by Jean Snella, the Verts pulled off another first: to become the first team promoted to win the French championship. Only strengthened by the international goalkeeper Pierre Bernard, which didn't seem a lot in view of their situation, they started in a whirlwind and continued to the top spot, which they had to defend, in spite of a series of problems. The winger Veggia ended his season prematurely following an injury. The same also happened to Bill Domingo, only with worse consequences as his double (tibia and fibula) break of his leg put an end to his career. The same thing happened to René Ferrier who never managed to regain his former level. Thus the seasons followed one another, each different from the last. After winning the French Cup when relegated, the Verts became champions of France after having been eliminated from the Cup in the early rounds by Toulon - that's football for you! To prepare for the European Cup, the ASSE made two surprising buys, two regular members of the French team, Heutte and Wisnieski, both very expensive, both very demanding, and both right wingers! This didn't fail to cause some disruption within the squad: Hartman, Baulu and Mason were transferred and Foix retired. Thus, the 1964-1965 the ASSE team had in their attacking lineup none other than N'Doumbé, Mekloufi, Guy, Wisnieski and Heutte, not bad at all. However, formations which don't work today didn't work at the time either. This constellation of stars were eliminated from the European Cup in the first round by the La Chaux-de-Fonds team from Switzerland, finished seventh in the league and only managed to save face a little by losing in the semi-finals of the French Cup to Rennes. If you don't change a winning team, you can turn a losing team on its head. Just before the start of the 1965-1966 season, Guy, Ferrier, Heutte and Casado were transferred. However, the troubled climate at the time also brought to light several dubious affairs. The day after the defeat by the La Chaux-de-Fonds team from Switzerland, Roger Rocher confirmed that he had been approached by the Swiss directors to fix the match. Then it was the local rivals at Lyons who were brought into question, accused by the Chairman of approaching ASSE players under contract, in particular André Guy. In any case, at the start of the season, they only had eight professional players and therefore had to call on young players such as Hervé Revelli, Larqué and Camérini, and to try occasionally players such as Jacquet and Mittoraj. The other original aspect of this period was Robert Herbin being regularly placed alongside Rachid Mekloufi in attack. The Nice Cavigal defender was suddenly transformed into a feared striker, scoring thirty goals in the season, including five in one game against Cannes, helping to create a final winning score of 8-2. The following season, 1966-1967, the ASSE continued with its policy of using young players by selling Tylinski, Salen, Bordas and Wisnieski. Wisnieski left for Sochaux, and a good defender called Bernard Bosquier arrived from the sale team, creating the transfer of the year. The international winger André Fefeu was signed from the Stade de Paris and Hervé Revelli won a regular first team place. The ASSE won a third title as champions of France, with the best attack, best defence and leading goal-scorer (Hervé Revelli) and best player (Rachid Mekloufi). In this same season, Aimé Jacquet established himself at 25 as the ideal team player, with an incredible work rate and untiringly picking up loose and lost balls. He obviously enjoyed this role immensely, and deserved this reward as the road to success had not been easy. The young lad from Sail-sous-Couzan had suffered from viral myelitis during a trip to Abidjan, which left him paralysed and nearly obliged him to stop football. Another revelation was Georges Bereta, who it seemed had been around for so long that no-one noticed anymore. However, when Fefeu was injured, the youth player started out on his career. Everything would have passed smoothly in an ideal world, except for a certain 23 April 1967, when Jean Snella announced that he was leaving and the name of his successor, his best friend Albert Batteux. Not really a change, more of a succession, as both men were of the same mettle. He only made two changes in the 1967/68 season, replacing Pierre Bernard, who was 36, by Georges Carnus, and the arrival of the Yugoslavian Durkovic from Munchengladbach. The championship was not so much a formality but a walkover, finishing top for their second consecutive title and four in all, with an eleven point lead over the second team Nice. However, things were not quite so smooth off the pitch. First of all, there was in October 1967 the arrival in a taxi from Orly in Paris of the Mali player Salif Keita. The story is an old one but caused a few sparks in the accountant's office. This only lasted until 19 November, when he played his first match and scored his first goal, against Monaco. Salif Keita had been wearing the green shirt for just seven minutes. The problem was that at the end of this season, Keita's talent seemed to cast a shadow over that of Rachid Mekloufi. However, the ASSE couldn't field twelve players and he had to be given a place. For once, diplomacy won the day. Incredibly, Albert Batteux chose the Algerian, whose age and track record merited this consideration. He did so by being convincing compared with Keita, up to a final of the French Cup against Bordeaux and a second double strike by the Algerian. Mekloufi scored his last two goals, honour was saved and the passage was wide open for Keita. 1968/69 and 1969/70 saw two seasons and two titles, a third French Cup, and the ASSE became the capital of French football. The passion was rising but in European competition, there was always a stumbling block or a major team which prevented the club from reaching the final phases. Knocked by Celtic in 1968/69 in the last 32 then in the last 16 by Warsaw Legia the following year, the ASSE could not find success in Europe. One notable exception was when they knocked out Bayern Munich in the last 32 in 1969, after a superb second leg, winning 3-0 at Geoffroy Guichard after losing the first leg 2-0. In these two seasons, Hervé Revelli and Salif Keita were the scourge of the penalty area, scoring respectively sixty-two and fifty-two goals in all competitions. However, the clouds were already forming on the horizon, as the Olympique de Marseilles and its chairman Marcel Leclerc, already with a good team containing Skoblar and Magnusson, used the heavy artillery to woo two key team members, Georges Carnus and Bernard Bosquier. At the end of their contracts, the two friends were contacted by the Marseilles club in the middle of the championship. When informed of this, Roger Rocher was furious and decided to part ways with the two men, without negotiating and without asking Albert Batteux's opinion. This crisis deeply disrupted the team, which led to a series of bad results and a second place in the league... behind Marseilles. There was more to come though, Durkovic, Camérini and Hervé Revelli left (for Nice), soon followed by Salif Keita, the last hold-up carried out by Marseilles in the Forez. Finally, the icing on the cake was the resignation of Albert Batteux at the end of the 1971/72 season, who had become weary of the situation. What no-one imagined at the time was that by entrusting the team to Robert Herbin, and by giving a chance to young players to replace the stars who had left for Nice, such as Patrick Revelli, Repellini, Merchadier, Lopez, Santini and Synaeghel, the green shirt was preparing to write the finest chapter in its history.

1972-1976, a time for shining

But things did not go as simply as that, nor as quickly as those involved would have liked. Firstly there was fanatical competition from Olympic Marseilles who refused to give in. Irritated by the ASSE's spectacular success and in the absence of a training centre or comparable recruitment structure, the Marseilles club had adopted the strange habit of helping itself to players of a high level from the Green ranks. Result: the day after the Carnus-Bosquier affair, other players suddenly showed a certain desire to change sides. Certainly this way of doing things may today seem trifling since such processes have not only become common practice but they are the strategy used officially, but at the time they were not. A contract was a contract, a sort of word given, which could not be ended before its due date. Better still, there was such rivalry between club X and another club Y, whether for reasons of past history, sports or - why not - culture, that leaving a team for its worst enemy constituted something unthinkable, real treason. The departure firstly of the Yugoslav Durkovic for the Sion Football Club in Switzerland, then Francis Camerini, another defender, and Hervé Revelli the star striker and record goal scorer for Nice, did not fall under this category. These transfers provoked no outcry, and that of the elder of the Revelli brothers even went so well that his return to his roots two years later was just a formality, an epiphenomenon. This also explains the way in which the ASSE was actually managed at that time. Pierre Garonnaire ran an ever-growing file of youngsters which was largely sufficient and above all became the only, or nearly the only, way of meeting the club's needs. Albert Batteux, the coach, would present his wishes and grievances as regards the number of players he thought was essential to have to achieve the objectives set by the Chairman, Roger Rocher, who would make the decisions. To strengthen the team, Pierre Garonnaire first signed Christian Sarramanga, a young player from Bayonne Aviron. This transaction gave rise to an incredible carry-on, a gloomy business of competition with the Bordeaux Football team. Then came Gérard Farison and Patrick Parizon. Hardly anyone was missing. However, at that time nothing was ever really calm between the major rivals and Roger Rocher had a new reason to complain about the OM: the Keita business. He too was lusted after on the Canebière, he too was lured by sizeable wages and for him also there was a tricky legal imbroglio. Probably being fairly badly advised, at the end of the season the great Salif tried to avail himself of an availability clause provided for in his contract or, at least as he thought, likely to bring a premature end to it. A fine and suspension, be that as it may the career of the Malian and the love story which seemed to tie him to the ASSE for ever merited a better end. Finally, Albert Batteux also left, with no strong words nor crossed swords, smoothly but with a certain nostalgia, that of happy days where things were going better and where a footballer was not certain to end up in front of a lawyer or a disciplinary commission. Finding a successor for him did not present a real problem, everybody knew it and everyone was ready for it. Everything seemed to be linked together, linked like a well-oiled mechanism, history seemed already to have been written and in any case it was happening. The announcement of his name was no surprise, all that remained was for him to accept. Robert Herbin, since obviously it was Robby who was being talked about, was still young and he had probably not yet imagined his career from this angle. And yet... Just at the time when Roger Rocher started to make contact with him and to persuade him to take on the sporting responsibility for the ASSE, Robert Herbin was at the Vincennes National Sports Institute working towards... qualification as a coach. Moreover he came first. During the course of his career, Robert Herbin went through almost all team positions save for - so it seems - that of goal keeper. He was also very interested in the different experiments that at the time were springing up almost everywhere as regards the best way of shaping a team. This interest for the game's environment never surprised anyone. It was in the nature of this man. Robert Herbin had always seemed like a lad enamoured with technical perfection and a notorious fanatic for everything connected with physical preparation. Finally, the ultimate ability, on the field, he nevertheless worked under the orders of two monuments of their kind, Jean Snella and Albert Batteux. A very fine school. He knew very many things and was already filled with a great idea: a team was firstly and above all a homogenous group. Obviously he already sensed that the one set up by Pierre Garonnaire, consisting of the winners of the 1970 Gambardella Cup and reinforced by elements incorporated right at the start of his career, was able to work wonders. He felt it implicitly and always held on to this conviction, but obviously he was probably far from imagining how right he was. In the team then imagined by Robert Herbin, a double shortage had still not been filled, those resulting from the departures of Bernard Bosquier and Georges Carnus. Pierre Garonnaire thus took up his talent scout's stick again and packed his cases again. In fact, he would achieve two very noteworthy transfers in the club's history. Firstly that of the Yugoslav goalkeeper Yvan Curkovic, then that of the Argentinean team's fullback, Oswaldo Piazza. This latter recruitment was a little complicated insofar as in principle the Argentinean Federation never released players under 27 years old. That year, Oswaldo was only 25. But a real team isn't built in a day and for its first season, being completely rebuilt, it would firstly experience highs and lows, finally treating itself to an honourable conclusion. Nantes were the champions that year and the ASSE finished fourth. In particular, they was beaten in Marseilles 3 goals to 2, including 2 by Salif Keita who, full of revengeful jubilation, had the cheek to give Chairman Rocher a magnificent V-sign and most logically the indulgence of... a fresh suspension. After a year of learning came the year of winning. That is what happened in 1973/74, the season of a double, the Cup and the Championship, the third in the ASSE's history. On the eye of the following season, 1974-1975, after a summer of World Cup football in Germany without France, Saint Etienne started the championship in the worst way. After six days, the Verts were in fourteenth place. However the players and the coach were the same as the previous season. Nobody could understand it, the values which had been the club's strength during the previous season seemed to have vanished. A major date was emerging on the horizon, the first round of the European Champion's Cup, and a sort of anxiety ruled when crossing swords with the Sporting Club of Lisbon. A first-leg match in the Forez. And in fact this meeting between the Portuguese was to be a trigger. Not only did Robby's men dominate by 2 goals to 0, but they also suddenly trotted out their football lesson with re-found mastery. The Revelli brothers were on good form, Hervé opening the score in the fifteenth minute on a pass from his brother and Georges Bereta doubling the score in the fifty-eighth. The Lopez-Piazza line of defence also showed itself to be unyielding. However, although the return match started in an ideal way, at half-time it took a dramatic turn. Synaeghel had scored on the half-hour and Yazalde equalised just before half-time. Before the referee disallowed the agonised Portuguese three goals in the second half alone. The ASSE could take the plane with qualification in their pockets, and sing: Lisbon is beautiful, even when the "oeillets" are revolting! Opening under such auspices, the season was to be one of the best. Everyone remembers or has been told of that day. Events upstairs, the nth business of transfer between Marseilles and Saint Etienne is also remembered. That of George Bereta. Leclerc out, the new Chairman Méric and Roger Rocher were to play a slightly complicated game of bluff. And twenty-five years later, the nice Georges has retained a painful scar. While he was playing on a cloud, as his services in the European Cup in particular show. His attachment to the ASSE and to his region seemed to form an unshakeable link. However, Roger Rocher sold him to the OM for fifty million centimes without him having a say in the matter. Looking back, it indeed seems that this arrangement suited both parties, if not delighting the player. The ASSE was nursing the slightly feverish finances while the OM was becoming stronger and above all was saving face vis-à-vis a rival which that year was significantly better. What left a sour taste in the mouth was a whole series of sickening remarks which the personality of Georges Bereta seemed to be at the centre of at the time. Which takes the cake when you know the chap. French Championship and Cup, so the fourth double, the Verts were excelling especially through a first European saga, the second finest in their history. And indeed everyone knows that history. After the Lisbon Sporting, the ASSE disposed of Hajduk Split in the round before the quarter finals and Ruch Chorzow in the quarters before coming to grief with Bayern Munich in the semis. The Germans blocked their path to a European final programmed for... Paris. They would do the same thing again and worse. But the feat of arms was obviously the first leg and return match against the Yugoslavian champions: after a heavy away defeat 4 goals to 1, Robert Herbin's men did better than redeem themselves. Two hours of anthology to Geoffroy Guichard for a magnificent result of 5 goals to 1 after extra time. It is still being talked about and that evening is part of the legend. With the Verts, France would discover evenings with friends in front of the TV and would fall in love with this mining city in the centre of France. The black city had become Green, people were talking only about that and people are still talking about it. Finally, a last souvenir of this huge season and which television has never got tired of (but how can you blame them?) bringing it out at regular intervals whenever they get an urge to talk about technical mastery, Jean-Marcel Larqué's famous volley in the seventy-ninth minute of the final of the French Cup against Lens. Thirty metres out on a cross from the right wing, the midfield player who was not yet "Jean-ified" by Thierry Roland, didn't hesitate for a tenth of a second. He took the ball when it was more than a metre off the ground and sent it directly under the Lens goalkeeper's crossbar. Nobody had moved, only President Giscard d'Estaing was already reaching towards the precious trophy. He knew from that second of acrobatics that he was going to hold it out. After such a season, the ASSE were under the spotlight. Myths being in fashion, the Verts were in all the news and the subject of everyone's curiosity and envy. How do you cope with such reverence if not by getting back to the job in hand and praying that this time the job will not be interrupted when it is being finalised. The European! The European! Only that was left. So much so that it seemed at the time that the championship and the French Cup had become training sessions, simple preparation for the continental jousting. Chairman Rocher's men had to sweat blood to win a third consecutive national title, for millions of fans this was trifling. This European campaign was to start piano with a trip to Denmark against KB Copenhagen, two victories, 5 goals to 1 over one hundred and eighty minutes of play. In the second round, although luck was less kind in choosing Glasgow Rangers, the outcome was the same. But contrary to their glorious predecessors of 1957/58, these Verts got over the obstacle, even allowing themselves the luxury of a preliminary win on Scottish soil. Things couldn't be better. In the quarter finals, Kiev Dynamo, an away first-leg match, would otherwise have seemed more formidable, a sort of Everest for the young lads from the Forez. Which was indeed confirmed by the result of the first-leg match at Simféropol, 2 - 0, goals by Dominique Bathenay - an own goal - and Alek Blokhine, the great European football star of the time. Certain people claim that history does not repeat itself, that ground is not gone over again. It does for the ASSE! After the historic Split recovery, the lid of the cauldron blew off again. After an infertile first half, Hervé Revelli opened the score, copied by Jean-Marcel Larqué. One and a half hours into the game, the match deficit was to be made good. No more. The saviour was to be called Rocheteau, in the 112th minute of a match which for a long time was heading towards tragedy. The players were exhausted, rigid with the cramps, because the Russians seemed fresher, forty thousand supporters shouted their encouragement. When finally the net shook for a legendary 3 - 0, a single rumble rose from the enclosure; enormous and immense it would last until the final whistle. We had long ago left the field of sport, of tactics and of technical perfection to approach unknown frontiers. These men were real extra-terrestrials. They probably beat a team which was stronger than them in terms of technical mastery, which has happened many times, but on the field of courage and commitment they were untouchable. Moments of such intensity belong to the players alone. As for Robert Herbin, at the end of that crazy evening he acknowledged that he would have liked to have played in that match to be in the midst of them. They are obviously outstanding individuals. Jean-Michel Larqué, the strategist, Yvan Curkovic, life insurance or again Synaeghel, the man with three lungs. But there is one who rose to a new level, Dominique Rocheteau. Already different, the man is like he has always been. That he is modest can be seen and is respected. "The Green angel", to repeat an expression which should irritate him deeply, became a symbol, the time for a swerve, the space of a one-two. Brand new, he had just come into the team, he played the free electron and only his talent enabled him to take his place. He would score fourteen goals in his first season alone, 1975/76. Twenty-three years later, Dominique Rocheteau has remained a different sort. Still discreet, he seems only to be interested in football in difficult suburbs and appears only in news flashes. Suggestive, almost subliminal visions of raw talent. Two weeks later, for the semi-final, the Dutch from PSV Eindhoven were setting out on the road leading to Glasgow's Hampden Park. Strangely, this match did not remain in one's memory in the same way as the others. It did however take place and the Dutch were neither resigned nor minor players, this anonymity probably coming from the fact that for once the scriptwriter for the two fixtures had worked with restraint and in classic fashion. 1 - 0 in the first leg at Geoffroy Guichard for the Verts, they "only" had to get a draw on the return. Easy! For once, there was no need to achieve a feat. There was no need for panic. Although the pessimists knew that the PSV were financed by the Philips company, which in itself is not disastrous, they were unaware that it was trained by a certain Kees Rijvers. The same person who shone twenty or so years ago alongside Mekloufi and N'Jo Léa, who helped the ASSE to land its first French champion's title, was setting out on the road. Like some balls, fate sometimes takes a very strange turn. One of the ASSE's historic pillars had only one objective and only one ambition: to deprive his old club of its first European Cup final. In fact, all went well, or almost. Although they had left to watch the PSV Eindhoven against its old rival Amsterdam Ajax, after a few tragicomic episodes a delegation from Saint Etienne saw itself completely kicked out by a few large Dutch. The PSV men had dispensed with their adversary for the day by 3 goals to 1. A comment from then? One from Jean-Michel Larqué: PSV Eindhoven, that's Ajax plus! The first leg was awful. The Dutch played well and were increasing their opportunities and Saint Etienne - the survivors. Finally, the Verts were content with the old saying which goes that on home ground above all don't concede any goals. They only scored one, by Jean-Marcel Larqué in the 15th minute. The union minimum was enough. Since nobody else scored any more goals. The Verts had held on, they were ready to die on the green but that was not necessary. One man rose tall from this combat, a man who was more singular than the others, also more exposed, more fortunate than ever, Yvan Curkovic. The Yugoslav goalkeeper took shot after shot without ever panicking nor getting upset. He reeled off his lesson of gestures with exemplary precision and composure. More life insurance than ever, the man who was formerly from Belgrade Partisan and more reserved than usual, was enjoying it. He probably knew that he had written a new page in a personal history which was for ever linked to the AS Saint Etienne. He did not yet know to what extent. That day, the ASSE was France. And France was thus in the final of the European Club Champions Cup against the Bayern Munich of Beckenbauer, Muller and... Roth, amongst others. From now on, the whole country marched behind its Green lads. One month, only one month, or even so one month separated them from crowning glory. Perhaps... in one month the European Cup. In fact, for one side that last month started one week before its due date. And here, the Germans had nothing to do with it. The ASSE had to play a late match against Nîmes at Geoffroy Guichard, good preparation one would think. In fact, it was a disaster. Not the score, a 5 goals to 2 win, which is good for the rankings, moral and the goal average. Not for the team. Those who were delighted by this canter at home had fairly quickly forgotten that a match at Saint Etienne, whoever the visitor, was never an insignificant game. And especially for the Nîmes players who were more Nîmes-ish than ever. Back in the changing rooms, Farizon and Synaeghel were injured, the former would not play in Glasgow and the latter would need a medical miracle. Added to Dominique Rocheteau's injury, these two "mishaps of the game" as the Management from the Gard called them, became two national disasters. Whatever, Saint Etienne, who were committed to Glasgow and for life on this Wednesday 12 May 1976 came to a halt. Everybody knows what happened next. Perhaps too well. Missed opportunities and the square posts, Rocheteau's entrance and above all Roth's free kick in the fifty-seventh minute, resulting from a Muller who was more crafty in the goal area than ever. Tears in torrents and in floods, many tears and also regrets. A little reflection was needed. A match lost, a match won, these are the ups and downs of football. A lost final, the turn of events is just a bit too much. But looking back, didn't the ASSE just ruin its career that evening? One can well wonder. Certainly the Verts will play other matches, including the European Cup, and will win some and not only against straight men. They would once again be champions of France and would win a sixth cup. But it would quickly be felt that something was broken. A sort of spring had gone slack, a state of mind had had its day, the group would slowly break up, the club's policy would change, stars would arrive, good servants would leave, nothing would ever be the same. But there again, that's another year.

1976-1982, in the starlight

The Champs-Elysées, the tribute paid by the President of the Republic and a defeat made to sound like a victory are the kind of excesses that cannot be easily digested. Such an avalanche of honours ended up in a stomach ache. Despite what people kept repeating to them, the players refused to hear talk about moral winners. And they were right, for a defeat cannot and should not be interpreted as a victory, which would amount to fooling oneself. There is no happy defeat and only victory counts. This is more or less what Robert Herbin said: his players had shown admirable spirit and self-sacrifice but they had lost. After that ill-fated Scottish day, the Verts did not all react in the same way. They were all very affected, particularly Oswaldo Piazza and Jean-Michel Larqué too. From the final whistle, he vaguely knew he would never win this wretched trophy. As a more reserved and distant person, he had never sunk into the excesses of the Green Mania. At the dawn of the 1976-1977 season and for the fourth consecutive year, the professional team was still operating like a "clique", like a fortified camp. No-one would leave the group nor would anyone join it. It was as if it had been written that these men would grow old together. That amounted to refusing to take into account the legitimate weariness of a group. At that time, the ASSE was operating with a pool of about twenty players who could more or less be retained to play for the first team with a few others theoretically stuck with the reserve side but who occasionally joined the group. So, for seven or eight of them, going up and down was their daily bread. Jean-Michel Larqué was in this case, first after being injured and then rejected all year long. This situation inevitably led to his transfer. His relationship with Robert Herbin had never gone past courtesy but at this stage, they were really becoming strained. Two cultures with probably too few differences and competing against one another, the tempo of two falsely calm and laid-back persons but both who were really determined. Besides these conflicts, it must be mentioned that after having been integrally kept and confronted with rather tasteless tasks after the thrill of Europe, the group seemed bored to death. This went as far as contenting itself with a 5th place in the French championship. But of course the French and European Cups were still to come. In the first two rounds of the continental event, the team gave the impression they were reciting a perfectly controlled lesson. Both SK Sofia and then PSV Eindhoven were put through the same mill with a 1 – 0 at Geoffroy Guichard and 0 – 0 away. Similar circumstances led to a similar punishment. As far as the Dutch team was concerned, the nights following that event must have been troubled. Failing to beat the same team two years in a row with the same plan and not managing to score a single goal in four matches must have irritated them. But the wonderful adventure would come to an end in the quarter finals in Liverpool. After a new 1- 0 victory in Saint Etienne (goal by Bathenay in the 78th minute), the return match, without Piazza who had been sent off a two weeks before, was a 3- 1 walkover for Kevin Keagan's partners. The results in the French Cup were indeed outstanding. After having caught up a 3 – 0 defeat in Nantes with a 5 – 1 victory which reminded nostalgic fans of another previous campaign, the ASSE got its sixth, and until today last, French Cup by beating Rheims 2 – 1. They had saved the season but probably that was not necessarily what was important. It was written that the obstinate internal training policy, totally lacking any proper judgement, was going to get ridiculous. By dint of double-locking the recruitment doors, the ASSE suddenly woke up with an ageing and little motivated group. Moreover, by stepping back a bit and like what other clubs like Nantes or Auxerre have done since then, it is quite interesting to note that truth in football, as far as setting up a team is concerned, probably lies somewhere in-between the two extreme solutions: external recruiting at all cost and die-hard internal training. Until the dawn of the 1977-1978 season, Roger Rocher, Pierre Garonnaire and Robert Herbin had always managed to control the awkward harmony on this point and to reach the delicate balance between fresh blood and veterans, between exoticism and protectionism. That period was obviously over. During the close season, massive toings and fro-ings of players kept the club corridors busy. Some "rookies" called Roussey (coming from Mazargues), Zanon, Wolf, Garande (from Oullins), Lestage (from Dax), Bellus, Digon and Poinçonner came, strengthened by two authentically professional stars: Zimako from Bastia and Barthélémy from Angers. Lacuesta, Larios and Vézir left for Bastia, Schaer for Auxerre and Modeste for Cannes. But above all, what had been expected for a long time, Jean-Michel Larqué left the club for to Paris Saint-Germain. All that upheaval had two consequences: first of all, the relationship among the management team deteriorated. Robert Herbin was hardly enthusiastic about that reorientation in the players management while Pierre Garonnaire could not possibly look on such a reversal of the situation favourably although his task was becoming more specific. He was no longer to seek budding talents but to persuade the best players to join the ASSE. That was another job. One must not forget it was the end of the '70's and that money would not be long in flooding football and that prices would soon take off. On a purely sports front, the Green fans were to experience a blank year. Ranked seventh in the French championship and without having had the chance to play any role, eliminated in the French Cup as early as the last 32 by Sochaux and eliminated from the European Cup as early as the first round by Manchester United 3 – 1 over the two matches. Definitely, everything was going wrong. During the next close season and in order to try to lift their heads up, the ASSE started on a new recruitment campaign. Jean-Marie Elie from Lens and later Bernard Lacombe from Lyons joined the Forez region. As a matter of fact, and even if getting that confession out of him today would be a hard task, at that time the future OL coach needed no persuading to put on the green shirt. However this recruiting could not make up for a few heartbreaking departures in the eyes of the supporters: Bathenay going to PSG, Patrick Revelli to Sochaux, Christian Synaeghel to Metz and Hervé Revelli to Sion. In order to compensate this talent-drain, Jean-François Larios who had been lent to Bastia rejoined the group after a particularly rich season ending with a UEFA Cup final. A page was definitely being turned. The balance of this mixture was not as bad as one could have feared. After a terrific brawl with Nantes, Monaco and Strasbourg, the ASSE finished third behind Strasbourg and with the same number of points as second-placed Nantes. Gueugnon, the neighbour and eternal rival had made sure they kicked the Verts out of the French Cup in the round before the quarterfinals. That team was still lacking something, a form of catalyst, a kind of team leader. Jean-Michel Larqué had not yet been replaced, at least not on the pitch. So the ASSE was on the hunt for rare game and in fact, as early in the Spring of 1979, everyone knew who the big cat was and had known who for a long time. All the clubs were on his trail. The French of course, but also the Germans and the English. His destiny seemed to be marked out and it was going to be a great one. Indeed, it was the greatest of all. On 28 May 1979, Michel Platini who grew up, was educated and was successfully put into orbit at A.S. Nancy Lorraine signed with Pierre Garonnaire a two-year contract with a third-year-option. What has not already been written about this exceptional player? But the man who was hiding behind the player was of course still to be discovered at that time. The Nancy managers, and in the first place his father, had delayed his departure as much as possible. Aged 24, the kid from the village of Jœuf could finally leave the nest. But those close to him knew perfectly well that such a talented player needed a first-rate club among the greatest clubs to express himself fully. Among the candidates there was already Bayern Munich and Manchester United. Looking back, Michel Platini joining the ASSE was fairly logical, especially as the club was about to play the UEFA European Cup during the next season with very high ambitions as always. Considering his age, the best French player in the star French club in 1979 was quite normal. Whatever may happen, that detour through the Loire department was leaving him easily enough time to blossom out and make his fortune abroad. A few days later and coming after that French star, a new top of the bill player opted for the Green shirt, but coming from Holland this time. He was Johnny Rep. This transfer was made possible financially with the departure of Oswaldo Piazza. Two departures only that year, the first one, quite discrete and a little sad, of Christian Sarramagna to Montpellier and the second one, more important and far more troubled, of Bernard Lacombe. In the Premier League and after a brilliant start, the team took several cruel setbacks mainly due to the fresh absence of Piazza which threatened the defence and to other more occasional absences ones of Geoffroy Guichard's new idol, Michel Platini. This resulted in a third place in the French championship. A half-full bottle: the club had again qualified for the UEFA Cup; a half-empty bottle: only the Premier League title would have counted considering the investments made. The European Cup was more or less cast in the same mould. A good start, promising results and then off-track! An easy win versus Lodz and a great achievement against PSV Eindhoven. This time, the old enemy, still coached by Kees Rijvers, after a fine 2 – 0 win on their pitch went to pieces in five minutes at Geoffroy Guichard and ended up with a 6 – 0 defeat. This remains one of the great evenings of a stadium which had already nevertheless known a great deal. That evening, the attacking armada composed of Rep, Zimako, Larios and Platini was as thick as thieves (some would add "just for a change!") to the great displeasure of the Dutch side. In the next round the Verts made their way through versus the Greek port of Salonique and, in fact, in a rather fine way. After a fine 4 – 1 win at home, they achieved a spectacular 3 – 3 draw in Greece. However, in the quarterfinal versus the Germans of Munchengladbach, it was their turn to collapse. A 4 – 1 defeat in the first match in Saint Etienne had prematurely finished off the second encounter in Germany (2 – 0). One of the key aspects of the ending season lied in the weakness of the defence line. The team used to score many goals but very often conceded even more. That is, when the defence didn't go totally to pieces. As a result of this, that sector of the team was almost completely under the spotlights during the close season and the increasingly disputed competition for transfers. Had the defence failed? Then Bernard Gardon and Patrick Battiston were called to strengthen it while Gérard Farizon left for Fréjus (Dominique Rocheteau, in another sector, for PSG whom Laurent Paganelli tried to stand in for). At the same time, Yvan Curkovic entered a period of disgrace due to rather nebulous reasons it seemed. His replacement was well known, altogether suited to take over and a pure product of the Olympique de Saint Etienne: Jean Castenada. In retrospect and very cautiously, one can spot in the apparently poorly founded ousting of the Yugoslavian the premises of the terrible crisis that was soon to overcome the club. Around the goal-keeper's personality and his possible re-conversion within the club, Roger Rocher and Robert Herbin started to stigmatise a rivalry which quickly turned into a real and direct opposition. And what's more... But it was going to get worse. 1980-1981 remained as the year of the tenth and last championship title. From that title, today's Verts wear a star above the club's badge. Although restricted to a fierce rivalry between Saint Etienne and Nantes, that championship was exciting and only came to a conclusion on the eve of the last day. In the French Cup, Saint Etienne lost again in the final versus Bastia (2 goals to 1) and that was a shame for a double win would have been most welcome. On the European Cup scene, once again, the ASSE alternatively displayed brilliant performances and ridiculous games. A generous 14 – 0 win over two matches (0 – 7 and 7 – 0) was inflicted on Kuopio Palloseura and a win in the last 32 over the Saint Mirren before a real achievement, the last one: 5 – 0 inflicted on SV Hamburg in Germany. Fantastic, wonderful! Almost as good as... the hammering received versus the English team Ipswich Town: 1 – 4 in Saint Etienne and 3 – 1. Obviously, the European ambitions of the ASSE were facing less and less intimidated opponents and the bad spells of a team in the hands of its boss. And a man who had never and has still not built up a team on his own. How then should the 1981-1982 season be tackled? As far as sports is concerned, some years were far worse. With several reinforcements, Raoul Noguès and Benny Nielsen minus the departures of Zimako and Santini, Saint Etienne finished second in the championship and were only defeated in the French Cup Final by PSG. Vis-à-vis the Parisian side, what at the time was called a handing over of power. As far as the club's life is concerned, on 1 April 1982, the affair called a few months later "the secret fund affair" broke. Of course it is neither our intention nor our purpose to rewrite an affair which was dealt with by Justice and whose main player paid in his time a tremendous price and is no more of this world. A chart is attached for those who wish to remember the key stages. But if the affair created a big turmoil nation-wide due to the fame of the main characters, it caused more than a deep trauma in Saint Etienne and a real clan war broke. Pro-Rocher and Anti-Rocher confronted each other for months via demonstrations, pamphlets, graffiti and even fist-fights were exchanged. The two local newspapers La Tribune-Le Progrès and Loire Matin, the former rather "pro" and the latter tending towards "anti" engaged in a daily fight every morning. One of the most intense and particularly painful moments was the club's general meeting. Initially planned for 27 November 1982, it finally postponed for a week due to a particularly devastating snowfall and took place on 5 December. The meeting was also devastating. The opposition of men who had once worked in the same team lasted eight hours. Former friends indulged themselves in letting out hatred words and did not hesitate to resort to the vilest means and the most personal arguments to affect their opponents. Some even went as far as fisticuffs. That day, there was neither winner nor loser. And today those who took part in this sickening outpouring can only have retained a very nasty taste in the mouth. The club was floored, trampled on and abused. Its recovery was going to be a long one. Actually, it has not recovered yet.

1982-1993, for green time sake

The 1982-1983 season was totally upset by the developments in the crisis. Indeed, the administrators and André Laurent, as soon as he became Chairman, strove to manage the club, which was heading on a risky trajectory. But managing the ASSE in 1982 was not a simple job. That is, assuming it was one day. Some big names of that time, in particular four international players who were past their best, were nevertheless recruited: three French players, Mahut, Moizan and Genghini, respectively coming from Metz, Lyons and Sochaux. As for departures, Michel Platini, of course, had joined Juventus in Turin for the career we all know, whereas Lopez had emigrated to Toulouse and Millot to Lyons. If one adds the more discrete departures of Nogues and Nielsen and the absence of Patrick Battiston who was severely shaken during the Spanish World Cup in Seville by a certain German goalkeeper called Harald Schumacher, one may easily understand that the team which started the League that year was hardly anything like the one which ended the preceding season. In January 1983, at the controls of the team, Guy Briet replaced Robert Herbin, who was fired by Chairman Bressy. Although in the championship this quite disparate group managed to stay in First Division, which was the main thing, they left the European and French Cups at the level of the last 32, defeated by the Prague Bohemians (0-0 and 4-0) and Martigues (0-3 and 3-0, then 4 penalties to 3). All this was not brilliant at all, but at least this situation was clearing up slowly. With André Laurent leading the club, it seemed the ASSE could once again be optimistic about its future. Fit forty year-old and bright company manager, André Laurent took the club and its problems head on. Pragmatic and used to marketing which was until then unknown in the football world, he decided to give the club a sound, if not very considerable, financial footing. By using his connections, pulling a lot of strings, designing a coherent and multidisciplinary set of services, a kind of attractive communication package, he created the "Verts' Sponsors Club", with a box, champagne and indeed a car parking place. Yet today, this idea seems rather conventional, quite ordinary, but at the time, it was really innovative. Soon he managed to convince some fifteen regional companies of the merits and the guarantees for the future which his policy offered. However, on the eve of the 1983-1984 season, the club's wages bill had to be reduced once again, letting go some of the essential players who were reluctant to accept a reduction in their earnings. These players include: Patrick Battiston who went to Bordeaux, Gérard Janvion to PSG, Bernard Genghini to Monaco, Laurent Roussey to Toulouse et Laurent Paganelli to Toulon. Although they actually left the Forez region, all these players did so quietly! This was not the case for Johnny Rep who fled to the German border, to vanish in the Dutch polders and thus avoid the French inland revenue services, little convinced by the modesty of his income-tax return. To fill this gap, the club had to recruit new players, obviously in more modest financial spheres. Two strangers, Kupcewicz (a Pole) and Carlos Diatte (from Paraguay), and three Frenchmen, the three "S's", Sab, Simondi and Sanchez, invited today, crossed yesterday's stars. Leading the professional group, André Laurent appointed in the position occupied until then by Guy Briet, a man with a prestigious past as a professional player, life insurance for reliability and know-how, Jean Djorkaeff. Traditionally launched by a course in the Haute-Loire area, a habit which seems to be enduring, the preparation for the season was marked by very severe physical training. Jean Djorkaeff gave this aspect of the preparation major importance, manic even, stating that it was the basis of technique and lucidity during the game. The problem lay in the fact that several players who had suddenly been turned into marathon runners, started the League completely exhausted. Maybe as a direct consequence, after four matches in the League, the Verts had recorded two draws and conceded two defeats, including a bitter 4-0 at home against Lens! In the atmosphere reigning in the ASSE and amid the legal and police repercussions of the "Affair", Chairman Laurent's attempts to calm things down during the close season rapidly appeared masked by a nauseating smoke halo. Given this situation, Jean Djorkaeff firstly decided to trust a group of young players rather than the older ones. Players such as Ribar, Primard, Ferri and even Clavelloux were the strategic basis of the team. Fairly obvious results were soon felt, until the second period when, five matches from the end of the season, a terrible 7-0 loss to Bordeaux (champions that year) had a very bad effect in the Loire region! Being sometimes subject to outbursts of temper, André Laurent was so furious that evening that he fired Jean Djorkaeff, and replaced him with Robert Philippe. This changed nothing in the story, as the Verts ended the League in eighteenth place, condemned to play-offs against a Second Division candidate, the Racing Club de Paris, Matra version, a galaxy of stars concocted by Jean-Luc Lagardère. This dramatic moment was played in two matches. The ASSE had the luck to play the first match in Paris and the merit of obtaining an encouraging 0-0 draw. Unfortunately, a supreme cruelty of fate, the men from Racing came to Geoffroy Guichard and in front of a full stadium supporting the ASSE, landed their ticket to the élite by winning 2-0. The ASSE seemed to be drowning slowly. However, this arguable remark was not obvious at all. Even though the Second Division was not in itself a drama, naturally this situation was not in keeping with the club's prestige. Given the crisis still shaking it and the state of its cash-flow, by being a little optimistic, after twenty two years at the top, this relegation could be considered as a kind of purgatory likely to wipe off a painful track record and allow the a new generation of players to hatch. A blessing in disguise, then. But the fall had first to be stopped, not to fall further down, and not to stay too long there. New objectives and a new budget meant also new men, in particular to lead the team and rid Robert Philipe of his cumbersome interim duties. For this reason, André Laurent called on Henri Kasperczak, a remarkable man, responsible and sound, former Polish international player and former coach of the FC Metz with whom he had just won the French Cup. Much warmer and talkative than his origins could lead one to believe, he was soon adopted by the Forez where he left only good memories. Everyone who met him surely remember his very peculiar accent and his unique way of mashing words, even composing a language he was the only one to understand. Fifteen years and many adventures and mishaps later, "Henri" remains very close to Saint Etienne. He has made good friends and meets them in the Geoffroy Guichard stadium or on the Chambon-sur-Lignon golf course in the Haute-Loire region where he bought a house a few years ago. During the last World Cup, he even went as far as accommodating there the Tunisian team which he led. Anyway, for the moment, Henri Kasperczak must above all rebuild a team, with less and less money of course. And "re-circulate" departures: Jean-Marie Elie, Director of Sports was fired, Philippe Mahut joined the Racing, Alain Moizan left for Bastia, Jean-Louis Zanon headed South to Marseilles and Pascal Carrot was lent to Valence and stayed there. And some new players were "reincorporated" the African star, prince of Cameroon, Roger Milla, Daniel Cangini and Didier Gilles. Seasons followed with little change, as the Verts started the new League in a rather upsetting way, especially for a club coming from the elite and wanting to get back there quickly. After seven matches, they recorded three draws, two losses (including one at home against Limoges!) and two wins. That season, the team had a surprising look with two great pillars, keepers of the green times, leaders inside and outside the pitch, Jean Castaneda and Thierry Oleksiak; a generation of players moulded by the club and already ready for tough contests, Patrice Ferri, Jean-Philippe Primard, Jean-François Daniel, Jean-Luc Ribar, Gilles Peycelon and Eric Clavelloux. In addition, they had at the time what was a very spectacular peculiarity, a new sponsor: Rocher! But "Les Cakes Rocher" to be precise, the brand name of a biscuit factory in Renaison on the outskirts of Roanne, whose manager, Jean-Luc Rocher, although having no family connection with the former Chairman, a football fan and nostalgic, hadn't hesitated as he was attracted by the enthusiasm and convinced of the good sense in André Laurent's policy. It is true that the chance of having the same name did a lot to get people talking about the ASSE's new sponsor. Fortunately, after some ten matches this group changed into a consistent and efficient group which played all out, to the extent of achieving a series (a record still to be beaten) of 24 matches, i. e. two thousand one hundred and sixty minutes without being defeated. That year, only the first team went up automatically, the second having to take part in play-offs. The ASSE missed the direct promotion by one point only (49 to 50 for Nice), and had to go through the play-offs, as during the preceding season, but in the reverse position, i.e. having everything to gain. However, this painful procedure of play-offs included a preliminary round which that year was to take place over a single match, on the challenger's ground, the Green's ground as it happened and against Rennes this time. Too self-assured or too euphoric after a fine season? Whatever the reason, after ninety minutes, the Breton team won 2-0. The Verts would have to play another year in purgatory. Despite everything, with a French Cup quarterfinal played and lost against Lille (1-0 and 0-2), the qualities shown on the pitch by the players and outside by the structures introduced by André Laurent's management team throughout that season in the shade were letting some light filter through. Seven defeats against ten draws and eighteen victories, some rejoicing such as two victories against Le Puy and one against Lyons, but also a clear loss 5 to 1 in Nîmes, the 1985/86 season remained an excellent memory, as the ASSE made its return to the elite. The association between André Laurent and Henri Kasperczak had been truly positive. It had not been exactly a restful journey as the team that year was unfortunately blowing hot and cold, from the best to the worst. And in the cold, we should mention one final, with a first-leg and return match, in the Second Division championship (then the "purgatory" was divided in two groups A and B) lost to the Racing Club de Paris, again. And a French Cup! After a play-time in Montluçon, 9 to 0, the Verts went to play against the Savoyards of Moutiers, on a perfectly frozen pitch on the road to Brides, for the first round! Nothing to shiver about, if not the cold, only a pitiful elimination 1-0. A return in the First Division and again the obligation to keep up at all costs. The Verts who had lost Roger Milla during the winter break were also strengthened with the arrival of Benedet, Krimau (who would be the club's best striker with 9 goals), Françoise and Dimtrov. These men would attain their objective, ranked sixteenth in the final ranking, in particular thanks to a cast-iron defence, the second in the Division. Up until 1996, the ASSE made its way through the Elite. Brightly in the 1987-1988 season, ending in e place, reasonably in 1992-1993 ranked e and in the middle of the rankings the following years, i.e. between 10th and the 15th position. We should also mention two great results in the French Cup, two semi-finals (lost with the same score 0-1 in Geoffroy Guichard) against Montpellier in 1990 and Nantes in 1993. Many players changed during those years. Some of them left some goods memories, in particular Garande, Tibeuf and El Haddaoui in 1987, Fournier and Geiger in 1988, Moravcik and Kastendeuch in 1990, Joseph-Antoine Bell and Mège in 1991. Some young players began their career in the professional team before leaving for other clubs and sometimes having great careers there: Bernard and Étienne Mendy, Chaouch, Cyprien, Titi Camara and Deguerville. On the touchline, Henri Kasperczak would leave at the end of the 1985/86 season and was followed by Robert Herbin, firstly as General Manager, then the following year as coach. He was dismissed in the Spring of 1990 and replaced by Christian Sarramagna and Jacques Santini in 1992.

1994-1997, the trying years

The elimination of the Verts by the F. C. Nantes (0-1) on Sunday 6 June 1993, in the Geoffroy Guichard stadium in the French Cup semi-finals accelerated Chairman André Laurent's fall. Not because this defeat in itself bore the elements of an unbearable shame, really not, but it rang the knell of a tough season for the club and its Chairman who was tired and abandoned. More and more challenged, openly criticised, abandoned by the Casino group, the main sponsor and historical partner of the club, neglected by the municipality of Saint Etienne and the mayor François Dubanchet, he threw in the towel a week after the visit of the "Canaries", resigning from the Chair. He had given a lot of himself, in particular at the beginning, with creativity and imagination, energy and devotion. He had simply been consumed by a machine, he had run out of breath trying to run after a sporting position for which the club no longer had the financial means. While the ASSE was trying to catch its breath, the rest of the French football world had flown off. André Laurent was leaving behind a very disturbing financial situation, a deficit of 9 million Francs net, a lot of money, but not yet enough to give in completely! The situation was serious and it was not going to improve. The position did not remain vacant for long. One man gone, two men would replace him: Yves Guichard and Jean-Michel Larqué. The first, the son of Pierre Guichard, the creator of the club and historical person in the History of the Verts, was at last in a position to take on his own responsibilities. For a long time shunted around by the various decisions of Casino, André Laurent was sometimes encouraged and sometimes prevented from adopting the policy of his choice. He had always hoped he could avoid the historical influence of the Saint Etienne distribution group, making it a bigger sponsor like the others, but without giving it more control. And now the group was forcing him to quit. Which just goes to show that one can see the blows coming but without being able to avoid them. So it was by pulling strings behind the scene that Yves Guichard had prepared himself to take over the Chairmanship of the club. He could then work with direct control. As for Jean-Michel Larqué, he enjoyed three major qualities according to the new Chairman of the Verts. Firstly he was his friend, then, his re-conversion in the television world had given him the chance to develop a capital network of relationships whether in the football world or in advertising, television and also show-business. Finally, runner-up in the 1976 final, the former Green had according to Yves Guichard a sense of authority and know-how as regards managing a sports club was concerned, an unarguable fact! The duo wanted to build a competitive team as soon as possible. They immediately invested thirty million Francs by buying in particular Laurent Blanc who was lost in Nîmes, Roland Wolfarth, the German striker from Bayern Munich, and Piotr Swierczewski, the Polish International midfield. Unfortunately, this dream team had only an average season, finishing the League in 11th position. With some very spectacular lapses, such as an elimination in the last 64 of the French Cup by the amateurs from F. C. Pau. Disappointed by his team's results and feeling he was not supported enough, Yves Guichard gave up a short time before the end of the season. This was really a surprise, stupefaction even within the club which had invested a lot on his name and who was less and less pounced on by people who rarely had good intentions. Then, light came from the sponsors. The sponsors club, created at the very beginning of his chairmanship by André Laurent, took the bull by the horns and appointed a Chairman. In fact two at first, influent bankers in Saint Etienne, Jean Boulais, General Manager of the Crédit Agricole Loire-Haute-Loire, and Michel Vernassa, General Manager of the Caisse d'Epargne Loire-Drôme-Ardèche. Finally, the latter became Chairman of the ASSE at the start of the 1994-95 season after Jean Boulais stood down. These brave and devoted men did not succeed in turning around a club which rapidly and surely continued its sporting and financial fall. The two pillars of the team, Laurent Blanc and Lubomir Moravcik did not manage to stop the erosion of a team at the head of which Elie Baup had replaced Jacques Santini who was fired in June 1994 for his lack of results and the absence of entertainment. Nothing less! Meanwhile, Jean-Michel Larqué had stayed little longer than Yves Guichard and he had returned to his quieter, less dangerous and much more Parisian activities. During the season, to reduce the wages bill and try to stabilise the club's deficit at minus... thirty million Francs, Michel Vernassa put an end to Gérald Passi's contract, who immediately left for Japan, and he transferred Roland Wolfarth to Bochum, replacing him by the trump card Franck Priou from Cannes. Around Geoffroy Guichard, the tone of the supporters was slowly rising and they even broke some windows in the stadium after elimination in the last 64 of the French Cup in Montpellier (2-0). In the championship, ranked eighteenth and thus risking relegation with Caen and Sochaux, the Verts were saved by the bell, or rather by the DNCG. This organisation which was created and controlled by the National Football League to control the management of the professional clubs refused the Olympique de Marseilles access to the First Division, even though the club had been dominant on the pitch, because of the club being in receivership. The ASSE saved by the OM! Sometimes history can be quite funny! The following season (1995-96), Maxime Bossis, the former French national team captain and for a long time pillar of the F. C. Nantes defence, came to play in the Forez. It is quite surprising to see how many influential people in the world of football were at some time present in the top management of the club in that difficult time. So much devotion can leave one speechless. Meanwhile, the "cleansing" continued: Laurent Blanc to Auxerre, Aboubacar Camara to Lens and Piotr Swierczewski to Bastia. On the pitch, times were tough and a defeat in Gueugnon, after a certain number of other defeats, meant Elie Baup had to be dismissed. After some unfruitful contacts with Roger Lemerre and Tomislav Ivic, Chairman Vernassa called on Dominique Bathenay. The former Green player could do nothing to stop the tremendous fall which led the club (ranked nineteenth) straight to the Second Division with Gueugnon and Martigues. The situation was serious on the sporting front for this third incursion into the Second Division since 1933 and it was a catastrophe on a financial front. Desperate situations call for drastic remedies. The formation of an SAEMS, a semi-public sports-oriented company was urgent. It was formed at the start of the 1996-191997 season with capital of ten million Francs, half of which came from the local authorities, the Saint Etienne town council and the Loire Regional Council (county council). Almost simultaneously the construction of the sports profession training centre in L'Étrat started, an operation being steered energetically by Jean Boulai. This structure, which covered fourteen hectares and which housed the Argentinean delegation during the last World Cup, is unique in its class. Operational since Spring 1997, it has become, under George Aubert's management, an example of its kind. At the start of the 1996 year, Michel Vernassa was removed from the SAEMS and replaced by Philippe Koël, an underwriter from Saint Etienne and a friend of André Laurent and formerly his Vice Chairman. A new Chairman and a new coach. Claude Mankovski who came from Le Havre took responsibility for getting back into the First Division. But the poor man was tackling a very difficult task in the spiral of failure which the ASSE was sucked up in. Result: seventeenth out of twenty-one clubs, the club just managed to avoid... relegation in the National and so the coach left. For the 1997/1998 season, Philippe Koël opted for a 100% local, 100% nostalgic ticket: Pierre Repellini - Robert Herbin, freed from their commitment to the Red Star. New coaches, same result. The ASSE finished seventeenth (out of twenty-two). At that time several people were showing a certain interest in the ASSE. Still Philippe Koël but in conjunction with Alain Bompard and the very controversial Chairman of the F.C. Sion in Switzerland, Christian Constantin, while a man from Saint Etienne, Jean-Marie Caillat, was providing what would be very short cover at the top of the ASSE. Finally it would be the man from Megève alone, Alain Bompard, assisted financially by three loyal friends who took the controls of the club with the success we know today but which one did not have the right to expect then. In five years, the old stadium in the Rue de la Tour had seen a succession of six Chairmen, five coaches and three Sporting Directors. Far from being hard on them collectively, we should instead take our hats off to them. During this black period they cannot have had many reasons for rejoicing. Perhaps they made mistakes and gaffes, but what were they going to do and what could they do in such a mess? During this period, the Verts could have disappeared from the French football map. Although that didn't happen, they were certainly weren't far away. Now, assessing the share of devotion and skill and giving each a share of the merit he deserves would be a very difficult undertaking and above all it would be unproductive. So, make way for Alain Bompard and his two ambassadors.

1998-1999, in a new light

Of course on this Labour Day, the Corsicans were not very co-operative. That evening, a draw would have been enough for Robert Nouzaret's young Verts to rediscover the cream of their sport. Already a week earlier on 24 April 1999 in Laval a win would have opened the lift doors for them definitively. They drew. Ten days earlier, it was the team from Nice which visited Geoffroy Guichard. A win here also in those first days of Spring would have enabled them to... and they lost. If ifs and ands were pots and pans... they would have been champions of France by Christmas! So against the Ajaccio Corsicans when Mr Hamer blew the whistle for the end of the game, OK "we" had not won but then we didn't do too badly. It wasn't a crowning point, nor a release, but more a return to the living and to respectability. Naturally one would answer us by saying that in sport nothing is ever to be counted on, only just won, the space of a second, the time for a breath or for a sigh. All winter they had fought hard, twenty consecutive matches without losing! The first sign of a halt only appeared on the turf on 5 December 1998 at the Roudourou stadium in Guingamp, by 1 goal to 0. How can one pick out from one's memories other than by selecting in a completely subjective, thus totally unjust, way? By retaining a few pictures, the heart is a bad judge. Should one toast captain Kader's courage, the heart of a Guillou rock or a Mettomo brawler? It doesn't matter, this group smells sweetly of boarding school friendships and Robert Nouzaret's authority allows the patrol leader's fragrance to filter through while Alain Bompard's vaguely remembered momentum give off hearty and bygone moralistic aromas. A family. By snuggling up around a three-headed boss, the Verts managed to rediscover the values of their predecessors. They did not know them and it is even likely that any reference to the past would exasperate them deeply. When Roth crucified Curkovic in the final of the European Cup, Mrs Sarr had not yet conceived little Pape, Julien Sablé would only be born four years later and "old" Christophe Robert was 12. So what? What are history lessons for? It is probably that it is the land here that gives men this fierce desire to hold their heads up. 1997-1998 was the first real season stamped with Bompard's mark. The new Chairman, who had been at the controls of a dying club since 12 December, could finally, after six months of nightmares, attempt to build something. From fireman he could finally become the developer. However, the ground was still very unstable. But how was it that, at the age of 55, this man from the Haute Savoie who was formerly wedded in Saint Etienne, was able to throw himself voluntarily into the lion's jaws? Perhaps the sense of risk combined with the ability to experience the limit which should not be exceeded guided this former racing driver. On 1 April 1982, witnessing from Megève the first trembles of the crisis, Alain Bompard himself made this terrible comment: "It will take fifteen years for the club to get back again". This very traditional supporter had become accustomed to taking his son, a firm and convincing supporter, to the match. For Christmas, for his birthday, for a good school report. And when one knows that the kid had ended up as a former student of the École Nationale d'Administration, one can easily imagine that he can't have missed many of them. That is about all that bound Alain Bompard to the ASSE for twenty years. Under such conditions, what did he do to find himself at the head of the club? In the Spring of 1997, the Verts were in the pits. Sports-wise, financially, even the club's image seemed jaded, everything was going really badly. His son, whose passion had not dimmed, suggested he should do something for the ASSE. By virtue of his education and professional experience, Alain Bompard had all the skills for looking after a club. He told himself that although he knew nothing about professional football - never mind, he would learn. Thus he made contact with Jean-Claude Darmon, a major money-maker at the centre of French football, who he knew well and whose opinion seemed to be authoritative. Darmon strongly advised him against doing anything whatsoever, it is too late and there is nothing more to be done, he thought. Things could have or should have remained there. If in September 1997, in the Stade de France stadium, Alain Bompard had not quite by chance met Marc Loison, the ISL boss. The two men knew each other and they had already worked together in fields other than sport. Alain Bompard, who had followed his career congratulated him for his many brilliant operations in football, in particular in Strasbourg. Marc Loison thanked him, then let out like a gnawing pain: "Everything is indeed going well. The only headache I have is the ASSE! If only you knew someone stupid enough to take it off my hands, I'd be grateful if you'd give me his address". Alain Bompard then replied, without really thinking, prompted by an irresistible urge: "You know who that stupid person is, it's me". A business man of course, but also a man from show business and the media, the former Director of the Megève Tourist Office nevertheless belonged to no system. He had been involved in politics and had acquired a political sense, but not the taste for politics, nor its stuffy rhetoric and even less a political approach. Indifferent to inflated relationships and a little wild, he is above all an instinctive practical person. Above all, his experience enabled him to appreciate the club's qualities precisely. Even in its worst hours. He had always been persuaded that the ASSE had the finest brand image of French football. He continued to think, come hell or high water, that it could still count on the best public in France and that its training policy was an exceptional reservoir, a capital lever for a better future. That year, the under-17 Verts became champions of France, the same in 1998 won the Gambardella cup. He was right. Things then speeded up, meetings followed, with Philippe Koëhl, the then Chairman, then with the local councillors who had to be convinced. Alain Bompard presented his programme and above all his guarantees to them. They were clear and precise. The future chairman of the ASSE and three of his friends committed themselves with their capital, in plain language their personal funds. They guaranteed the club's financial stability. At the time, the club's liabilities amounted to forty million. These three men were Thierry Schnyder of Infogram (from Lyons), Guy Lavaud, Darty's General Manager and Julio Santo Domingo, a Colombian business man who was very influential in his country and owner of Radio Latina in France in particular. Two men were still missing from the grand association we know today. Gérard Soler and Robert Nouzaret. Alain Bompard met the first in November 1997; at the time he lived in Toulouse. He explained to him what he was in the process of doing and suggested he come to work with him. To take on a tremendous challenge, with no pay, just to see. Agreeing that whatever should happen, they would review the situation in six months. Gérard Soler accepted, even not going back to Toulouse, and got down to work immediately. The second arrived later. At the time of preparing their first real season, Alain Bompard and Gérard Soler had contacted Guy Lacombe to train the team. Luckily for the ASSE looking back, the man latterly from Toulouse chickened out at the last moment. So Robert Nouzaret, a Marseilles player and child of Lyons was contacted by Gérard Soler and he accepted the challenge within forty-eight hours. "Atypical, generous, solidly-framed, there's none greener than him, Robert Nouzaret, that's Raimu". That was the portrait the Chairman would paint of his future coach a season later. For the first match of his Chairmanship, Alain Bompard travelled to Lorient. The Verts lost 4 goals to 0. "I felt a shiver running down my back" he said later. He had seen nothing yet. On 8 May in Lille at 8: 00 in the evening, the Verts were playing to stay in the Second Division. At 9: 42, they were going down to the 3rd Division. At 9: 44, a certain Reginald Rey scored a goal for Le Mans against Louhans Cuiseaux. At 9: 44 the men from Bresse were relegated and the Verts' place had been saved. The next day in his office in the Geoffroy Guichard stadium, Alain Bompard swore that "That will never happen again". The Bompard system is based on a few simple principles. No division, no internecine struggles, no personal ambition, no convoluted messages, a single objective: the club. "Here" he said "everyone loves everyone else. We settle our problems in the family, everyone takes on his responsibilities and we operate as a family. There are three of us around the desk plus three financial partners who I can contact at any time if the need should arise. A problem? We'll get round the table and we'll leave when it's settled. Everyone has his own particular field. That's all. And even if I don't understand a sports decision, I keep my mouth shut". Indeed, Alain Bompard, Gérard Soler and Robert Nouzaret have in common a thread which is Greener than can be imagined. They do not claim to have any certitude nor conviction and simply play the game for all their worth. Like many others, Alain Bompard witnessed the gradual decay of the club he manages today. He remembers the times of crisis. Sitting today in Roger Rocher's armchair, he feels deep and sincere respect for the former Chairman, tinged with real admiration: "As regards football or quite simply sport, he invented everything: marketing, training, communication, preparation, etc. In addition, he was an anti-star". But with a slight nostalgic reproach: "It seems to me that the problems started when Roger Rocher moved away from the fundamental principles which were the basis of his success for fifteen years". Today, football bears no resemblance to what Roger Rocher knew and Alain Bompard, a communications and marketing man knows something about that. He made his career in these sectors of operations but not in football. "When I found myself at the head of the ASSE, I knew nothing about the way professional football operated. Gérard Soler taught me everything. And as I'm not stupid, I learned quickly. The ASSE's budget is a third of the OM's or Monaco's. Dugarry, Ravanelli and Pires, indeed that's a lot of money on the ground, but it's also a lot of talent. Above all, we mustn't cut corners". Will, can, the ASSE hold on to it's brightest hopes? "We will do everything we can, no more. The best will have to go, and we will try to make these transfers profitable. And tomorrow? For the moment, a return to the 1st Division would satisfy all those who love the club. But we are only at the start of a season which, whatever the result on the night, has in store great delights and certainly some sadder nights. The building is still shaky. Investment is going on around the club. "If their approach comes under a strategic plan which suits us, we will listen to them and perhaps open the door for them. If it is simply a financial deal, surely not. I am fifty seven, I have done more than I am going to do, I've got cholesterol and I can't eat any more. So I will not be seeking to make money. From a season in paradise, the Verts can still founder in hell. A draw in Marseilles, that's great, but when all's said and done the OM will win more matches than the ASSE. Those in the club can allow themselves to dream of a splendid future. Finally, should we continue with the trajectory we have started on: sensible recruitment and young players people envy us for. After the merchants, now is the time for the "guardians of the temple".

Pierre Guichard,
a manager, an idea and an ambition

Talking of Pierre Guichard requires discretion and modesty. These are two qualities which he cultivated at the head of the distribution company Casino and also when Chairman of the ASSE. The lines in this book relate how, under the kindly eye of his father Geoffroy, at the age of 27 he brought the baptismal funds into the club. With what perseverance did he provide its foundations and with what a visionary look did he enable it to blossom. Over his fifteen years as Chairman spread over three "hot" periods (1933-1943 - 1950-1952 - 1959-1961) one can read of the steady growth in the club. Pierre Guichard managed to steer the ASSE through the storms it crossed. And when he judged the moment was right to hand over the reins, he was able to do so, choosing the right man. In his wake he was to make the Verts more than a superb football team, a legend in French sport. And although today the ASSE is coming back to life from its ashes, it owes it again to his legacy. He managed to give it that identity of courage, work and responsibility which is still referred to, and with good reason. A fervent but tactful football enthusiast, he would always take the same place on the third row of the official stand, watching the developments in the game phlegmatically and with dignity. Pierre Guichard was not a man to raise his voice nor to make dramatic gestures. It is related that when attending a match in the 80's, thus at a more than respectable age, in the brand new Geoffroy Guichard stadium which had been renovated for the 1984 European Nations Cup, heavy rain started to fall. So driving and insistent even that all those occupying the front rows were drenched and beat a hasty retreat. Everybody except one, Pierre Guichard, alone in the middle of the deserted rows. His glasses were so fogged by the downpour that he can't have seen much of the end of the game. But he didn't flinch or move. When the referee blew the final whistle for the end of the match and also the end of his shower, he turned to those near him at the kick-off who were now packed in a few rows higher, his hat wilted and his coat soaked, and in a voice which was calm but heavy with innuendo asked them: "Remind me of the name of the architect...".

Rachid Mekloufi, the magician from Sétif

He is one of those who people have never forgotten. Youngsters who obviously didn't know him have all heard this man being talked about and they read in the eyes of the old folk what he represented for the club. When they bring up his name, they add a note of respect and admiration to their words which is out of keeping. And even though the press cuttings which tell of his exploits turned yellow a long time ago, he is an intimate part of the club's history. Among all the unknown, often very young, foreigners who one day landed in the Forez, Rachid Mekloufi is one of those who is remembered most. When he discovered Saint Etienne on 4 August 1954, coming from Sétif in Algeria, he was not yet 18. Persuaded to leave his country of origin by Mr Serboum - at the time the ASSE's "Mr Pipeline", Rachid abandoned his prosthodontist studies. With six brothers and sisters at home, it was urgent and essential that he earn a living. He so impressed Jean Snella in the first training session he took part in that Snella decided to line him up in the team the following weekend. He thus took part in his first match in green at Geoffroy Guichard, in a friendly against Grenoble. Alongside Eugène N'Jo Léa, he scored three of his team's six goals, the team not conceding any. That day he discovered everything all at once: a city, professional football, his stadium companion, a perfect complement with whom he was going to make the green jersey shine, and... green turf. Rachid had never played on anything other than dusty earth, baked by the sun, the distant ground of his native Algeria. By scoring one hundred and sixty-three goals wearing the green jersey alone, Rachid had the second best performance in the club's history after Hervé Revelli with his two hundred and eleven goals. He took part in 5 French championship titles, won four French Cups and donned the National Team jersey four times. Uncompromising and complete, sincere and a man with heart, despite unwavering kindness and a disarming smile Rachid Mekloufi was not a man to compromise. On 15 April 1958, after having joined the Joinville Battalion in response to national service requirements, he abandoned the World Cup in Sweden. That day, he left France and joined the NLF troops (Algerian National Liberation Front). He would never again be selected to wear the French jersey. A link between two exceptional generations, after having made his debut with Domingo, Ferrier, Abbes and above all N'Jo Léa, he ended his career alongside Robert Herbin, Aimé Jacquet et Bernard Bosquier, among others. The key man in his career was his coach Jean Snella. He still talks of him today with much emotion in his voice and only acknowledges men such as Aimé Jacquet or Robert Nouzaret as his equivalent. Loyal, totally devoted and maturing without any ulterior motives, Rachid Mekloufi continues to extol the work of his football father, Jean Snella, advocating a game where the system gets the players' qualities into tune and not the other way round. Now established with his wife in La Marsa in Tunisia, Rachid continues to take an interest in football, be it European or African, as if for ever divided between the two sides of the Mediterranean.

Jean Snella, carver of teams

"Sport & Vie", an eminent sports monthly of the fifties wrote that Jean Snella's masterpiece was to have given the unity of the game and the community of thought and ideals to apparently heterogeneous and disparate training. "The Merger of the disparate" Gabriel Hanot's paper ran as a headline. This was indeed an edifying and noble subject for thought. Indeed, although intellectually this was an ambitious project, in practice he couldn't do anything else: the men making up his team came from everywhere and even further away still. Whites, less whites and a black, French from all over the place, Poles, a Portuguese, a Dutchman, an Algerian and a Cameroonian were enough for the article to conclude, in 1957: "No other activity proves that France is an immigrant country like football does". Above all, Jean Snella had this ecumenical vocation in his blood. Coming from a Polish family from Poznan established in the coal-bearing basin of the Pas-de-Calais region in Dourges, between Hénin-Liétard (now Hénin-Beaumont) and Lens, little Jean was born in Mengede in Westphalia. On leaving the local school, Jean joined the Dourges mines as an apprentice fitter, then as a mechanic in the Arras Public Transport Company. Enlisting before the call to the flag, he joined the 3rd Engineers regiment and won the French military championship three times.

His first club was Lille in 1934, which he left for Saint Etienne in 1938. Invited to join the French B Team, he refused a selection for the A team against Italy in Naples thinking he wasn't up to it! In 1940, he was involved in the retreat from Belgium and was then captured near Évreux. He escaped and managed to get back to the unoccupied zone. He played with the ASSE until 1946 before being forced to hang up his boots, minus two meniscuses. He made his debut as a coach with the F.C. Lorient. Before coming back to Saint Etienne two years later to look after the amateur players, then in 1950 succeeding Tax with the professionals and training the Verts between 1950 and 59 and then from 1963 to 67. Modest and shy, taciturn even, Jean Snella managed to fashion the teams and give them spirit, harmony and a form of intelligence, using the best, and only the best, of the raw material available to him. But he also managed to offer young players a project in sport, a future. Michel and Richard Tylinski, Ferrier, Oleksiak, Mekloufi, Goujon or again Peyroche made their debuts with Jean Snella. "Mr Snella", as was said at the time, didn't give anything away: he knew the virtue of work. When the Dutchman Rijvers, a star of the team at the time, was asked what he intended to do the day he would be forced to hang up his boots, he replied: "I'd like to be a great coach like Mr Snella. Otherwise I will be a small-time coach and I will open a tobacconist's".

Albert Batteux, With passion and scepticism

When he took over from his friend Jean Snella at the head of the ASSE professional players in 1967, Albert Batteux was already a star. Crowned with prestige from the Rheims years: two European Cup finals (unfortunately lost against Real Madrid in 1956 and 1959), an Intercontinental Cup, seven French championship titles and a Cup - Championship double. On leaving a declining Rheims in 1965 to join a full-of-future Saint Etienne a year later, he was reproached for having caused harm to a major club from the Champagne region. As regards this blessed period followed by a "clandestine" departure (his term), he was to have this fatalistic remark: "There are people who would have to live for two or three hundred years to experience the joy I knew in Rheims. I could have become a man of the past..." When he took possession of Jean Snella's desk on 14 August 1967, he obviously did not know that he would add to his magnificent record another four French Champions titles and two doubles. Even so, Albert Batteux was doubtful and would remain so to the end. Despite his incredible success, he feared he had not justified the correctness of the stands he had taken. As a young footballer from Grenoble, he was always calm in everything he said. He strove to skim over any negative sentiment and to escape all life's bites. For a long time, he sought to convince, at first more modestly and doubtless resigned to being content with being listened to. The principles of his game? Precision, variety in movements, total absence of haste. Convinced of the basis of his tactical options, he applied them even in the Second Division in Grenoble and didn't hesitate to criticise the "English kick-and-rush football ". He reproached it for indeed being spectacular but of shamefully poor quality on the technical front and of exploiting more and more the adversary's errors rather than seeking to create one's own goal situations. Albert Batteux was hard on his players but he also knew how to reassure them. To his attackers who were worried about the quality of the Brazilian Team, he had this message: "Among the Brazilians, I've seen very little that you couldn't do. Perhaps Pelé when he started and yet I've also seen Keita perform supernatural feats. Don't try to imitate them, but imitate Brazil. All they are doing is rational and within reach of the best players. If you try to take them as an example, you should be able to play in the same way". And on the subject of commitment and motivation, he had these remarkable words: "If you reduce football to a simple mania for winning, Luxembourg could rival Brazil!". To prepare a season, Albert Batteux did not hesitate on the means used. In 1970, he held the twenty-five players in the professional group for ten days from the early morning to the evening after the dinner and baptised this period with the seminar name... In Rheims it was already being said of him: "He's not a coach, he's a preacher".

Pierre Garonnaire, the hidden side of the star

Although some friends would risk giving him the patronymic "Garo" in private, he was normally referred to as Mr Garonnaire. Because of his imposing figure and his stern and his intimidating look. Until he allowed a smile to form. At that moment, the Bogeyman became Mr Softie. With Pierre Garonnaire, the sixties were to discover a new profession. Recruiter of young footballers, as was said at the time. His job consisted of knowing everything without being seen. Placing informers in all youth clubs, in France and abroad and drawing talents in the making to the ASSE. Born in 1916, he was 17 when the ASSE was born. A player, a defender to be precise, after having played wearing the green jersey, he matured during the occupation in the ranks of the districts of Lyons. After the war, he set up a leather goods business in the centre of Saint Etienne. Evidently, as the leather trade only took up part of his time, he continued to frequent the Geoffroy Guichard changing rooms for pleasure. Jean Snella became fond of him and suggested he should go hunting for budding young talent. There is only one step from old leather to young skin. Which earned him the nickname "maroquignon" (a reference to his selection activities in the leather trade). From being a hobby, his noble occupation quickly became very full-time. And not only did the chap manage to organise a real network of informers but he also had a real talent for smelling the fruit behind the flower and convincing reticent and staggered parents by the fact that suddenly their offspring were so attractive: it worked. Very quickly, even. It would be very difficult to try to draw up an exhaustive list of all those he brought to the Forez. But to give an idea of the extent of his work, we can note that, among other things, all the 1976 finalists were discovered by Pierre Garonnaire. Plus Robert Herbin of course, but that would need another book. At the time, we were poles away from having talent scouts. Nor did agent-managers exist and above all a contract was a contract and one's word was one's word being neither reversible nor revocable. And then when a youngster was entrusted to him or when a foreigner landed in France with only promising talent in his suitcase, Mr Garonnaire would look after him, watch over his studies and relationships, house him and find him a home, car, furniture and cooking utensils. How many hours of planes, how many kilometres of contracts and how many years of chat did he invest for the love of a club? He was surely completely unaware of it and in any case didn't really like talking about his job. He would often leave a week or two ahead to go to a future adversary's, naturally to organise the stay but also above all to look at them, to try to determine the strengths and to see through to any weaknesses. "Garo" would watch the athletic and technical value of a youngster closely, but he would also look closely at his mental qualities. "Spy", plenipotentiary, advance guard or scout, Garo did everything. But never a mercenary. Faithful to a club, a Chairman and a certain idea of his profession, he would probably not have been totally fulfilled on the battlefield which the recruitment market has become. Pierre Garonnaire felt an interest in assets other than market assets, funds other than hard cash and accounts other than bank accounts.

Oswaldo Piazza, panache to boot

Now a myth, Oswaldo Piazza was above all a modest, balanced and generous man. And in addition a very great football player. Favourite among Geoffroy Guichard's ranks, he could do everything. Defend until stifling his direct opponent, rally appropriately and even come to support and even take over from his attackers, but also encourage his partners and above all raise his voice. Oswaldo Piazza, a physique, a mind and the will of a 400 metre sprinter combined with a marathon runner's mechanism. What remains of him today? Pictures of overlaps which nothing seems to be able to stop. Not necessarily the most elegant, he was for sure the most stentorian. A few erudite observers of football matters would prevaricate over his technique. They judged it frustrated and limited. How then was it that he never lost a ball? Or almost never. When starting from the centre of his defence, with his mop flying in the wind, he got back to his adversary's goal, the men in the terraces would dream and the women would swoon. Dignified and restrained pictures outside the ground of a face with high cheekbones, a good father and husband, he made us love Argentina, a far-off land the rumours of which coming back to us at the time looked a bit suspicious. Of all that generation of European vice-champions, he is perhaps the one whose qualities, charisma, influence and involvement were the least argued about, because there was least to argue about. A mighty figure, his high and wide chest made him a bull as wild as those in his native pampas. Both warrior and player, he had acquired on the pavements of Buenos Aires where he was crowned centre forward the art of spectacular movement and the necessary reflex. Defender - attacker or striker - defender, who knows? Although he needed guidance for not climbing to the top of the popularity stakes, Oswaldo Piazza appreciated more than anything risking a few fierce sorties towards the opponent's goal. It is probably by shadowing the greatest strikers of his generation so closely that he learnt to become that opportunist goal-scorer which overwhelmed European football. Although he never stopped moving back during his career until he became a model defender, the twenty goals he scored wearing the green jersey, all competitions taken together, were all deciding factors, often decisive. Goals scored from the right, from the left, with his head and with his heart. From Lanus in Argentina, he arrived in Saint Etienne an exile. Recruited in 1972, he was twenty-five and signed a contract for seven seasons. With Yvan Curkovic who was transferred the same season, one in front of the other they made up the fire and ice duo. On his arrival incapable of speaking a single word in French, reserved and modest, as the matches went by he changed into a star covered in gold and honour. Although his image changed, the man always remained the same, his look on football and life would never falter. He left one day, with the easy conscience of one who has done his work well.

Hervé and Patrick Revelli, goals to end with

So different yet so similar, with long hair and green moustaches, a great striking duo, with their four feet they played one of the club's best symphonies. In thirteen seasons wearing the green jersey for the elder Hervé (born 5 June 1946 in Verdun) and ten for

Patrick (born 22 June 1951 in Mimet), they experienced just about everything. Doctors of Goal-scoring, they set some records which will surely not be beaten in the near future: two hundred and eleven goals for Hervé - no need to look, you won't find better in sixty-six years of football in Saint Etienne - and eighty-three for Patrick, making two hundred and ninety-four goals with the Revelli stamp on them. They had their fill of major titles in French Cups and Championships, in European Cups and in national selections, twenty-nine for Hervé and five for Patrick and unfortunately a few falls from favour and jeers, so many unjust and untimely condemnations, that forced them to leave the Loire department, sometimes with a bruised heart. Indeed, the young lads from Gardanne (in the Bouches-du-Rhône department) from the Revelli clan who, contrary to their father and their two older brothers, were spared from the mine because they were taken on by Pierre Garonnaire, didn't only play at Saint Etienne. Hervé allowed himself an interlude in Nice from 1971 to 1973 and Patrick a remarkable rehabilitation in Sochaux from 1978 to 1982, a club with which he would even play in a UEFA semi-final (against the Dutch club AZ 67 Alkmaar, formed in 1967 out of the merger of Alkmaar and Zaanstreec) and Cannes where, as the "old Gaul" he would dedicate himself even as a sweeper. But what do you expect, they did so much here during their twenty-three seasons between them that their first names remain for ever engraved in the memory of Geoffroy Guichard. When Pierre Garonnaire took Hervé on, his parents and Patrick followed him and also set themselves up in the Forez. Prodigies? No. They were not Mozart, but rather Wagner for the storms weathered and the outcry stirred up. Modest and sincere, they had to work very hard for their legs to follow their hearts, for the spring to catch up with the desire, for the ball to stick to their feet and for the header not to escape into space. They worked hard. Then they had to convince people. For his first match, a sort of trial run, a friendly in Montélimar during the summer of 1964, Hervé scored two goals. However, Roger Rocher was not convinced. Pierre Garonnaire and Jean Snella had to use threats for him to be included. "Garo" threatened to leave the club and good old Snella said: "In two years he will be an International". On 28 September 1966, Hervé started with the blues against Hungary in Budapest. Mr Snella was only one month out. So often combined at the point of attack, they played the same airs, as a pair, but with different instruments and complementary styles. To Patrick's arabesques along the touchline, Hervé would reply with well-matched points. The younger of the two ran everywhere and dribbled endlessly while the elder swerved tremendously and shot without warning. Naturally open and continually generous, they served their team-mates tons of caviar, in ladle-fulls, in spoon-fulls or on a knife. They are still there today, Hervé on the Board and Patrick... in the ASSE. With friends Pierre (Repellini) and Georges (Bereta), although the outside is a bit pudgier, the enthusiasm is still there, with yesterday's virtues, faithfulness and friendship.

Curkovic: Win at any cost... but not invisible war, by Gérard Simonian

Ivan Curkovic left an indelible mark on the ASSE: ten years of presence and a substantial European record, peppered with a final against Bayern Munich and matches which will remain in the memory of the French, against Eindhoven, Split and Kiev Dynamo. With his style, the Yugoslav was twenty years ahead of his time. Goalkeepers today should copy him because of the new rules. They need to be fast in their penalty area and to have the ability of a field player. Technicians of a high calibre already had a premonition. Louis Hon, the Lyons coach in 1966, said to us: "A goalkeeper should be a gangster in his sixteen metres". Curkovic proved it in front of the Dutchman Edstroem, the Argentinean Curioni of Metz... and many others. He would talk of accidental contact but one knew that he had gone too far. For him, it was "win at any cost". He had however the decency not to claim all the credit for his talent, which was strange in the normal players' eyes. A First Division footballer at 17 in Mostar (Bosnia-Herzegovina), his town of origin, he was quickly transferred to the Belgrade Partisans. In his specific work, he was mainly managed by the International Bobek: "He forced on me a style which only a rare few goalkeepers had adopted. For myself, I would analyse the qualities of the opposing attackers. That's essential". Curkovic always had an unfriendly look and an attitude which seemed to ignore the world around him. He didn't like lingering on trivialities. In principle, it seemed that he had no feelings. In reality, he didn't like to show them except among close friends, even if it was still with much reserve. He was affected by the death of his brother Dragan who was killed by a sniper in Mostar during the guerrilla war between Serbia, Croatia and Bosnia-Herzegovina. Five years later, he was also affected when his friend Slobodan Topalovic (the former Olympique Lyonnais goalkeeper) departed life on a football ground. At Roger Rocher's funeral, he came from Yugoslavia. Apart from a few former Verts from the Saint Etienne region and Jean-Michel Larqué, there was no-one else. His analysis of the Saint Etienne football of his time was brief: "The old team trained by Albert Batteux had great technical ability but it lacked realism. We had that realism, which did not prevent us from also putting on a show". Today, Ivan Curkovic has an exceptionally full life. He has been Chairman of the Belgrade Partisans for ten years. He is also Chairman of the Yugoslav National Olympic Committee. These functions means he does a lot of travelling, especially as in his professional life he has an import-export company. All this doesn't necessarily make him happy as he has just gone through the difficult period of NATO bombardment of Yugoslavia. There are never any good conclusions in war. It takes time to erase all grief. For Curkovic, sport and football in particular can reduce the disappointments.

Robert Herbin: "His ideas are showing no signs of age", by Jacques Murgue

You expect to see on the wall in his house pictures of the glorious times, posters and trophies. You will find a few impressionist paintings given by an admirer, the widow of a famous Russian painter, at the time when Robert Herbin, with his frizzy white hair, a lynx's look and decision-maker's chin, was already skimming over a few crowned heads on the first grounds of his extraordinary destiny. One's look also rests on an illustrated diploma, signed by Jean-Paul II. Testimony of an exceptional private audience? No. Quite simply the subtle homage of an African supporter passing through the Vatican. His house, in fact, bears nowhere the adventure of the Verts in his memory. Modestly constructed, it is almost an insight in the image of a man whose life, which is edged with trees, grassy meadows and filled with classical music, resembles a generous communion with genuine values. "Here", he says, in the impassiveness of the pace, "I feel a sentiment of intense presence but I have no misanthropic thoughts". He is not building up his character. He is like that, natural, today as yesterday, a little as if nothing had ever started and should never end. Now well into his sixties, he has not allowed it to corrode the great interior fire that physical trials burn, those of his three successive operations on his hip, as he would consume the disappointments after the glory, in the name of a passion for living or of the worship of continuity. He who enabled this Saint Etienne myth to become established over the years, then knew disillusionment, exile and insecurity, has always retained in his path a philosophy of life which protected him from the risk of euphoria or the agonies of defeat. He never wanted to be a prisoner of emotions even if his sensitivity is intense, aggressive even when the football is in tune with his convictions, vivid, total, collective and with courage into the bargain. When Wagner embarked upon his journeys or when other recognised or even obscure artists shake and all of a sudden penetrate his insides with a fervent breath. When Brel spews out sublime words denouncing injustice, creating nostalgia, describing broken love affairs or caricaturing insipid individuals. One could talk about paradoxes by placing his composure and emotion side by side, but one finds a common denominator in his discretion and modesty. Decency as far as the memory of the immense joy and the legendary exploits which have passed through time and reunited generations. When he develops the still little explored subject of the comparative roles of personal merit and grace in sporting achievements, Robert Herbin evokes an almost carnal solidarity with his players. On the night before matches, he would not sleep and felt the physical need to behave like them. In this way of identifying with others, of physically taking on their state of mind, there was indeed a grain of mysticism. The only achievement he allowed himself was of having enabled them to discover their qualities as men and their astonishing moral resources. The Split match, he said, gave me a crazy hope. This was a first love. I knew then that I had lads of exceptional fibre, players who, like those of Amsterdam Ajax in the 70's, a team which will always remain a model and a symbol, gathered together at the same time the moral, physical and technical virtues which are within an inch or perfection. For Robert Herbin, the problem was maintaining this state of mind, but it is a phenomenon against which nobody can fight: the development of society. A time came when work, courage, self-denial and patience which guaranteed a cast-iron discussion and success were obscured, smothered by pleasures coming from elsewhere. Man, loyal to his path, no longer felt a part of this new social identity. His barriers of advice and his certainties were swept aside by a whirlwind which acted like a storm in the head. Adapt? Impossible. Robert Herbin had signed a contract for ever with intransigence, rigour, perseverance and support. He tried here and there, in Lyons, Riyadh, Strasbourg, Red Star and again in Saint Etienne, to get the same message across time and time again, but less harshly and giving less weight to his words. To no avail, if one excludes a few occasional feats of arms born of the fits of moral energy of players incapable of sustained motivation. So the man and his principles withdrew to the shade of the oak tree, a symbol of strength and stability. A sort of resignedness? Perhaps, but from his house perched high up from where he dominates Saint Etienne and his past, he delights in observing in the new fervour of the Verts that his ideas are showing no signs of age.

Roger Rocher, the story of a devouring passion

It is the evening on 13 September 1992, the day of his jubilee celebration, a supreme coincidence, sixty one years to the day after the inauguration of the Geoffroy Guichard stadium and the high point of a special day. In public, on the grass of his dear Olympic Saint

Etienne, Roger Rocher had these painful words for his wife Germaine: "You see, Germaine, this celebration and the memory we will retain of it will help us end our life as we should... with dignity. Having used up our ration of love and hate". On this evening of his life, he who for twenty-one years - and this is no insult to his coreligionists - was "the most famous Chairman of the Verts", sought to find again reassurance and peacefulness with his family in his fine villa "La Louisiane" in Saint Galmier. A most illustrious manager, he reigned as a visionary. At the same time adulated and pilloried, wooed and feared, he mixed with the greatest - or at least those usually considered as such - politicians and starlets, stars of the small screen and major heads of industry. Beaten in 1976 in the battle of Glasgow, he nevertheless went down the Champs-Elysées as a liberator, Emperor of European football. While football and television were beginning an exaggerated love affair, he helped a whole people discover the joys of International football and the special appeal of evenings watching football on television. Roger Rocher loved his family, the ASSE, his house in Saint-Genest-Malifaux and winning matches. True, he won many, famous ones, and lost some including one of which remained more famous still, in a sad Scottish city. So when a single defeat denies him prestige with so many victories, we are probably no longer exactly on a football pitch but indeed in the great book of the history of the sport. For a good ten years of European campaigns, what school master would have evoked the existence of areas with such strange names as Kiev, Eindhoven, Splitz, Lodz or Chorzow? The Verts of our adolescence were fabulous geography teachers. At the age of 16, in 1936, Roger Romulus Rocher - tradition at the time required all older men to have as second first name, this addition evoking the foundations of Rome - left the schooldays of the École Nationale Professionnelle Étienne Mimard to go down to the bottom of the mine, pickaxe in hand. All his life, he claimed with legitimate pride that there, in the dark, he drew on strength of character and sense of solidarity. Of school, Roger Rocher had only a vague recollection if not the problems it gave rise to for this sports fan. Whereas he was a sincere sports enthusiast, of cycling in particular. His father Gaston, who was formerly very keen on mechanical sports, had sold his Harley Davidson to give both his sons a bicycle. Roger Rocher met the person who was to become his wife in 1937. But it was in the middle of the war, on 31 May 1941, that he married her in the church in Saint-Jean-Bonnefonds. To get Germaine's hand, a believing and very practising Catholic, Roger, a child of the Republic and product of the state school had to undergo an accelerated religious education. Gérard, the eldest of Roger Rocher's five children, speaks well of his father: "As kids we saw very little of him, monopolised as he was by his company and the ASSE. He worked a lot and delegated very little. So it was our mother who took on the humble tasks of our education. However, she never made the slightest complaint against him, or did she express any desire contrary to our father's intrusive passions. There was just one exception, the day after the Glasgow final in 1976, at the summit of his glory, she suggested he stop. He did nothing of the sort and the future took care to show him just how much he should have listened to her". Roger Rocher spoke very little of football at home. More surprising still, he forbade his sons to play it! Gérard only got his first membership permit as a junior in the Saint Etienne Olympic and played later at the ASSE in the first year, against his father's wishes. "He even made me lose a work bonus because I left the company to play when the curtain went up at Geoffroy Guichard". In 1945, Roger Rocher created a corporative club, the Association Sportive des Petites Mines and it was by merging with the Football Club Franco Espagnol in 1947 that the Saint Etienne Olympic was formed. As Roger Rocher was to do his apprenticeship as Chairman within this so special club, many great players practised their scales with the Olympic. It was also in these rural surroundings that Roger Rocher won a very honorary distinction, that of "Best Sports Manager in France" awarded by the daily L'Équipe. Thus the subject of much attention, he then replied to Pierre Guichard's entreaties who at the time was looking for a successor to the head of the ASSE. In twenty years, the ASSE would indeed become a great club, but also a real business with an ambitious policy, multiple and varied resources, competent management but also upsets and fits of temper. People talked a lot about Roger Rocher's character: complete, intransigent, sometimes excessive, always generous. All his life he remembered these words his father left him as a moral legacy: "If you want to be boss, you need to know your people... You need men to build...". Betrayed, questioned and envied, he linked his life to two merciless mistresses, his company, the Société Forézienne de Travaux Publics and his club, the ASSE. If they sometimes gave the impression of getting the better of his desire and his determination, he never betrayed them and he never grew weary of them. Roger Rocher experienced infamy, denouncement and imprisonment. He was to be neither the only nor the last nor the most contemptible. On the 25 April 1981, a fine copious meal was given for his twenty years Chairmanship in the La Poularde restaurant in Montrond-les-Bains. Opposite the menu, he had had these words by Serge Guitry printed: "When you work with joy and with enthusiasm, you have no rights. You do not even have the right to success. You have been paid in advance".

André Laurent: "There is life after the ASSE"

The crowd of elected representatives which was filled with partisan convictions were still muttering, sure its choices were right and convinced of the soundness of its views. Outside the snow which had fallen in abundance for several days had not refused to cast that famous modest veil that one beseeches in such nauseating circumstances. The two sides had been violently confronting each other for hours, with neither any sense of decency nor consideration, with neither deviation nor hope of pardon. The December 1982 ASSE general meeting, the most odious the club had known, was finally coming to an end. While the warring parties seemed to be seeking their second wind, André Laurent rose. With a spellbinding voice, allowing neither trouble nor doubt show, he set out his views. Pragmatic, in the unquestionable style of language used by company directors in other even more decisive discussions, he brought up the future for those who had only been turning over the past and proposed the club went back to square one rather than using weapons and proposed saving what could still be saved instead of throwing the baby out with the bath-water. Perhaps they heard him but they surely did not listen to him. His words were unfamiliar to them, his intentions even more so. Five months of patience, ten years as Chairman and six of silence later, the scar is still painful. André Laurent does not go to the stadium even if he admits that he shakes a little when the pre-match snack is taking place and that he doesn't feel too good when the championship starts. "When you have really loved a woman, seeing her in someone else's arms can be painful for a long time". Contrary to what is maintained by the peremptory title of a book on the club "killers", no, André Laurent did not kill the Verts. He probably even saved them. In April 1983, François Dubanchet, then Mayor of Saint Etienne, asked him to come to the ASSE's aid, to be the third way, poles apart from the two clans which were killing each other. Thus co-opted, he presented his plan to the local worthies on the Board, a majority of whom gave him the keys to the besieged city, the treasures and the ruined basilica. With a few friends, they would turn the page, avoid being tripped up by the warring parties, fill in the deficit gnawing away at the club, rebuild the administration and create a budget. Nuts and bolts are André Laurent's thing, so he tightens them. And tightly. With resources of seventeen million in the first year and at eighty-seven ten years later, the method worked. Chairman of modernity, he devised what has become inescapable today by finding new resources: the sponsor's club, boxes, the VIP lounge, etc. He dreamed of making a new culture emerge. The person for whom chairing the Verts would be an unbelievable eventuality positively became a leader, a charisma and an image recognised by his peers. Formerly boss of small-time patrons in the Loire, André Laurent became the "Chairman of the Chairmen" of French football. His weapons? Passion, enthusiasm and work. His credo? A project, a leader and a team. The results would come and also the hopes of prestige. In 1983, for André Laurent football was a messenger. And even if today it seems to be moving away from this concept, he did not deviate an iota: the ASSE, like any other club, cannot be an end in itself, but a medium, a messenger, a loudspeaker. The Verts are not champions of France, but the businesses which are at the centre of mechanical engineering are. And who knows? The football business, Marseilles or Lyons style (which during the Laurent years would never finish a championship ahead of the Verts!), the European championship which is looming on the horizon, the staggering salaries and the money spent before being earned, all that leaves him perplexed and vaguely worried. He does not say it but he knows that too often cash draws the whores, the pimps and the mugs. Established for a long time, the Chairman had imagined a wise strategy. The time of learning was followed by that of healing then establishing the club in the national football. Then logically the time of dreaming of a new European era should have come. But here time indeed ran out, the seagull's wings were cut. Never one to resign, André Laurent would however yield through love for his club so that it wouldn't be bled again. From being a winning ticket, he was now the pawn in the way. Bled white, frustrated, honour massacred and pride at half-mast, he saw himself for a moment in the past, repeating endlessly his memories of the time to the flabbergasted people around him, where Don Quixote would go off to attack Green windmills. However passion is so strong that during the 1996-1997 season, he said OK to the Loire local authorities who asked him to replay the part of providential saviour, to replay Zorro. But on reflection, perhaps under duress and surely scolded, he changed his mind. Indeed he never spoke and perhaps never will. The man is injured but not dead, hit but not sunk, he would live again through his family, his friends and his business. Radiant and calm optimist and conquering again, at nearly sixty he is no longer the pariah he was at fifty-four, nor the "deus ex machina" of his forty-four years. He has already taken on new financial and industrial challenges at the time when bigger ones are appearing as dots on the horizon. Where everything nearly ended, everything is starting. So there was life after the ASSE.

Coach : Rémi Guichard

Avant-centre : Frédéric Parmentier

Milieu de terrain : Véronique Gay-Rosier
Libero : Laurence Berthon
Staff technique : Sylvie Sordet, Valérie Dequeker, François Canet

Crédits photographiques et collections :
AIGLES, AFP, ASSE, A. Bernard-Abou, A. Bienvenu, Casino, J. Choupin, Cizeron, J.-C. Crêpet, *Le Dauphiné Libéré*, Ch. Davin, E. Fournel, *France-Soir*, M. Gurrieri, J. Lauer, A. Lecoq, L. Lopès-Quintas, Ph. Masseguin, Ch. Minassian, *New York Times*, Presse-Sports, P. Primard, *Le Provençal*, P. Roux, R. Teissier, Universal Photo, J. Vieillard, R. Viou :

Achevé d'imprimer en octobre 1999 sur les presses de l'imprimerie Chirat,
42540 Saint-Just-la-Pendue, France.
Dépôt légal 4e trimestre 1999
ISBN 2-911698-12-6.

Éditions des Cahiers intempestifs, Groupe Gutenberg on line, 13, allée Drouot, 42100 Saint-Étienne, France
Téléphone : 04 77 32 47 29, E.mail : cahiers@imaginet.fr, Site internet : http ://www.cahiers-intempestifs.com